Chantal
Thibault

LE PLAN D'ATTAQUE
WEIGHT WATCHERS®

Couverture
- Maquette:
  GAÉTAN FORCILLO
- Photo:
  GUS FRANCISCO

Maquette intérieure
- Conception graphique originale:
  JULIAN HAMER
- Pour la version française:
  GÉRARD CUGGIA
- Illustrations:
  MARCY GOLD
- Photos:
  GUS FRANCISCO

Les maisons suivantes nous ont gracieusement fourni les accessoires qui ont servi à réaliser la photographie de la couverture. Nous les remercions sincèrement: Arzberg China, Hutschenreuther Corp., Portmeiron, Rorstrand, Tirschenreuth, Villeroy & Boch Tableware Ltd., et Yamazaki Tableware, Inc., de New York.

DISTRIBUTEURS EXCLUSIFS:
- Pour le Canada:
  AGENCE DE DISTRIBUTION POPULAIRE INC.*
  955, rue Amherst, Montréal H2L 3K4 (tél.: 514-523-1182)
  * Filiale de Sogides Ltée
- Pour la France et l'Afrique:
  INTER-FORUM
  13, rue de la Glacière, 75013 Paris (tél.: 570-1180)
- Pour la Belgique et autres pays:
  S. A. VANDER
  Avenue des Volontaires, 321, 1150 Bruxelles (tél.: (32-2) 762.98.04)

LE PLAN D'ATTAQUE®

WEIGHT WATCHERS®

PLUS DE 250 RECETTES

INCLUANT LE PROGRAMME D'ÉCHANGES ILLIMITÉS

Jean Nidetch

LES ÉDITIONS DE L'HOMME*

CANADA: 955, rue Amherst, Montréal H2L 3K4

*Division de Sogides Ltée

© 1984, Weight Watchers International, Inc.

©1985 LES ÉDITIONS DE L'HOMME,
DIVISION DE SOGIDES LTÉE
Pour la traduction française

Tous droits réservés

Ce livre a été publié en anglais sous le titre:
Weight Watchers® , Quick Start® Program Cookbook
au Canada par The New American Library of Canada Limited
et Nal Books (ISBN 0-453-01010-5)

Weight Watchers et Quick Start (Le plan d'attaque Weight Watchers)
sont des marques déposées de Weight Watchers International, Inc.

Bibliothèque nationale du Québec
Dépôt légal — 3e trimestre 1985

ISBN 2-7619-0535-0

Remerciements

Quelle est la meilleure recette pour réaliser un livre de cuisine vraiment fantastique? Des ingrédients de qualité, une pincée de ceci et un soupçon de cela, bien entendu, mais aussi le savoir-faire, l'imagination et le dévouement d'une équipe de rédaction qui saura faire naître et se perpétuer la magie culinaire.

Nous tenons à remercier ici tous les membres de l'équipe des Weight Watchers sans lesquels votre *Plan d'attaque Weight Watchers* n'aurait jamais pu voir le jour. Nous devons à Nina Procaccini, Judi Rettmer et Bianca Brown la mise au point des merveilleuses recettes que vous pourrez tous déguster demain. Nous devons à Eileen Pregosin, Patricia Barnett, Lynette McEvoy, Harriet Pollock, Elizabeth Resnick et April Rozea tout le travail de recherche, de rédaction et d'édition qui a précédé la parution de ce savoureux ouvrage.

Nous sommes aussi reconnaissants à Isabel Fleisher, Lucille Corsello et Lola Sher qui ont si bien su mettre en forme et réviser le manuscrit original.

Nous remercions enfin tout spécialement Barbara Ecker-Gordon et Judy Marshel qui, sous la direction éclairée du Dr Lelio Parducci, n'ont pas ménagé leurs efforts pour parfaire le nouveau régime alimentaire sur lequel cet ouvrage est fondé.

Weight Watchers International, Inc.

Chers amis,

Soyez d'abord les bienvenus dans le monde des Weight Watchers !
Notre organisation se laisse guider depuis plus de vingt ans par vos
succès, vos joies et vos difficultés. Votre collaboration a aidé l'équipe de
recherche et de mise au point des Weight Watchers à mener à bonne fin sa
tâche qui est de vous offrir des programmes de lutte contre le poids qui
comptent parmi les mieux conçus et les plus efficaces du monde.

Nous avons toujours été à l'écoute de vos souhaits et de vos besoins et,
désireux de vous aider de notre mieux en vous faisant profiter des
découvertes les plus efficaces et les plus récentes dans ce domaine, nous
avons constamment actualisé notre régime alimentaire. Nous continuons
à nous inspirer de la constante évolution de notre monde et des derniers
progrès des sciences de l'obésité et du soutien apporté à ceux qui
souffrent d'embonpoint. Nous utilisons tous ces acquis et les meilleures
connaissances de la diététique pour mettre périodiquement à jour notre
régime alimentaire.

Nous nous sommes aperçus, il y a déjà assez longtemps de cela, que nos
membres ont besoin d'un certain encadrement pour réussir à se maintenir
à leur poids idéal sans se priver de leurs nourritures favorites : nous avons
donc ajouté un plan de stabilisation à notre programme de base. Nous
étant aussi aperçus que des conseils généraux d'alimentation étaient
parfois insuffisants pour leur permettre d'atteindre leur poids d'équilibre
et de s'y maintenir, nous avons aussi mis au point notre nouveau plan
autodiscipliné. Nous l'offrons à chacun de nos membres pour les aider à
acquérir des connaissances et de nouvelles habitudes essentielles à la
maîtrise de leur tendance naturelle à la suralimentation. En 1979, nous
avons ajouté un programme d'exercices physiques modérés au programme des Weight Watchers afin de permettre à nos membres d'éprou-
ver la sensation de mieux-être, d'énergie et de vitalité que l'exercice
physique peut apporter à leur vie.

9

Vous nous avez récemment fait part de l'intérêt que vous porteriez à un programme facile à comprendre, à suivre et à adapter à tous les styles de vie et, surtout, à un programme capable de donner des résultats rapidement visibles. Nous sommes maintenant en mesure, après de nombreux mois d'études et de mise au point, de vous faire part de la synthèse de vos désirs les plus chers et des derniers progrès de la science. Nous vous présentons maintenant notre dernier-né : le PLAN D'ATTAQUE — un plan encore plus facile à suivre et plus gratifiant.

L'équipe des Weight Watchers a mobilisé ses compétences gastronomiques et ses connaissances de la diététique pour concrétiser ces changements dans son plus récent livre de cuisine. Il contient plus de 250 recettes simples, satisfaisantes et délicieuses grâce auxquelles notre nouveau régime alimentaire pourra être adapté à tous les styles de vie.

Nous espérons sincèrement que vous aimerez cet ouvrage et que vous l'accueillerez comme un cadeau personnel. Il a été conçu par des adeptes respectueux de l'esprit et de la motivation des lecteurs soucieux de leur mieux-être. Faites-en constamment usage, car il vous aidera à mener une vie plus enrichissante et plus épanouie et il vous encouragera à continuer de progresser quand vous aurez pénétré dans le monde enchanté de la sveltesse.

À l'avenir, quand vous aurez appris à surmonter toutes les embûches de la lutte contre le poids, le programme des Weight Watchers sera périodiquement remis à jour en fonction de vos désirs et de vos besoins. Nous nous efforcerons comme toujours d'entretenir la chaleureuse compréhension mutuelle qui est depuis vingt ans le principal facteur de notre succès et qui nous a permis d'occuper notre place actuelle de leader mondial incontesté dans le domaine de la lutte contre le poids.

Jean Nidetch
Fondatrice, Weight Watchers International, Inc.

Le régime alimentaire

Ce chapitre vous présente notre régime alimentaire progressif et les recettes de cet ouvrage vous aideront à composer vos menus. Les Plans d'attaque nos 1, 2 et 3 et le Plan d'échanges illimités comportent des listes de menus types. Les chapitres suivants expliquent en détail les catégories des aliments que nous appelons les « équivalents » dans notre programme d'alimentation et ils contiennent aussi des recettes éprouvées pour chacune d'elles. Vous découvrirez que notre programme est plus facile et plus souple que jamais, et qu'il présente de plus le grand avantage de produire une perte initiale de poids tout à fait remarquable.

Les listes d'équivalence — Chaque chapitre comporte des listes d'équivalence. Chaque liste indique des portions de valeur nutritive identique. Vous pouvez remplacer chacun des aliments d'une liste par tout autre aliment de la même liste, mais jamais par ceux d'une autre liste. Ainsi, vous ne pouvez pas remplacer un aliment de la liste des équivalents pain par un aliment de la liste des équivalents fruit.

Le Plan d'attaque no 1 — Première étape: c'est le plan avec lequel vous devez commencer. Il offre un régime équilibré vous permettant de noter une perte de poids presque immédiatement.

Le Plan d'attaque no 2 — Deuxième étape: à suivre la deuxième semaine. Le nombre d'équivalents protéines que vous pouvez consommer chaque jour est augmenté et leurs listes d'équivalence sont moins restrictives que celles de la première semaine.

Le Plan d'attaque no 3 — Troisième étape: elle fait suite au Plan d'attaque no 2 et vous prépare au Plan d'échanges illimités. Votre total quotidien d'équivalents est encore augmenté et les listes d'équivalence offrent encore plus de variété.

Le Plan d'échanges illimités — Quatrième étape: à suivre durant votre progression vers le but final. Il est scientifiquement conçu pour vous offrir une grande variété d'éléments nutritifs. Ce plan très souple repose sur des choix permettant une grande liberté d'adaptation à vos besoins et à votre style de vie personnels.

11

☐ Quelques explications sur nos listes de menus types

☐ Les poids de volaille, de viande et de poisson indiqués dans les listes sont des poids nets après cuisson (ou le poids des conserves égouttées), sans la peau, les os ni les arêtes. Suivez ces explications tout au long des chapitres de cet ouvrage car elles contiennent des conseils sur les aliments et sur leur mode de préparation ou de cuisson.

☐ Voici le total quotidien des équivalents des trois Plans d'attaque :

TOTAL QUOTIDIEN DES ÉQUIVALENTS

	Fruit	Légume	Lait	Pain	Matières grasses	Protéines
Plan d'attaque no 1						
Femmes	3	2 (minimum)	2	2	3	6
Hommes	4	2 (minimum)	2	4	3	8
Adolescents	4	2 (minimum)	3	4	3	8
Plan d'attaque no 2						
Femmes	3	2 (minimum)	2	2	3	6 à 7
Hommes	4	2 (minimum)	2	4	3	8 à 9
Adolescents	4	2 (minimum)	3	4	3	8 à 9
Plan d'attaque no 3 et Plan d'échanges illimités						
Femmes	3	2 (minimum)	2	2 à 3	3	6 à 8
Hommes	4 à 6	2 (minimum)	2	4 à 5	3	8 à 10
Adolescents	4 à 6	2 (minimum)	3 à 4	4 à 5	3	8 à 10

Dressez tous les jours une liste des aliments que vous avez consommés ; elle vous aidera à contrôler vos équivalents quotidiens et à mieux planifier vos repas des jours suivants.
Remarque: consultez la rubrique des équivalents facultatifs (page 295) pour varier et personnaliser encore plus vos menus.

☐ Nous vous recommandons vivement de prendre trois repas par jour ; les collations sont facultatives, mais vous devez les planifier si vous décidez d'en prendre. Les équivalents que vous consommez lors des collations doivent être comptés dans votre total quotidien (voir le tableau précédent).

Le petit déjeuner est nécessaire. Ce premier repas de la journée vous apporte les éléments nutritifs essentiels et l'énergie dont vous avez besoin pour vaquer à vos occupations quotidiennes. Ceux qui « sautent » le petit déjeuner ressentent, au cours de la matinée, un « passage à vide » qui s'accompagne d'une perte de concentration. Si vous décidez de ne pas consommer au moins 1 équivalent protéines au petit déjeuner, vous devez le remplacer par 1 équivalent pain avec au moins ½ équivalent lait. Si vous préférez 20 g (¾ oz) de céréales froides ou 125 mL (½ tasse) de céréales chaudes avec au moins ½ équivalent lait, les céréales peuvent être comptées comme 1 équivalent protéines *ou* comme 1 équivalent pain ; le lait doit être compté dans les équivalents lait. Bien que les fruits ne soient pas obligatoires le matin, il est recommandé d'en consommer.
Il vous faut au moins 2 équivalents protéines aux repas de midi (déjeuner) et à celui du soir (dîner).

☐ Les caractères gras des listes de menus types signalent les recettes contenues dans cet ouvrage ; évidemment, une seule portion de la recette entre dans la composition du menu.
☐ Les fruits riches en vitamine C sont précédés d'un astérisque (*).
☐ Votre ration journalière de légumes peut être augmentée, à condition que vous suiviez les conseils de la rubrique des équivalents légume (voir page 65).
☐ Pour augmenter la valeur protéique des haricots secs, des pois et des lentilles, combinez-les à des céréales, de la volaille, de la viande, du poisson, des oeufs, du fromage ou du lait (par exemple : riz et haricots, saucisses de Francfort et lentilles, etc.).

13

□ Voici ce que nous vous conseillons de manger chaque semaine :

pas plus de 4 oeufs ;

pas plus de 120 g (4 oz) de fromage à pâte sèche ou demi-sèche ;

pas plus de 120 g (4 oz) des viandes suivies d'un astérisque (*) pour les Plans d'attaque nos 1 et 2 ;

pas plus de 240 g (8 oz) des viandes suivies d'un astérisque (*) pour le Plan d'attaque no 3 ;

pas plus de 360 g (12 oz) des viandes suivies d'un astérisque (*) pour le Plan d'échanges illimités ;

au moins 3 repas à base de poisson (environ 12 équivalents) ;

90 à 120 g (3 à 4 oz) de foie pour les Plans d'attaque nos 1, 2 et 3 ;

120 à 180 g (4 à 6 oz) de foie pour le Plan d'échanges illimités.

□ Les listes de menus types quotidiens des pages suivantes sont conçues pour des femmes. Les suppléments pour les hommes et pour les adolescents y sont aussi indiqués.

Menus de la semaine

PLAN D'ATTAQUE no 1
MENUS DE LA SEMAINE I

Pour les hommes et les adolescents, ajouter tous les jours :

2 équivalents protéines ;
2 équivalents pain ;
1 équivalent fruit.

Pour les adolescents seulement, ajouter tous les jours :

1 équivalent lait.

Jour 1

PETIT DÉJEUNER

* 250 mL (½ tasse) de jus de pample-mousse
20 g (¾ oz) de céréales froides
250 mL (1 tasse) de lait écrémé
Café ou thé

MIDI

Torte aux deux fromages (voir page 166)
Salade verte au jus de citron et aux fines herbes
4 toasts Melba
125 mL (½ tasse) de pêches en tranches
Soda nature (club soda)

SOIR

Côtelettes de veau grillées (voir page 223)
125 mL (½ tasse) de carottes émincées, cuites à la vapeur
Salade verte combinée, avec 10 mL (2 c. à thé) d'huile additionnée de vinaigre de vin et d'épices
Café ou thé

COLLATIONS À HEURES PRÉVUES

* 250 mL (1 tasse) de melon en dés
250 mL (1 tasse) de lait écrémé

Jour 2

PETIT DÉJEUNER

125 mL (½ tasse) de macédoine de fruits
75 mL (⅓ tasse) de fromage cottage
1 tranche de pain
5 mL (1 c. à thé) de margarine
125 mL (½ tasse) de lait écrémé
Café ou thé

MIDI

60 g (2 oz) de poulet cuit
Salade de poivrons marinés (voir page 90)
1 tranche de pain
* 1 petite orange
250 mL (1 tasse) de lait écrémé

SOIR

90 g (3 oz) de poisson cuit
Fricassée d'épinards (voir page 91)
Salade verte au jus de citron et aux fines herbes
Café ou thé

COLLATIONS À HEURES PRÉVUES

« **Black Cow** » (voir page 105)

Jour 3

PETIT DÉJEUNER

* ½ pamplemousse moyen
125 mL (½ tasse) de céréales chaudes
250 mL (1 tasse) de lait écrémé
Café ou thé

MIDI

Salade maraîchère au fromage cottage (voir page 167)
125 mL (½ tasse) de céleri en bâtonnets et 125 mL (½ tasse) de poivron rouge en tranches
4 toasts Melba
Café ou thé

SOIR

Sauté de foie (voir page 272)
125 mL (½ tasse) de chou-fleur, cuit à la vapeur
Salade de coeur de laitue avec 10 mL (2 c. à thé) d'huile, additionnée de vinaigre de vin et d'épices
* 1 petite orange
Café ou thé

COLLATIONS À HEURES PRÉVUES

125 mL (½ tasse) d'ananas en dés
125 mL (½ tasse) de yogourt hypocalorique nature

Jour 4

PETIT DÉJEUNER
* 125 mL (½ tasse) de jus d'orange
75 mL (⅓ tasse) de fromage cottage
6 toasts Melba ronds au sésame
250 mL (1 tasse) de lait écrémé
Café ou thé

MIDI
Salade de thon à la vinaigrette au citron (voir page 282)
125 mL (½ tasse) de carottes en bâtonnets et 125 mL (½ tasse) de concombre tranché fin
1 tranche de pain
5 mL (1 c. à thé) de margarine
Eau minérale gazeuse avec tranche de citron

SOIR
90 g (3 oz) de poulet cuit
6 bouquets de brocoli, cuits à la vapeur
Salade verte avec 5 mL (1 c. à thé) d'huile, additionnée de vinaigre de vin et d'épices
Purée de pommes (voir page 51)
Café ou thé

COLLATIONS À HEURES PRÉVUES
125 mL (½ tasse) de pêches en tranches
250 mL (1 tasse) de lait écrémé

Jour 5

PETIT DÉJEUNER
* 250 mL (1 tasse) de melon en dés
20 g (¾ oz) de céréales froides
250 mL (1 tasse) de lait écrémé
Café ou thé

MIDI
60 g (2 oz) de gruyère
Salade d'épinards aux champignons (voir page 90)
4 toasts Melba
5 mL (1 c. à thé) de margarine
125 mL (½ tasse) de macédoine de fruits
Café ou thé

SOIR
Scampi (voir page 291)
125 mL (½ tasse) de haricots verts entiers et 125 mL (½ tasse) de champignons émincés, cuits à la vapeur
Tomate en tranches au jus de citron et aux fines herbes, sur lit de laitue
Café ou thé

COLLATIONS À HEURES PRÉVUES
125 mL (½ tasse) d'ananas en dés
125 mL (½ tasse) de yogourt hypocalorique nature

Jour 6

PETIT DÉJEUNER
* 1 pamplemousse moyen
Omelette soufflée au fromage (voir page 156)
1 tranche de pain
175 mL (¾ tasse) de lait écrémé
Café ou thé

MIDI
60 g (2 oz) de saumon et 5 mL (1 c. à thé) de mayonnaise
30 g (1 oz) de pain pita
1 petite pomme
Café ou thé

SOIR
Poulet au cari (voir page 207)
125 mL (½ tasse) de courgettes émincées, cuites à la vapeur
Salade verte avec 5 mL (1 c. à thé) d'huile, additionnée de vinaigre de vin et d'épices
Café ou thé

COLLATIONS À HEURES PRÉVUES
125 mL (½ tasse) de pêches en tranches
250 mL (1 tasse) de lait écrémé

Jour 7

PETIT DÉJEUNER
* 125 mL (½ tasse) de jus d'orange
20 g (¾ oz) de céréales froides
250 mL (1 tasse) de lait écrémé
Café ou thé

MIDI
60 g (2 oz) de poulet cuit, avec 7 mL (1 ½ c. à thé) de mayonnaise
Salade de concombre à l'orange (voir page 82)
1 tranche de pain
Café ou thé

SOIR
Côtelettes de porc à l'oignon et aux pommes (voir page 252)
125 mL (½ tasse) de chou-fleur et 125 mL (½ tasse) de brocoli, cuits à la vapeur
Salade verte combinée, au jus de citron et aux fines herbes
Café ou thé

COLLATIONS À HEURES PRÉVUES
* 250 mL (1 tasse) de melon en dés
125 mL (½ tasse) de yogourt hypocalorique nature

PLAN D'ATTAQUE no 1
MENUS DE LA SEMAINE II

Pour les hommes et les adolescents, ajouter tous les jours :
2 équivalents protéines ;
2 équivalents pain ;
1 équivalent fruit.
Pour les adolescents seulement, ajouter tous les jours :
1 équivalent lait.

Jour 1

PETIT DÉJEUNER
* 125 mL (½ tasse) de jus de pamplemousse
75 mL (⅓ tasse) de fromage cottage
1 tranche de pain
175 mL (¾ tasse) de lait écrémé
Café ou thé

MIDI
Omelette aux courgettes et aux champignons (voir page 160)
125 mL (½ tasse) de concombre en tranches et 125 mL (½ tasse) de tomates en quartiers
* 1 petite orange
Café ou thé

SOIR
Pain à la dinde (voir page 217)
125 mL (½ tasse) de brocoli, cuit à la vapeur
Salade verte combinée avec 5 mL (1 c. à thé) d'huile, additionnée de vinaigre de vin et d'épices
Café ou thé

COLLATIONS À HEURES PRÉVUES
125 mL (½ tasse) de yogourt hypocalorique nature et 50 mL (¼ tasse) de macédoine de fruits

Jour 2

PETIT DÉJEUNER
* 125 mL (½ tasse) de jus d'orange
20 g (¾ oz) de céréales froides
125 mL (½ tasse) de lait écrémé
Café ou thé

MIDI
Velouté de légumes (voir page 94)
60 g (2 oz) de thon au naturel avec 10 mL (2 c. à thé) de mayonnaise
125 mL (½ tasse) de carottes en bâtonnets et 125 mL (½ tasse) de poivrons verts en tranches, sur lit de laitue
250 mL (1 tasse) de lait écrémé

SOIR
Fricassée de foies aux légumes (voir page 269)
125 mL (½ tasse) de carottes émincées, cuites à la vapeur
Salade verte au jus de citron et aux fines herbes
1 tranche de pain
* 250 mL (1 tasse) de melon en dés
Café ou thé

COLLATIONS À HEURES PRÉVUES
Flotteur aux amandes (voir page 105)

Jour 3

PETIT DÉJEUNER
125 mL (½ tasse) de macédoine de fruits
1 oeuf, cuit sans matières grasses
1 tranche de pain
250 mL (1 tasse) de lait écrémé
Café ou thé

MIDI
150 mL (⅔ tasse) de fromage cottage
Salade de haricots verts marinés (voir page 87)
1 tranche de pain
2 mL (½ c. à thé) de margarine
* ½ pamplemousse moyen
Café ou thé

SOIR
75 g (2 ½ oz) de poulet cuit
125 mL (½ tasse) d'épinards en branches, cuits à la vapeur
Tomates en tranches à la **Vinaigrette au citron et à la moutarde** (voir page 136), sur un lit de laitue romaine
Café ou thé

COLLATIONS À HEURES PRÉVUES
125 mL (½ tasse) de pêches en tranches
125 mL (½ tasse) de yogourt hypocalorique nature

Jour 4

PETIT DÉJEUNER

* 1 petite orange
125 mL (½ tasse) de céréales chaudes
250 mL (1 tasse) de lait écrémé
Café ou thé

MIDI

Salade moulée au saumon et au fromage (voir page 277)
250 mL (1 tasse) de bâtonnets de légumes variés, crus
6 toasts Melba ronds au sésame
* 250 mL (1 tasse) de melon en dés
Eau minérale gazeuse avec tranche de citron

SOIR

Paupiettes de sole (voir page 276)
125 mL (½ tasse) de haricots verts, cuits à la vapeur
5 mL (1 c. à thé) de margarine
Salade verte combinée, au vinaigre de vin et aux fines herbes
Café ou thé

COLLATIONS À HEURES PRÉVUES

125 mL (½ tasse) d'ananas en dés
250 mL (1 tasse) de lait écrémé

Jour 5

PETIT DÉJEUNER

* ½ pamplemousse de grosseur moyenne
75 mL (⅓ tasse) de fromage cottage
4 toasts Melba
Café ou thé

MIDI

45 g (1 ½ oz) de thon au naturel
Salade maraîchère (voir page 153)
30 g (1 oz) de pain pita
125 mL (½ tasse) de lait écrémé
Café ou thé

SOIR

90 g (3 oz) de poulet froid à la **Sauce aux pommes et au yogourt** (voir page 140)
6 bouquets moyens de brocoli, à la vapeur
Salade de coeur de laitue avec 10 mL (2 c. à thé) d'huile, additionnée de vinaigre de vin et d'épices
Café ou thé

COLLATIONS À HEURES PRÉVUES

125 mL (½ tasse) de macédoine de fruits
125 mL (½ tasse) de yogourt hypocalorique nature

Jour 6

PETIT DÉJEUNER

* 250 mL (1 tasse) de melon en dés
20 g (¼ oz) de céréales froides
250 mL (1 tasse) de lait écrémé
Café ou thé

MIDI

150 mL (⅔ tasse) de fromage cottage
Salade verte combinée avec 10 mL (2 c. à thé) d'huile, additionnée de vinaigre de vin et d'épices
1 tranche de pain
5 mL (1 c. à thé) de margarine
Boisson aux agrumes (voir page 53)

SOIR

Fricadelle d'agneau teriyaki (voir page 249)
125 mL (½ tasse) de courgettes émincées et 125 mL (½ tasse) de tomates en quartiers, cuites à la vapeur
Salade verte au jus de citron et aux fines herbes
Café ou thé

COLLATIONS À HEURES PRÉVUES

125 mL (½ tasse) de pêches en tranches
250 mL (1 tasse) de lait écrémé

Jour 7

PETIT DÉJEUNER

125 mL (½ tasse) d'ananas en dés
50 mL (½ tasse) de fromage ricotta écrémé
1 tranche de pain
125 mL (½ tasse) de lait écrémé
Café ou thé

MIDI

60 g (2 oz) de poulet froid avec 7 mL (1 ½ c. à thé) de mayonnaise
Concombre au yogourt (voir page 82)
1 tranche de pain
125 mL (½ tasse) de macédoine de fruits
Café ou thé

SOIR

90 g (3 oz) de poisson cuit
Fricassée d'épinards épicée (voir page 92)
125 mL (½ tasse) de carottes émincées et 125 mL (½ tasse) de chou-fleur sur un lit de laitue, avec 5 mL (1 c. à thé) d'huile, additionnée de vinaigre de vin et d'épices
Café ou thé

COLLATIONS À HEURES PRÉVUES

* 1 petite orange
125 mL (½ tasse) de yogourt hypocalorique nature

PLAN D'ATTAQUE no 2
MENUS DE LA SEMAINE I

Pour les hommes et les adolescents, ajouter tous les jours :
2 équivalents protéines ;
2 équivalents pain ;
1 équivalent fruit.
Pour les adolescents seulement, ajouter tous les jours :
1 équivalent lait.

Jour 1

PETIT DÉJEUNER
* 1 petite orange
75 mL (⅓ tasse) de fromage cottage
125 mL (½ tasse) de lait écrémé
Café ou thé

MIDI
60 g (2 oz) de poulet cuit, avec 5 mL (1 c. à thé) de mayonnaise
½ petit bagel
125 mL (½ tasse) de concombre émincé et 125 mL (½ tasse) de tomate en quartiers, sur lit de laitue
125 mL (½ tasse) d'ananas en dés
Eau minérale gazeuse avec tranche de citron

SOIR
Poivrons farcis au crabe (voir page 286)
6 pointes d'asperges de grosseur moyenne, cuites à la vapeur
Salade verte avec 7 mL (1 ½ c. à thé) de vinaigrette française
Café ou thé

COLLATIONS À HEURES PRÉVUES
Yogourt glacé aux fraises et aux bananes (voir page 101)

Jour 2

PETIT DÉJEUNER
Muffin aux bananes (voir page 51)
250 mL (1 tasse) de lait écrémé
Café ou thé

MIDI
Omelette aux courgettes et au jambon (voir page 259)
Salade verte combinée, au jus de citron et aux fines herbes
6 toasts Melba au sésame
* 250 mL (1 tasse) de melon en dés
Café ou thé

SOIR
120 g (4 oz) de poulet cuit
125 mL (½ tasse) de carottes émincées, cuites à la vapeur
Salade d'épinards aux champignons (voir page 90)
Café ou thé

COLLATIONS À HEURES PRÉVUES
125 mL (½ tasse) de compote de pommes
250 mL (1 tasse) de lait écrémé

Jour 3

PETIT DÉJEUNER
125 mL (½ tasse) de pêches en tranches
20 g (¾ oz) de céréales froides
175 mL (¾ tasse) de lait écrémé
Café ou thé

MIDI
Amuse-gueule aux oignons verts (voir page 164)
150 mL (⅔ tasse) de fromage cottage
Salade verte avec 7 mL (1 ½ c. à thé) d'huile, additionnée de vinaigre de vin et d'épices
Café ou thé

SOIR
120 g (4 oz) de foie cuit
Barquettes de pommes de terre (voir page 114)
125 mL (½ tasse) de champignons émincés et 125 mL (½ tasse) de poivron vert en tranches
* 250 mL (1 tasse) de fraises en tranches
Café ou thé

COLLATIONS À HEURES PRÉVUES
125 mL (½ tasse) de macédoine de fruits
125 mL (½ tasse) de yogourt hypocalorique nature

Jour 4

PETIT DÉJEUNER

½ banane de grosseur moyenne
75 mL (⅓ tasse) de fromage cottage
½ petit bagel
250 mL (1 tasse) de lait écrémé
Café ou thé

MIDI

Trempette d'asperges épicée (voir page 77)
60 g (2 oz) de poulet cuit
4 toasts Melba
* 1 petite orange
Soda nature (club soda)

SOIR

Thon à la provençale (voir page 284)
125 mL (½ tasse) de haricots verts, cuits à la vapeur
Salade verte, avec 7 mL (1 ½ c. à thé) de vinaigrette italienne
Café ou thé

COLLATIONS À HEURES PRÉVUES
125 mL (½ tasse) d'ananas en dés
250 mL (1 tasse) de lait écrémé

Jour 5

PETIT DÉJEUNER

* 250 mL (1 tasse) de fraises en tranches
125 mL (½ tasse) de céréales chaudes
125 mL (½ tasse) de lait écrémé
Café ou thé

MIDI

90 g (3 oz) de saumon grillé, avec 5 mL (1 c. à thé) de mayonnaise
Salade de haricots verts marinés (voir page 87)
125 mL (½ tasse) de pêches en tranches
125 mL (½ tasse) de lait écrémé
Café ou thé

SOIR

Côtelettes de porc aux pommes (voir page 251)
125 mL (½ tasse) de chou-fleur, cuit à la vapeur
Salade verte combinée, au jus de citron et aux fines herbes
Café ou thé

COLLATIONS À HEURES PRÉVUES
125 mL (½ tasse) de yogourt hypocalorique nature et 50 mL (¼ tasse) de macédoine de fruits

Jour 6

PETIT DÉJEUNER

* 1 petite orange
75 mL (⅓ tasse) de fromage cottage
125 mL (½ tasse) de lait écrémé
Café ou thé

MIDI

2 oeufs durs
7 mL (1 ½ c. à thé) de mayonnaise
250 mL (1 tasse) de bâtonnets de légumes crus variés
½ petit bagel
125 mL (½ tasse) de lait écrémé
Café ou thé

SOIR

Salade de calmars (voir page 294)
1 tranche de pain
* 250 mL (1 tasse) de fraises en tranches
Café ou thé

COLLATIONS À HEURES PRÉVUES
Lait frappé au chocolat (voir page 103)

Jour 7

PETIT DÉJEUNER

½ banane de grosseur moyenne
20 g (⅔ oz) de céréales froides
175 mL (¾ tasse) de lait écrémé
Café ou thé

MIDI

Amuse-gueule au céleri (voir page 163)
60 g (2 oz) de thon nature
Salade verte, avec 5 mL (1 c. à thé) d'huile, additionnée de vinaigre de vin et d'épices
* 250 mL (1 tasse) de melon en dés
Soda nature (club soda)

SOIR

120 g (4 oz) de poulet cuit
90 g (3 oz) de pommes de terre en robe des champs, avec 5 mL (1 c. à thé) de margarine
Salade de chou-fleur au piment doux (voir page 80)

COLLATIONS À HEURES PRÉVUES
125 mL (½ tasse) de compote de pommes
250 mL (1 tasse) de lait écrémé

PLAN D'ATTAQUE no 2
MENUS DE LA SEMAINE II

Pour les hommes et les adolescents, ajouter tous les jours :

2 équivalents protéines ;
2 équivalents pain ;
1 équivalent fruit.

Pour les adolescents seulement, ajouter tous les jours :

1 équivalent lait.

Jour 1

PETIT DÉJEUNER

125 mL (½ tasse) de fraises en tranches
20 g (¾ oz) de céréales froides
250 mL (1 tasse) de lait écrémé
Café ou thé

MIDI

Oeufs pochés aux tomates (voir page 154)
125 mL (½ tasse) de concombre émincé et 125 mL (½ tasse) de tomates en quartiers, sur lit de laitue
* 1 petite orange
Café ou thé

SOIR

Cabillaud à la florentine (voir page 278)
125 mL (½ tasse) de haricots verts entiers et 50 mL (¼ tasse) de champignons en tranches, cuits à la vapeur
Salade verte, avec 7 mL (1 ½ c. à thé) de vinaigrette française
1 tranche de pain
2 mL (½ c. à thé) de margarine
Café ou thé

COLLATIONS À HEURES PRÉVUES

1 pêche de grosseur moyenne
250 mL (1 tasse) de lait écrémé

Jour 2

PETIT DÉJEUNER

* ½ pamplemousse moyen, saupoudré de cannelle
75 mL (⅓ tasse) de fromage cottage
2 toasts Melba
125 mL (½ tasse) de lait écrémé
Café ou thé

MIDI

90 g (3 oz) de thon nature et 7 mL (1 ½ c. à thé) de mayonnaise
Salade de coquillettes (voir page 118)
125 mL (½ tasse) de lait écrémé
Café ou thé

SOIR

Poulet Brunswick (voir page 204)
Salade verte combinée, au vinaigre de vin et aux fines herbes
* 250 mL (1 tasse) de melon en dés
Café ou thé

COLLATIONS À HEURES PRÉVUES

125 mL (½ tasse) de macédoine de fruits
125 mL (½ tasse) de yogourt hypocalorique nature

Jour 3

PETIT DÉJEUNER

« Meringue » aux fraises (voir page 112)
175 mL (¾ tasse) de lait écrémé
Café ou thé

MIDI

150 mL (⅔ tasse) de fromage cottage
Salade verte combinée, avec 7 mL (1 ½ c. à thé) d'huile, additionnée de vinaigre de vin et d'épices
175 mL (¾ tasse) de compote de pommes
Café ou thé

SOIR

120 g (4 oz) de dinde rôtie
Ignames au four (voir page 116)
125 mL (½ tasse) de chou-fleur, cuit à la vapeur
Quartiers de tomates sur lit de laitue croquante, avec 7 mL (1 ½ c. à thé) de vinaigrette française
Café ou thé

COLLATIONS À HEURES PRÉVUES

* 1 petite orange
250 mL (1 tasse) de lait écrémé

Jour 4

PETIT DÉJEUNER

* 250 mL (1 tasse) de melon en dés
50 mL (¼ tasse) de fromage ricotta partiellement écrémé
6 toasts Melba ronds au sésame
Café ou thé

MIDI

60 g (2 oz) de saumon nature
Salade verte, avec 7 mL (1 ½ c. à thé) de vinaigrette russe
250 mL (1 tasse) de lait écrémé

SOIR

Sauté de foie (voir page 272)
90 g (3 oz) de pommes de terre en robe des champs et 5 mL (1 c. à thé) de margarine
Salade verte combinée, au jus de citron et aux fines herbes
Cocktail de fruits (voir page 55)

COLLATIONS À HEURES PRÉVUES

125 mL (½ tasse) d'ananas en dés
125 mL (½ tasse) de yogourt hypocalorique nature

Jour 5

PETIT DÉJEUNER

* 125 mL (½ tasse) de jus d'orange
20 g (¾ oz) de céréales froides
125 mL (½ tasse) de lait écrémé
Café ou thé

MIDI

60 g (2 oz) de poulet grillé
Salade de tomates au fromage (voir page 170)
1 petite pomme
125 mL (½ tasse) de lait écrémé
Café ou thé

SOIR

120 g (4 oz) de côtelette de veau avec **Sauce tomate minute** (voir page 138)
125 mL (½ tasse) de pâtes alimentaires cuites
Ratatouille (voir page 84)
Café ou thé

COLLATIONS À HEURES PRÉVUES

125 mL (½ tasse) de pêches en tranches
250 mL (1 tasse) de lait écrémé

Jour 6

PETIT DÉJEUNER

125 mL (½ tasse) de macédoine de fruits
75 mL (⅓ tasse) de fromage cottage
2 toasts Melba
125 mL (½ tasse) de lait écrémé

MIDI

«**Crêpe**» **de pommes de terre** (voir page 159)
Salade verte, avec 7 mL (1 ½ c. à thé) de vinaigrette Mille-Îles
125 mL (½ tasse) de lait écrémé
Café ou thé

SOIR

Ragoût d'agneau aux aubergines (voir page 247)
Salade verte combinée, au jus de citron et aux fines herbes
1 tranche de pain
* 250 mL (1 tasse) de melon en dés
Café ou thé

COLLATIONS À HEURES PRÉVUES

½ banane de grosseur moyenne
125 mL (½ tasse) de yogourt hypocalorique nature

Jour 7

PETIT DÉJEUNER

* 125 mL (½ tasse) de jus de pamplemousse
125 mL (½ tasse) de céréales chaudes
250 mL (1 tasse) de lait écrémé
Café ou thé

MIDI

60 g (2 oz) de poulet cuit et 2 mL (½ c. à thé) de mayonnaise
Gratin de légumes (voir page 93)
Eau minérale gazeuse avec zeste de lime

SOIR

Pétoncles en coquilles (voir page 288)
125 mL (½ tasse) de riz à la vapeur
125 mL (½ tasse) d'épinards à la vapeur
125 mL (½ tasse) de fraises en tranches
Café ou thé

COLLATIONS À HEURES PRÉVUES

1 petite pomme
250 mL (1 tasse) de lait écrémé

PLAN D'ATTAQUE no 3
MENUS DE LA SEMAINE I

Pour les hommes et les adolescents, ajouter tous les jours :

2 équivalents protéines ;
2 équivalents pain ;
1 équivalent fruit.

Pour les adolescents seulement, ajouter tous les jours :

1 équivalent lait.

Jour 1

PETIT DÉJEUNER

2 gros pruneaux cuits
20 g (¾ oz) de céréales froides
250 mL (1 tasse) de lait écrémé
Café ou thé

MIDI

Soupe aux trois haricots (voir page 187)
Salade verte combinée, avec 7 mL (1 ½ c. à thé) de vinaigrette française
20 g (¾ oz) de craquelins en bâtonnets
* ½ pamplemousse de grosseur moyenne
Café ou thé

SOIR

120 g (4 oz) de poulet cuit
125 mL (½ tasse) de macaronis cuits
125 mL (½ tasse) de courgette en tranches, cuite à la vapeur
Salade verte, avec 7 mL (1 ½ c. à thé) d'huile, additionnée de vinaigre de vin et d'épices
Café ou thé

COLLATIONS À HEURES PRÉVUES

Pomme à l'érable cuite au four (voir page 49)
250 mL (1 tasse) de lait écrémé

Jour 2

PETIT DÉJEUNER

* 250 mL (1 tasse) de fraises en tranches
75 mL (⅓ tasse) de fromage cottage
½ muffin grillé
250 mL (1 tasse) de lait écrémé
Café ou thé

MIDI

Salade de pois chiches au saumon (voir page 191)
125 mL (½ tasse) de carottes en bâtonnets et 125 mL (½ tasse) de poivron vert en tranches
1 grosse tangerine
Eau minérale gazeuse avec zeste de lime

SOIR

Côtelettes d'agneau à l'abricot (voir page 248)
90 g (3 oz) de pommes de terre en robe des champs, avec 5 mL (1 c. à thé) de margarine
125 mL (½ tasse) de haricots verts coupés, cuits à la vapeur
Salade verte combinée, au jus de citron et aux fines herbes
Café ou thé

COLLATIONS À HEURES PRÉVUES

½ banane de grosseur moyenne
125 mL (½ tasse) de yogourt hypocalorique nature

Jour 3

PETIT DÉJEUNER

* 125 mL (½ tasse) de jus d'orange
125 mL (½ tasse) de céréales chaudes
125 mL (½ tasse) de lait écrémé
Café ou thé

MIDI

Casserole d'asperges (voir page 175)
Salade verte, avec 7 mL (1 ½ c. à thé) de vinaigrette italienne
20 g (¾ oz) de craquelins en bâtonnet
1 petite pomme
Café ou thé

SOIR

90 g (3 oz) de poulet cuit
6 bouquets de brocoli de grosseur moyenne, cuits à la vapeur
Pois chiches à la vinaigrette (voir page 189)
Café ou thé

COLLATIONS À HEURES PRÉVUES

1 petite nectarine
250 mL (1 tasse) de lait écrémé

Jour 4

PETIT DÉJEUNER

½ banane de grosseur moyenne

50 mL (¼ tasse) de fromage ricotta partiellement écrémé

½ muffin grillé

250 mL (1 tasse) de lait écrémé

Café ou thé

MIDI

Sandwich avec 90 g (3 oz) de rosbif, moutarde et laitue, entre 2 tranches de pain de seigle

125 mL (½ tasse) de bâtonnets de céleri et 125 mL (½ tasse) de bouquets de chou-fleur

* 250 mL (1 tasse) de fraises en tranches

Café ou thé

SOIR

Sole à la florentine (voir page 275)

125 mL (½ tasse) de choux de Bruxelles, cuits à la vapeur

Salade verte combinée, avec 10 mL (2 c. à thé) d'huile, additionnée de vinaigre de vin et d'épices

Café ou thé

COLLATIONS À HEURES PRÉVUES

2 gros pruneaux cuits

125 mL (½ tasse) de yogourt hypocalorique nature

Jour 5

PETIT DÉJEUNER

1 petite nectarine

20 g (¾ oz) de céréales froides

250 mL (1 tasse) de lait écrémé

Café ou thé

MIDI

Cigares aux asperges (voir page 164)

90 g (3 oz) de poulet cuit, avec 7 mL (1 ½ c. à thé) de mayonnaise

2 toasts Melba

Café ou thé

SOIR

* ½ pamplemousse moyen, saupoudré de cannelle

120 g (4 oz) de foie cuit

125 mL (½ tasse) de riz à la vapeur et 5 mL (1 c. à thé) de margarine

Champignons marinés aux fines herbes (voir page 89)

Café ou thé

COLLATIONS À HEURES PRÉVUES

1 petite pomme

250 mL (1 tasse) de lait écrémé

Jour 6

PETIT DÉJEUNER

* 125 mL (½ tasse) de jus d'orange

1 oeuf, cuit sans matières grasses

½ muffin grillé

2 mL (½ c. à thé) de margarine

250 mL (1 tasse) de lait écrémé

Café ou thé

MIDI

Aspic de thon au cheddar (voir page 280)

125 mL (½ tasse) de concombre émincé et 125 mL (½ tasse) de tomates en quartiers

20 g (¾ oz) de craquelins en bâtonnets

½ banane de grosseur moyenne

Café ou thé

SOIR

120 g (4 oz) de poulet cuit

Betteraves aigres-douces (voir page 78)

Salade verte, au jus de citron et aux fines herbes

* 250 mL (1 tasse) de fraises en tranches

Café ou thé

COLLATIONS À HEURES PRÉVUES

500 mL (2 tasses) de maïs éclaté, nature

250 mL (1 tasse) de lait écrémé

Jour 7

PETIT DÉJEUNER

* ½ pamplemousse de grosseur moyenne

20 g (¾ oz) de céréales froides

125 mL (½ tasse) de lait écrémé

Café ou thé

MIDI

2 oeufs durs avec 5 mL (1 c. à thé) de mayonnaise

Salade verte combinée, au jus de citron et aux fines herbes

1 tranche de pain

1 petite nectarine

125 mL (½ tasse) de lait écrémé

Café ou thé

SOIR

120 g (4 oz) de poisson cuit

Pommes de terre « frites » au four (voir page 115)

125 mL (½ tasse) d'épinards, cuits à la vapeur

Salade verte combinée, avec 7 mL (1 ½ c. à thé) de vinaigrette Mille-Îles

Café ou thé

COLLATIONS À HEURES PRÉVUES

2 gros pruneaux cuits

125 mL (½ tasse) de yogourt hypocalorique nature

PLAN D'ATTAQUE no 3
MENUS DE LA SEMAINE II

Pour les hommes et les adolescents, ajouter tous les jours :
2 équivalents protéines ;
2 équivalents pain ;
1 équivalent fruit.
Pour les adolescents seulement, ajouter tous les jours :
1 équivalent lait.

Jour 1
PETIT DÉJEUNER
* 125 mL (½ tasse) de jus de pample-mousse
75 mL (⅓ tasse) de fromage cottage
2 biscuits Graham de 6 cm (2 ½ po)
250 mL (1 tasse) de lait écrémé
Café ou thé

MIDI
Soupe aux pâtes et aux haricots (voir page 185)
Salade combinée, avec 7 mL (1 ½ c. à thé) de vinaigrette italienne
125 mL (½ tasse) de compote de pommes
Soda nature (club soda)

SOIR
120 g (4 oz) de dinde rôtie
"**Frites**" **d'igname** (voir page 116)
125 mL (½ tasse) de courgette en dés, cuite à la vapeur
Salade verte combinée, au vinaigre de vin et aux fines herbes
125 mL (½ tasse) de macédoine de fruits
Café ou thé

COLLATIONS À HEURES PRÉVUES
250 mL (1 tasse) de maïs éclaté, nature
250 mL (1 tasse) de lait écrémé

Jour 2
PETIT DÉJEUNER
125 mL (½ tasse) de petits fruits, genre fraises ou framboises
20 g (¾ oz) de céréales froides
250 mL (1 tasse) de lait écrémé
Café ou thé

MIDI
"**Muffins**" **à la dinde** (voir page 218)
125 mL (½ tasse) de tomates et 125 mL (½ tasse) de concombre, en tranches, sur lit de laitue
* 1 petite orange
Café ou thé

SOIR
120 g (4 oz) de poisson cuit, à la **Marinade au citron** (voir page 137)
125 mL (½ tasse) de nouilles cuites
125 mL (½ tasse) de betteraves rouges
Salade verte, avec 7 mL (1 ½ c. à thé) d'huile, additionnée de vinaigre de vin et d'épices
Café ou thé

COLLATIONS À HEURES PRÉVUES
Raisins (20 petits ou 12 gros)
125 mL (½ tasse) de yogourt hypocalorique nature

Jour 3
PETIT DÉJEUNER
* 250 mL (1 tasse) de melon en dés
75 mL (⅓ tasse) de fromage cottage
1 tranche de pain
5 mL (1 c. à thé) de margarine
125 mL (½ tasse) de lait écrémé
Café ou thé

MIDI
Gratin végétarien (voir page 192)
Salade verte, avec 7 mL (1 ½ c. à thé) de vinaigrette française
6 toasts Melba ronds au sésame
1 grosse tangerine
125 mL (½ tasse) de lait écrémé
Café ou thé

SOIR
120 g (4 oz) de poulet cuit
125 mL (½ tasse) de riz cuit
125 mL (½ tasse) d'épinards en branches, cuits à la vapeur
Tranches de tomate sur lit de laitue croquante, au jus de citron et aux fines herbes
Café ou thé

COLLATIONS À HEURES PRÉVUES
Délice à l'orange et à l'ananas (voir page 56)

Jour 4

PETIT DÉJEUNER

* 125 mL (½ tasse) de jus de pamplemousse
20 g (¾ oz) de céréales froides
250 mL (1 tasse) de lait écrémé
Café ou thé

MIDI

90 g (3 oz) de thon avec 5 mL (1 c. à thé) de mayonnaise
Salade verte combinée, au jus de citron et aux fines herbes
500 mL (2 tasses) de maïs éclaté, nature
Café ou thé

SOIR

Gratin de macaronis au boeuf (voir page 236)
6 bouquets moyens de brocoli, cuits à la vapeur
Salade verte combinée, avec 5 mL (1 c. à thé) d'huile, additionnée de vinaigre de vin et d'épices
125 mL (½ tasse) de compote de pommes
Café ou thé

COLLATIONS À HEURES PRÉVUES
125 mL (½ tasse) de macédoine de fruits
250 mL (1 tasse) de lait écrémé

Jour 5

PETIT DÉJEUNER

125 mL (½ tasse) de petits fruits, genre fraises ou framboises
75 mL (⅓ tasse) de fromage cottage
250 mL (1 tasse) de lait écrémé
Café ou thé

MIDI

Trempette mexicaine (voir page 188) avec 250 mL (1 tasse) de bâtonnets de légumes crus variés
6 toasts Melba ronds au sésame
Eau minérale gazeuse avec zeste de lime

SOIR

120 g (4 oz) de foie sauté
125 mL (½ tasse) de nouilles cuites et 2 mL (½ c. à thé) de margarine
250 mL (1 tasse) de chou-fleur, cuit à la vapeur, au **Pesto au parmesan** (voir page 139)
* 1 petite orange
Café ou thé

COLLATIONS À HEURES PRÉVUES
Raisins (20 petits ou 12 gros)
125 mL (½ tasse) de yogourt hypocalorique nature

Jour 6

PETIT DÉJEUNER

1 grosse tangerine
1 oeuf, cuit sans matières grasses
1 tranche de pain
5 mL (1 c. à thé) de margarine
125 mL (½ tasse) de lait écrémé
Café ou thé

MIDI

150 mL (⅔ tasse) de fromage cottage
Salade composée, au vinaigre de vin et aux fines herbes
125 mL (½ tasse) de macédoine de fruits
125 mL (½ tasse) de lait écrémé
Café ou thé

SOIR

Sauté de crevettes (voir page 293)
Salade verte combinée, au jus de citron et aux fines herbes
* 250 mL (1 tasse) de melon en dés
Café ou thé

COLLATIONS À HEURES PRÉVUES
2 biscuits Graham de 6 cm (2½ po)
250 mL (1 tasse) de lait écrémé

Jour 7

PETIT DÉJEUNER

* 125 mL (½ tasse) de jus de pamplemousse
125 mL (½ tasse) de céréales chaudes
250 mL (1 tasse) de lait écrémé
Café ou thé

MIDI

Sandwich avec 90 g (3 oz) de jambon cuit, avec moutarde et laitue, entre 2 tranches de pain de seigle
Salade verte combinée, avec 15 mL (1 c. à table) de vinaigrette russe
125 mL (½ tasse) de compote de pommes
Café ou thé

SOIR

90 g (3 oz) de poulet cuit
125 mL (½ tasse) de carottes en tranches, cuites à la vapeur et 2 mL (½ c. à thé) de margarine
Pois chiches marinés (voir page 190)
Café ou thé

COLLATIONS À HEURES PRÉVUES
125 mL (½ tasse) de petits fruits, genre fraises ou framboises
125 mL (½ tasse) de yogourt hypocalorique nature

PLAN D'ÉCHANGES ILLIMITÉS MENUS DE LA SEMAINE I

Pour les hommes et les adolescents, ajouter tous les jours :

2 équivalents protéines ;
2 équivalents pain ;
1 équivalent fruit.

Pour les adolescents seulement, ajouter tous les jours :

1 équivalent lait.

Jour 1

PETIT DÉJEUNER

* ½ **Pamplemousse à la cannelle** (voir page 54)
20 g (¾ oz) de céréales froides
125 mL (½ tasse) de lait écrémé
Café ou thé

MIDI

Salade de tomates au fromage cottage (voir page 168)
½ petit bagel
10 mL (2 c. à thé) de margarine
125 mL (½ tasse) de lait écrémé
* 250 mL (1 tasse) de fraises en tranches
Café ou thé

SOIR

120 g (4 oz) de poisson cuit
125 mL (½ tasse) de maïs en grains, cuit
Salade combinée, avec 7 mL (1 ½ c. à thé) de vinaigrette Mille-Îles
Café ou thé

COLLATIONS À HEURES PRÉVUES

1 petite poire
250 mL (1 tasse) de lait écrémé

Jour 2

PETIT DÉJEUNER

* 125 mL (½ tasse) de quartiers d'orange
75 mL (⅓ tasse) de fromage cottage
250 mL (1 tasse) de lait écrémé
Café ou thé

MIDI

Sandwich avec 1 saucisse de Francfort de 60 g (2 oz) dans un petit pain de 60 g (2 oz), moutarde et 5 mL (1 c. à thé) de relish
Salade de chou au yogourt (voir page 78)
125 mL (½ tasse) de macédoine de fruits
Café ou thé

SOIR

Poulet à la crème (voir page 209)
250 mL (1 tasse) de carottes en tranches, cuites à la vapeur
Salade verte combinée, avec 7 mL (1 ½ c. à thé) d'huile, additionnée de vinaigre de vin et d'épices
Café ou thé

COLLATIONS À HEURES PRÉVUES

½ banane de grosseur moyenne
125 mL (½ tasse) de yogourt hypocalorique nature

Jour 3

PETIT DÉJEUNER

Gruau aux fruits (voir page 112)
Café ou thé

MIDI

* 250 mL (1 tasse) de cocktail de jus de légumes
90 g (3 oz) de poulet cuit
7 mL (1 ½ c. à thé) de mayonnaise
3 toasts Melba ronds au sésame
Café ou thé

SOIR

Vivaneau aux cœurs d'artichauts (voir page 279)
125 mL (½ tasse) de haricots jaunes
Salade combinée, au jus de citron et aux fines herbes
Café ou thé

COLLATIONS À HEURES PRÉVUES

10 grosses cerises
250 mL (1 tasse) de lait écrémé

Jour 4

PETIT DÉJEUNER

125 mL (½ tasse) de pêches en tranches
50 mL (¼ tasse) de fromage ricotta partiellement écrémé
Muffins au maïs (voir page 128)
125 mL (½ tasse) de lait écrémé
Café ou thé

MIDI

90 g (3 oz) de thon nature, avec 5 mL (1 c. à thé) de mayonnaise
Salade combinée, au jus de citron et aux fines herbes
2 toasts Melba
½ banane de grosseur moyenne
125 mL (½ tasse) de lait écrémé
Café ou thé

SOIR

* ½ pamplemousse moyen
120 g (4 oz) de foie cuit
Risotto aux légumes (voir page 122)
Salade verte combinée, au vinaigre de vin et aux fines herbes
Café ou thé

COLLATIONS À HEURES PRÉVUES

1 petite poire
125 mL (½ tasse) de yogourt hypocalorique nature

Jour 5

PETIT DÉJEUNER

* 125 mL (½ tasse) de quartiers d'orange
20 g (¼ oz) de céréales froides
250 mL (1 tasse) de lait écrémé
Café ou thé

MIDI

Salade piquante aux oeufs (voir page 154)
½ petit bagel
125 mL (½ tasse) de bâtonnets de carotte et 125 mL (½ tasse) de tranches de courgette, sur lit de laitue
* 250 mL (1 tasse) de cocktail de jus de légumes

SOIR

Crème de carottes (voir page 79)
120 g (4 oz) de poulet cuit
125 mL (½ tasse) de petits pois cuits
Salade combinée, au jus de citron et aux fines herbes
Café ou thé

COLLATIONS À HEURES PRÉVUES

10 grosses cerises
250 mL (1 tasse) de lait écrémé

Jour 6

PETIT DÉJEUNER

* ½ pamplemousse moyen, saupoudré de cannelle
75 mL (⅓ tasse) de fromage cottage
2 biscuits Graham de 6 cm (2 ½ po)
250 mL (1 tasse) de lait écrémé
Café ou thé

MIDI

60 g (2 oz) de tartinade au cheddar sur 1 tranche de pain de seigle, avec tranches de tomate
Salade verte combinée, avec 2 mL (½ c. à thé) d'huile, additionnée de vinaigre de vin et d'épices
5 grosses cerises
Café ou thé

SOIR

Pâté chinois à la crème (voir page 239)
6 pointes d'asperges moyennes, cuites à la vapeur
Salade de coeur de laitue avec 7 mL (1½ c. à thé) de vinaigrette italienne
125 mL (½ tasse) de tranches d'orange avec 30 mL (2 c. à table) de yogourt hypocalorique nature
Café ou thé

COLLATIONS À HEURES PRÉVUES

Yogourt aux pommes (voir page 101)

Jour 7

PETIT DÉJEUNER

½ banane de grosseur moyenne
20 g (¼ oz) de céréales froides
250 mL (1 tasse) de lait écrémé
Café ou thé

MIDI

Salade grecque (voir page 169)
6 toasts Melba ronds au sésame
* 125 mL (½ tasse) de tranches d'orange
Soda nature (club soda)

SOIR

Filets de sole à la diable (voir page 280)
125 mL (½ tasse) de riz cuit
125 mL (½ tasse) de courgette en tranches, cuite à la vapeur
Salade combinée, avec 7 mL (1½ c. à thé) de vinaigrette française
Café ou thé

COLLATIONS À HEURES PRÉVUES

1 petite poire
250 mL (1 tasse) de lait écrémé

PLAN D'ÉCHANGES ILLIMITÉS MENUS DE LA SEMAINE II

Pour les hommes et les adolescents, ajouter tous les jours :
2 équivalents protéines ;
2 équivalents pain ;
1 équivalent fruit.
Pour les adolescents seulement, ajouter tous les jours :
1 équivalent lait.

Jour 1

PETIT DÉJEUNER
* 125 mL (½ tasse) de quartiers de pamplemousse
50 mL (¼ tasse) de fromage ricotta partiellement écrémé
175 mL (¾ tasse) de lait écrémé
Café ou thé

MIDI
* 250 mL (1 tasse) de jus de tomate
Sandwich ouvert avec 1 tranche grillée de pain de blé entier, 90 g (3 oz) de salade de saumon au céleri et 5 mL (1 c. à thé) de mayonnaise
Marinade de légumes
125 mL (½ tasse) de carottes et 125 mL (½ tasse) de poivron rouge, en tranches, sur un lit de laitue
Café ou thé

SOIR
Paupiettes de poulet (voir page 202)
250 mL (1 tasse) d'épinards en branches, cuits à la vapeur
Salade verte, avec 7 mL (1 ½ c. à thé) de vinaigrette française
« Crème glacée » au melon (voir page 52)

COLLATIONS À HEURES PRÉVUES
125 mL (½ tasse) de fraises en tranches
250 mL (1 tasse) de lait écrémé

Jour 2

PETIT DÉJEUNER
* 125 mL (½ tasse) de jus d'orange
20 g (¼ oz) de céréales froides
250 mL (1 tasse) de lait écrémé
Café ou thé

MIDI
Soupe aux lentilles (voir page 186)
Salade verte, avec 7 mL (1 ½ c. à thé) de vinaigrette française
3 toasts Melba ronds
125 mL (½ tasse) d'ananas en dés
Café ou thé

SOIR
120 g (4 oz) de poisson cuit
90 g (3 oz) de pommes de terre en robe des champs et 2 mL (½ c. à thé) de margarine
« Beignets » de chou-fleur (voir page 80)
125 mL (½ tasse) de haricots jaunes, cuits à la vapeur
Café ou thé

COLLATIONS À HEURES PRÉVUES
* ¼ de petit cantaloup
125 mL (½ tasse) de yogourt hypocalorique nature

Jour 3

PETIT DÉJEUNER
Croquants aux raisins (voir page 61)
75 mL (⅓ tasse) de fromage cottage
250 mL (1 tasse) de lait écrémé
Café ou thé

MIDI
125 mL (½ tasse) de jus de tomate
Tacos au thon (voir page 283)
Salade verte combinée, avec 7 mL (1 ½ c. à thé) de vinaigrette française
Café ou thé

SOIR
120 g (4 oz) de poulet cuit
125 mL (½ tasse) de nouilles cuites et 5 mL (1 c. à thé) de margarine
250 mL (1 tasse) de courge en dés, cuite à la vapeur
Café ou thé

COLLATIONS À HEURES PRÉVUES
* 125 mL (½ tasse) de quartiers de pamplemousse
250 mL (1 tasse) de lait écrémé

Jour 4

PETIT DÉJEUNER

* 250 mL (1 tasse) de melon, en petites boules

Crêpes (voir page 113)

Café ou thé

MIDI

150 mL (²/₃ tasse) de fromage cottage

Salade verte au jus de citron et aux fines herbes

2 toasts Melba ronds

1 petite pomme

175 mL (³/₄ tasse) de lait écrémé

SOIR

Biftecks à la provençale (voir page 233)

125 mL (¹/₂ tasse) de pâtes cuites

125 mL (¹/₂ tasse) de haricots verts, cuits à la vapeur

Salade verte combinée, avec 7 mL (1¹/₂ c. à thé) de vinaigrette italienne

Café ou thé

COLLATIONS À HEURES PRÉVUES

125 mL (¹/₂ tasse) d'ananas en dés

125 mL (¹/₂ tasse) de yogourt hypocalorique nature

Jour 5

PETIT DÉJEUNER

* 125 mL (¹/₂ tasse) de jus d'orange

1 oeuf, cuit sans matières grasses

3 toasts Melba ronds

50 mL (¹/₄ tasse) de lait écrémé

MIDI

Macaronis au fromage (voir page 119)

Salade verte mixte, avec 2 mL (¹/₂ c. à thé) de miettes de similibacon et 7 mL (1 ¹/₂ c. à thé) d'huile, additionnée de vinaigre de vin et d'épices

Eau minérale gazeuse avec tranche de lime

SOIR

120 g (4 oz) de poisson cuit

6 pointes d'asperges moyennes, cuites à la vapeur

Salade verte à la Sauce tomate à la ciboulette (voir page 136)

* 250 mL (1 tasse) de melon, en petites boules

Café ou thé

COLLATIONS À HEURES PRÉVUES

125 mL (¹/₂ tasse) de pêche, en tranches

125 mL (¹/₂ tasse) de yogourt hypocalorique nature

Jour 6

PETIT DÉJEUNER

10 mL (2 c. à thé) de raisins secs

125 mL (¹/₂ tasse) de céréales cuites

125 mL (¹/₂ tasse) de lait écrémé

Café ou thé

MIDI

Chaussons au fromage (voir page 172)

125 mL (¹/₂ tasse) de tomates en tranches, avec 5 mL (1 c. à thé) d'huile, basilic et épices, sur un lit de laitue

125 mL (¹/₂ tasse) d'ananas en dés

Café ou thé

SOIR

* 250 mL (1 tasse) de jus de tomate

Foie de veau à la diable (voir page 271)

125 mL (¹/₂ tasse) de riz à la vapeur, avec 5 mL (1 c. à thé) de margarine

125 mL (¹/₂ tasse) de choux de Bruxelles, cuits à la vapeur

Café ou thé

COLLATIONS À HEURES PRÉVUES

500 mL (2 tasses) de maïs éclaté, nature

250 mL (1 tasse) de lait écrémé

Jour 7

PETIT DÉJEUNER

* 250 mL (1 tasse) de fraises, en tranches

50 mL (¹/₄ tasse) de fromage ricotta partiellement écrémé

125 mL (¹/₂ tasse) de lait écrémé

Café ou thé

MIDI

Sandwich au bacon à la russe (voir page 261)

Salade verte combinée, avec 5 mL (1 c. à thé) d'huile, additionnée de vinaigre de vin et d'épices

1 petite pomme

125 mL (¹/₂ tasse) de lait écrémé

Café ou thé

SOIR

120 g (4 oz) de poulet cuit

6 bouquets moyens de brocoli, cuits à la vapeur

Vinaigrette aigre-douce (voir page 303)

Café ou thé

COLLATIONS À HEURES PRÉVUES

250 mL (1 tasse) de melon, en petites boules

125 mL (¹/₂ tasse) de yogourt hypocalorique nature

SYMBOLES PARAISSANT
DANS LES RECETTES

L'horloge indique que le plat peut être prêt en trente minutes ou moins.

Le symbole du dollar accompagne les recettes particulièrement économiques.

Les recettes

☐ Explications concernant les recettes

☐ Chaque recette de cet ouvrage a été mise au point en fonction d'une étape particulière du régime alimentaire, cette étape y étant toujours indiquée. Toutes les recettes des Plans d'attaque peuvent être utilisées dans le Plan d'échanges illimités. Vous pouvez, bien entendu, continuer à utiliser les recettes des Plans d'attaque antérieurs à mesure que vous passez au plan suivant. En revanche, vous ne devez jamais «brûler les étapes» et utiliser les recettes du Plan d'échanges illimités alors que vous n'avez pas achevé vos Plans d'attaque.

☐ Prenez toujours le temps de mesurer et de peser correctement vos ingrédients; cette démarche est essentielle pour la réussite des recettes et pour le succès de votre lutte contre le poids. N'évaluez jamais les poids et les volumes «à vue de nez».

Utilisez une balance à portions pour peser les aliments.

Utilisez une tasse à mesurer en verre ou en matière plastique transparente de contenance standard pour mesurer les liquides. Posez-la sur une surface de travail plane et faites les lectures au niveau des yeux. Ne dépassez pas la graduation appropriée. Utilisez des cuillères de contenance standard pour mesurer des quantités inférieures à 50 mL ($\frac{1}{4}$ tasse).

Utilisez des mesures standard en métal ou en matière plastique de 50 mL (¼ tasse), 75 mL (⅓ tasse), 125 mL (½ tasse) et 250 mL (1 tasse) pour mesurer les ingrédients secs. Versez à la cuillère les ingrédients secs dans les tasses et éliminez les excédents en raclant les mesures avec le dos d'un couteau ou une spatule métallique.

Utilisez des cuillères standard pour mesurer des quantités inférieures à 50 mL (¼ tasse) et, sauf indication contraire, assurez-vous de la même manière qu'elles sont rases.

Un « filet » de liquide équivaut à environ $\frac{1}{16}$ de c. à café ($\frac{1}{16}$ c. à thé), c'est-à-dire à la moitié d'une mesure de 0,5 mL ($\frac{1}{8}$ c. à thé) ou au quart d'une mesure de 1 mL ($\frac{1}{4}$ c. à thé).

☐ Dans les recettes permettant de préparer plusieurs portions, il faut bien mélanger les ingrédients et s'assurer que les portions seront égales.

☐ Explications concernant les ingrédients

☐ La lecture des étiquettes des ingrédients que vous utilisez est le meilleur moyen de déterminer si l'ingrédient convient bien pour la recette. Ce conseil peut vous paraître sibyllin, mais souvenez-vous que les étiquettes donnent des renseignements essentiels au succès de votre régime. Certaines recettes appellent l'utilisation de produits de valeur calorique déterminée ; certains produits ne conviennent au régime Weight Watchers que s'ils satisfont à certaines règles diététiques. Ces renseignements et d'autres indications importantes figurent sur les étiquettes. Si vous prenez l'habitude de lire soigneusement ces dernières, vous vous apercevrez que vous n'avez pas perdu votre temps et vous en aurez toujours pour votre argent.

Les indications suivantes vous aideront, de plus, à choisir et à mieux utiliser les ingrédients que nous recommandons.

☐ Les aromates utilisés dans certaines recettes sont à l'état sec, sauf indication contraire. Si vous préférez les utiliser à l'état frais, multipliez les quantités indiquées par environ quatre ; par exemple, 5 mL (1 c. à thé) de basilic frais haché équivalent à 1 mL (¼ c. à thé) de basilic sec. Si vous préférez les aromates moulus ou en poudre, utilisez environ la moitié des quantités indiquées; par exemple, 1 mL (¼ c. à thé) de poudre de thym équivaut à 2 mL (½ c. à thé) de feuilles de thym séchées.

☐ Si vous préférez les épices fraîches aux épices sèches, multipliez les quantités indiquées par environ huit; par exemple, 5 mL (1 c. à thé) de gingembre frais haché équivalent à 0,5 mL (⅛ c. à thé) de sa poudre sèche.

☐ Les aromates secs et les épices moulues ne doivent normalement pas être conservés pendant plus d'un an. Inscrivez leur date d'achat sur les flacons et assurez-vous de temps à autre que vos produits n'ont pas perdu leur arôme, car arôme et saveur ne vont pas toujours ensemble. Votre recette nécessitera parfois l'utilisation d'une plus grande quantité des ingrédients dont l'arôme s'est dissipé.

☐ Les raisins secs utilisés dans les recettes sont habituellement des raisins noirs sans pépin.

☐ Sauf indication contraire, les légumes de nos recettes sont des légumes frais. Si vous préférez utiliser des légumes surgelés ou en conserve, vous devrez parfois ajuster leur temps de cuisson.

☐ Les huiles recommandées sont toujours d'origine végétale; vous pouvez employer de l'huile de carthame, de tournesol, de soja, de maïs, de coton ou d'arachide, et aussi les combiner à votre convenance. L'huile d'olive et l'huile de sésame ayant une saveur très caractéristique, la recette précise quand il faut les utiliser. Il existe deux types d'huile de sésame: la blanche et la brune. La première est relativement peu parfumée et elle peut remplacer toutes les autres huiles. C'est l'huile brune qui doit être employée quand la recette exige nommément de l'huile de sésame. Cette huile, à base de graines de sésame grillées, est d'une riche couleur ambrée et a un goût très particulier.

☐ Quelques conseils pratiques

☐ Lisez entièrement une recette avant de commencer à la préparer. Assurez-vous que vous la comprenez bien et que vous avez sous la main tous les ingrédients et tous les ustensiles nécessaires à sa réalisation.

Rassemblez tout ce qu'il vous faut au même endroit et assurez-vous que toutes les préparations sont à la température voulue (il vous faudra, par exemple, refroidir le bol, le lait et les fouets du batteur si vous voulez fouetter du lait écrémé évaporé, alors que si vous voulez monter des oeufs en neige, il devront être à la température ambiante).

☐ Mesurez ou pesez tous les ingrédients avec soin.

☐ Par « température ambiante », on entend normalement une température de 20 à 22°C (68 à 72°F).

☐ Il est recommandé de ne pas mettre d'aliments à mariner dans des récipients en aluminium. Certains aliments réagissent chimiquement avec l'aluminium, ce qui risque d'avoir des effets néfastes. Les sacs en plastique font parfaitement l'affaire : versez la marinade et les aliments à mariner dans un de ces sacs bien étanches ; fermez hermétiquement le sac et laissez mariner en suivant les instructions de la recette. Cette méthode permet de bien mélanger les aliments car il suffit pour ce faire de retourner le sac sens dessus dessous. Le sac peut ensuite être jeté, ce qui présente l'avantage d'éliminer la vaisselle.

☐ Si vous ne possédez pas de maillet à viande, utilisez une casserole à fond plat pour aplatir la viande jusqu'à ce qu'elle n'ait plus qu'environ 0,5 cm (¼ po) d'épaisseur.

☐ Il est prudent de casser les oeufs un à un dans un petit bol ou dans une tasse avant de les mélanger à d'autres oeufs ou à d'autres ingrédients. Cela vous évitera d'avoir à tout jeter si un des oeufs n'est pas bon.

☐ Pour éviter la formation de grumeaux dans la farine, la fécule ou l'arrow-root mélangé à un liquide, ajouter l'ingrédient sec au liquide et non l'inverse.

☐ Ne dissolvez la gélatine nature qu'à petit feu et en remuant sans arrêt car elle brûle très facilement.

☐ Utilisez des moules en verre à feu ou en céramique épaisse lorsqu'une recette exige l'utilisation de moules à flan.

☐ Les temps de cuisson de la plupart des recettes sont approximatifs et ils n'ont qu'une valeur indicative. En effet, de très nombreuses variables influent sur la cuisson : température initiale des aliments à cuire, type de cuisinière employée, forme des aliments, ustensiles utilisés, etc. L'alimentation en gaz ou en électricité de votre cuisinière peut, de plus, varier considérablement selon l'heure de la journée à cause de la consommation totale enregistrée à ce moment-là dans votre quartier. Si vous cuisinez pendant les heures de pointe, vos recettes exigeront peut-être un peu plus de temps que le temps indiqué, alors que l'inverse peut se produire pendant les heures creuses. Prenez donc l'habitude de vérifier vos degrés de cuisson selon les indications des recettes afin d'obtenir les meilleurs résultats possibles.

☐ Pour certaines recettes, il faut préchauffer le four. Vous devrez habituellement ajouter de 5 à 10 minutes au temps de cuisson indiqué si vous ne préchauffez pas votre four.

☐ Pour votre pâtisserie, placez les plats sur la grille du four, ce qui permet à l'air chaud de circuler librement autour d'eux. Il est recommandé de n'utiliser qu'une grille à la fois. Si vous utilisez deux grilles, disposez-les de manière à diviser le four en trois parties de hauteur égale et disposez les plats pour qu'ils ne soient pas l'un au-dessus de l'autre.

☐ Si vous n'utilisez pas toutes les cavités d'un moule à muffins, remplissez partiellement les cavités inutilisées avec de l'eau. Cette précaution évitera que le moule se déforme et que son contenu brûle. Videz cette eau avant de démouler en prenant bien soin de ne pas vous brûler car elle sera bouillante.

☐ Quand vous utilisez le gril du four, laissez un espace de 10 cm (4 po) entre la source de chaleur et les aliments, sauf indication contraire. S'il faut griller les aliments de plus près ou de plus loin, la distance convenable est indiquée dans la recette.

☐ Si vous devez réfrigérer ou congeler un plat après sa cuisson, laissez-le toujours refroidir avant de le mettre au réfrigérateur ou au congélateur. Un plat très chaud mis immédiatement au froid peut endommager gravement le fonctionnement des appareils électroménagers. Couvrez tous les aliments que vous voulez réfrigérer et couvrez ou enveloppez d'une pellicule plastique tous ceux que vous placez au congélateur. Les aliments peuvent s'imprégner des odeurs d'autres aliments ou les imprégner de la leur ; ils risquent de se dessécher, surtout dans les réfrigérateurs sans givre ; leur saveur peut s'altérer si d'autres aliments s'égouttent sur eux ; des brûlures dues à la congélation peuvent aussi se produire.

☐ Les aliments réfrigérés doivent être servis sur des assiettes refroidies et les aliments chauds dans des assiettes réchauffées. Les plats de service et la verrerie doivent être placés au réfrigérateur environ 5 minutes avant de servir. Les plats de service et les assiettes doivent être réchauffés dans un four très doux (pas plus de 100°C (200°F) 5 à 10 minutes avant de servir, dans ou sur un chauffe-plat (selon le modèle dont vous disposez).

Températures du four

Le thermostat de votre four doit être vérifié au moins une fois par an. Si votre four ne comporte pas de thermostat ou de régulateur, le tableau suivant vous donnera une idée des équivalences entre les positions de réglage et les températures obtenues :

	°C	°F
Très doux	120° à 140°	250° à 275°
Doux	150° à 160°	300° à 325°
Moyen	180° à 190°	350° à 375°
Chaud	200° à 220°	400° à 425°
Très chaud	230° à 250°	450° à 475°
Extrêmement chaud	260° à 270°	500° à 525°

Vous pouvez acheter un thermomètre de cuisine et vous en servir pour déterminer avec précision les positions de réglage de votre four et les températures correspondantes.

Fours à micro-ondes

La plupart de nos recettes peuvent être préparées au four à micro-ondes. La variété de ces fours est telle que leurs temps de cuisson ne sont pas standard et que vous devrez vérifier vous-même le vôtre en suivant les conseils de son fabricant. En règle générale, ces fours cuisent environ quatre fois plus vite que les fours à convection. Ainsi, une recette demandant 20 minutes de cuisson dans un four conventionnel sera prête en 5 minutes dans votre four à micro-ondes (ou légèrement plus vite, car il est plus prudent d'avoir à prolonger la cuisson que d'obtenir un plat trop cuit). N'oubliez pas que pour griller le boeuf, le porc et l'agneau vous devez utiliser une lèchefrite pour recueillir leur graisse de cuisson. Il existe des lèchefrites spéciales pour les fours à micro-ondes.

Mijoteuses

Rien ne vous empêche d'adapter la plupart de nos recettes à la cuisson dans une mijoteuse si vous aimez ce mode de préparation. Suivez alors le mode d'emploi et les recommandations de leurs fabricants.

Conversions métriques

Les recettes de cet ouvrage ont été converties au système métrique grâce aux règles suivantes:

Température
Pour convertir les °Fahrenheit en °Celsius, soustrayez 32 et multipliez par ⅝.

Masse

Pour convertir les	en	multipliez par
onces	grammes	30,00
livres	kilogrammes	0,48*

Volume

Pour convertir les	en	multipliez par
c. à thé	mL	5,00
c. à table	mL	15,00
tasses	mL	250,00
tasses	L	0,25
chopines	L	0,50
pintes	L	1,00
gallons	L	4,00

Longueur

Pour convertir les	en	multipliez par
pouces	mm	25,00
pouces	cm	2,50
pieds	cm	30,00
verges	m	0,90

Températures de four

°Fahrenheit	°Celsius
250	120
275	140
300	150
325	160
350	180
375	190
400	200
425	220
450	230
475	250
500	260
525	270

Symboles	= Unité métrique
g	gramme
kg	kilogramme
mL	millilitre
L	litre
°C	degré Celsius
mm	millimètre
cm	centimètre
m	mètre

*Pour faciliter la tâche du lecteur, nous avons arrondi la valeur d'une once à 30 grammes. Comme une livre contient 16 onces, c'est pour cette raison que nous avons donné à la livre la valeur arbitraire de 480 grammes.

Remplacement des plats et casseroles

Il est préférable d'utiliser la casserole ou le plat de la dimension indiquée dans la recette, mais si vous ne l'avez pas à votre disposition, vous pouvez obtenir des résultats tout aussi satisfaisants en utilisant des récipients de dimensions comparables. Comme c'est le volume des aliments qui détermine la contenance du récipient à utiliser, choisissez-en un dont les dimensions se rapprochent le plus de celles du récipient mentionné dans la recette. Les aliments préparés dans un récipient trop petit risquent de déborder et ceux qui sont cuits dans un récipient trop grand peuvent se dessécher ou brûler. Pour déterminer les dimensions d'un plat allant au four, on mesure par le dessus la distance qui sépare ses bords intérieurs. Le volume est calculé en mesurant la quantité d'eau que peut contenir un récipient rempli complètement.

Quand on utilise des récipients de dimensions différentes de celles de la recette, il est parfois nécessaire de modifier les temps de cuisson indiqués. Selon la dimension du plat et l'épaisseur des aliments qu'il contient, il vous faudra ajuster de 5 à 10 minutes les temps de cuisson indiqués. Réduisez la température du four de 5°Celsius (25°F) si vous remplacez des plats métalliques par des plats en verre à feu ou en céramique.

Le tableau suivant contient une liste des plats et des moules interchangeables.

Dimension conseillée	Volume approximatif	Remplacement possible
Moule à gâteau rond de 20 x 4 cm (8 x 1 ½ po)	1,5 L (6 tasses)	Moule à gâteau de 25 x 15 x 5 cm (10 x 6 x 2 po) Moule à gâteau rond de 23 x 4 cm (9 x 1 ½ po) Moule à viande de 20 x 10 x 5 cm (8 x 4 x 2 po) Moule à tarte de 23 cm (9 po) de diamètre

Dimension conseillée	Volume approximatif	Remplacement possible
Moule à gâteau carré de 20 x 20 x 5 cm (8 x 8 x 2 po)	2 L (8 tasses)	Moule à gâteau de 28 x 18 x 4 cm (11 x 7 x 1 ½ po) Moule à gâteau de 30 x 19 x 5 cm (12 x 7 ½ x 2 po) Moule à viande de 23 x 13 x 8 cm (9 x 5 x 3 po) Deux moules à tarte de 20 x 4 cm (8 x 1 ½ po)
Moule à gâteau de 33 x 23 x 5 cm (13 x 9 x 2 po)	3 L (12 tasses)	Moule à gâteau de 35 x 28 x 5 cm (14 x 11 x 2 po) Deux moules à tarte de 23 x 4 cm (9 x 1 ½ po) Trois moules à tarte de 20 x 4 cm (8 x 1 ½ po)

Succédanés de sucre

Les régimes Weight Watchers laissent toujours le choix à chacun d'utiliser des succédanés de sucre. Les fruits et le miel constituent des sources naturelles de sucre. Vous pouvez aussi utiliser du sucre blanc ou brun, du fructose, de la mélasse, des sirops, des confitures, des gelées ou des conserves de fruits. L'utilisation de succédanés de sucre est absolument facultative et nous pensons que votre décision d'en faire usage dépend uniquement de vous et des conseils de votre médecin.

☐ Quelques notions de nutrition

☐ La nutrition peut se définir comme le processus de transformation et d'utilisation des aliments par l'organisme, processus qui lui permet de se maintenir en bon état et lui fournit l'énergie vitale nécessaire. Les aliments apportent les éléments nutritifs indispensables à la dépense d'énergie, à la croissance et au maintien de tous les tissus du corps et contribuent à la régulation et à l'équilibre de toutes ses fonctions. Une quarantaine d'éléments nutritifs différents participent à la bonne santé générale. Ceux-ci comprennent les protéines (protides), les hydrates de carbone (glucides), les vitamines, les sels minéraux et l'eau. C'est le contenu de protéines, d'hydrates de carbone et de graisses (lipides) des aliments qui détermine leur valeur énergétique (ou valeur calorique). Nos menus quotidiens sont établis de manière à vous fournir tous les éléments nutritifs nécessaires et restent dans les limites permises de la consommation de calories.

☐ Les protéines sont nécessaires à la croissance et à la régénération des tissus du corps. La volaille, la viande, le poisson, les oeufs, le lait et le fromage constituent les principales sources de protéines. Les graisses et les hydrates de carbone fournissent de l'énergie en plus de participer aux autres fonctions vitales. Les fruits, les légumes et les céréales sont riches en hydrates de carbone. La margarine, les huiles, la volaille, la viande et le poisson nous fournissent les graisses nécessaires.

☐ Les vitamines et les sels minéraux sont aussi indispensables au bon fonctionnement du corps. Le sodium est très important pour l'équilibre hydrique et possède, par conséquent, un effet déterminant dans le contrôle du poids. Certains aliments contiennent naturellement du sodium et celui-ci est, en outre, souvent ajouté aux aliments préparés industriellement.

☐ La *variété* est une des clés du succès. Aucun aliment unique ne peut fournir tous les éléments nutritifs nécessaires dans les proportions convenables. Plus votre alimentation sera variée et moins vous risquerez de souffrir d'une carence alimentaire quelconque, et votre régime n'en sera que plus intéressant et agréable à suivre.

☐ Équivalents figurant à la fin de chaque recette

☐ Chaque recette de cet ouvrage est suivie du nombre d'équivalents qu'elle contient. Cette indication vous permettra de déterminer ce qu'une de ses portions apportera à votre régime alimentaire. Ces renseignements faciliteront beaucoup l'établissement de vos menus car ils vous permettront de tenir un relevé de tous les équivalents que vous avez consommés. N'oubliez pas d'ajuster le nombre de vos équivalents quand vous modifiez une recette.

Les équivalents fruit

Établissez vos menus avec imagination et confiez à vos fruits le rôle de vedette ou de simple participant dans le spectacle que constituera votre repas. Faites-les entrer en scène avec le solo magistral de notre Pamplemousse à la cannelle ou « baissez le rideau » sur votre symphonie avec la Coupe de fruits à la noix de coco, par exemple.

Les formes harmonieuses, la variété des couleurs et la douceur parfumée des fruits enchanteront l'auditoire le plus difficile. Les « rappels » d'un public ravi salueront toutes les recettes de ce chapitre.

☐ Les équivalents fruit

Équivalents quotidiens

	PLANS D'ATTAQUE nos 1 ET 2	PLAN D'ATTAQUE no 3 ET PLAN D'ÉCHANGES ILLIMITÉS
Femmes	3 équivalents	3 équivalents
Hommes et adolescents	4 équivalents	4 à 6 équivalents

☐ Les fruits contiennent des fibres, de la vitamine A et de la vitamine C. Chaque sorte de fruit apportant à l'organisme des quantités très variables d'éléments nutritifs, vous avez tout avantage à en consommer toute la gamme que vous offrent les tables d'équivalence.

☐ Les fruits précédés d'un astérisque (*) constituent d'excellentes sources de vitamine C ; vous devriez consommer au moins un de ces fruits frais par jour. La chaleur détruisant la vitamine C, vous devez consommer un autre fruit de la liste des équivalents fruit si vous avez fait cuire un de vos fruits précédés d'un astérisque.

☐ Un équivalent fruit correspond à 125 mL ($\frac{1}{2}$ tasse) de fruits en conserve, sauf pour les tranches et les morceaux d'ananas, *ou* à la même quantité de fruits frais avec 30 mL (2 c. à table) de jus (par exemple, 125 mL ($\frac{1}{2}$ tasse) de pêches tranchées équivalent à 2 moitiés de pêches en conserve). Deux tranches ou quatre pointes d'ananas en conserve constituent un équivalent.

☐ Mesurer les fruits surgelés à l'état surgelé et jamais à l'état décongelé ou partiellement décongelé. Les équivalents sont identiques à ceux des fruits frais.

☐ Un équivalent fruit correspond à 30 mL (2 c. à table) de concentré de jus d'orange, de pamplemousse ou d'orange-pamplemousse et à 20 mL (4 c. à thé) de jus de pomme, de raisin, d'ananas ou d'ananas-orange surgelés.

☐ Une portion de 100 g (3$\frac{1}{3}$ oz) de dessert diététique aux fruits tout préparé et congelé constitue 1 équivalent fruit et $\frac{1}{2}$ équivalent lait.

TABLES D'ÉQUIVALENCE DES FRUITS

Plan d'attaque no 1

Fruit	1 équivalent
Ananas	$\frac{1}{8}$ d'un moyen (env. 135 g (4 $\frac{1}{2}$ oz) avec l'écorce)
* Cantaloup	$\frac{1}{4}$ d'un petit (env. 270 g (9 oz) avec l'écorce) ou 250 mL (1 tasse), en dés
Macédoine de fruits (salade de fruits)	125 mL ($\frac{1}{2}$ tasse)
* Melon Honeydew ou melon du même genre	Tranche de 5 cm (2 po) d'épaisseur et de 18 cm (7 po) de longueur ou 250 mL (1 tasse), en dés
* Orange	1 petite (env. 180 g (6 oz) avec la peau)
* Orange, jus	125 mL ($\frac{1}{2}$ tasse)
* Orange, quartiers	125 mL ($\frac{1}{2}$ tasse)
* Orange-pamplemousse, jus	125 mL ($\frac{1}{2}$ tasse)
* Pamplemousse	$\frac{1}{2}$ d'un moyen (env. 240 g (8 oz) avec l'écorce)
* Pamplemousse, jus	125 mL ($\frac{1}{2}$ tasse)
* Pamplemousse, quartiers	125 mL ($\frac{1}{2}$ tasse)
Pastèque (melon d'eau)	Quartier de 5 x 8 cm (2 x 3 po) ou 250 mL (1 tasse), en dés
Pêche	1 moyenne (env. 120 g (4 oz) avec le noyau)
Pomme	1 petite (env. 120 g (4 oz)

Plan d'attaque no 2

En plus des équivalents du Plan d'attaque no 1, vous pouvez ajouter ceux qui sont énumérés ci-dessous à votre liste d'équivalence.

Fruit	1 équivalent
Baies :	
Baies de sureau	125 mL ($\frac{1}{2}$ tasse)
Bleuets	125 mL ($\frac{1}{2}$ tasse)
* Fraises	250 mL (1 tasse), entières ou 175 mL ($\frac{3}{4}$ tasse), en tranches
Framboises	125 mL ($\frac{1}{2}$ tasse)
Mûres	125 mL ($\frac{1}{2}$ tasse)
Mûres de Boysen	125 mL ($\frac{1}{2}$ tasse)
Mûres de Logan	125 mL ($\frac{1}{2}$ tasse)
Mûres rouges	125 mL ($\frac{1}{2}$ tasse)
Myrtilles	125 mL ($\frac{1}{2}$ tasse)
Banane	$\frac{1}{2}$ moyenne (env. 90 g (3 oz) avec la peau)
Sauce aux pommes	125 mL ($\frac{1}{2}$ tasse)

Plan d'attaque no 3

Vous pouvez maintenant ajouter à votre liste d'équivalence des fruits ceux de la liste ci-dessous.

Fruit	1 équivalent
Nectarine	1 petite (env. 150 g (5 oz) avec le noyau)
Pruneaux	2 gros ou 3 moyens
Raisins	20 petits ou 12 gros
Tangerine	1 grosse (env. 120 g (4 oz) avec l'écorce)

Plan d'échanges illimités

Vous pouvez ajouter à votre liste d'équivalence les fruits énumérés ci-dessous.

Fruit	1 équivalent
Abricots, frais	2 moyens (env. 35 g (1 ¼ oz) avec le noyau)
Abricots, secs	4 moitiés
Baies :	
Canneberges	250 mL (1 tasse)
* Groseilles à maquereau	175 mL (¾ tasse)
Carambola (star fruit)	1 moyenne (env. 135 g (4½ oz) avec l'écorce)
Cédrat	1 moyen
Cerises	10 grosses
Coing	1 moyen
Corossol (guanabana)	50 mL (¼ tasse)
Dattes	2
Figue, fraîche ou sèche	1 grosse
Figue de Barbarie	1 moyenne
Fruits secs mélangés	20 g (¾ oz)
Génips	2
* Groseilles fraîches	175 mL (¾ tasse)
Jus d'ananas	75 mL (⅓ tasse)
Jus d'ananas-orange	75 mL (⅓ tasse)
Jus de canneberge, hypocalorique	250 mL (1 tasse)
* Jus de légumes, en conserve, non sucré ou frais	250 mL (1 tasse)
Jus de pomme	75 mL (⅓ tasse)
Jus de pomme brut	75 mL (⅓ tasse)
Jus de pruneau	75 mL (⅓ tasse)
Jus de raisin, pétillant ou non	75 mL (⅓ tasse)

Fruit	1 équivalent

* Jus de tomate, non sucré,
   en conserve ou frais   250 mL (1 tasse)

Kaki, entier   1 moyen (env. 60 g (2 oz))

* Kiwi   1 moyen, entier (env. 90 g (3 oz))

Kumquats (genre de petite
   orange)   3 moyens

Litchis, frais   8

Mandarine   1 grosse (env. 140 g (4 ¾ oz))

Mangue   ½ petite (env. 195 g (6½ oz) avec l'écorce, dénoyautée)

Murcot (espèce de tangerine)   1 moyen (env. 140 g (4¾ oz))

Nèfles du Japon (loquats)   10, dénoyautés

* Papaye   ½ moyenne, entière (env. 240 g (8 oz) ou 125 mL
                    (½ tasse), en dés

Poire   1 petite (env. 150 g (5 oz))

Pomme cannelle   75 mL (⅓ tasse)

Pommes sauvages   2

Prunes   2 moyennes (env. 75 g (2 ½ oz), avec le noyau)

Raisins de Corinthe   175 mL (¾ tasse)
   secs   30 mL (2 c. à table)

Raisins secs   30 mL (2 c. à table)

Pomme à l'érable cuite au four $

PLAN D'ATTAQUE no 3 — DONNE 2 PORTIONS D'UNE POMME

2 petites pommes
10 mL (2 c. à thé) de tartinade hypoca-
**   lorique à l'abricot (15 calories par**
**   10 mL (2 c. à thé)**

5 mL (1 c. à thé) de sirop hypocalori-
**   que à l'érable (6,4 calories par 5 mL**
**   (1 c. à thé)**

Évider les pommes en les creusant jusqu'à 1 cm (½ po) du fond. Ôter une étroite pelure circulaire de chaque pomme, ce qui empêche la peau d'éclater. Garnir chaque pomme avec 5 mL (1 c. à thé) de tartinade à l'abricot et la moitié du sirop à l'érable. Poser chaque pomme bien droite au fond d'un moule à flan; recouvrir chaque moule avec du papier d'aluminium et laisser cuire au four à 200°C (400°F) pendant 25 à 30 minutes, jusqu'à ce que les pommes deviennent tendres.

Équivalents: 1 équivalent fruit et 11 calories d'aliments diététiques.

Gâteau aux pommes et aux raisins $

PLAN D'ÉCHANGES ILLIMITÉS — DONNE 12 PORTIONS

Ce gâteau peut être congelé pour être consommé un autre jour; pour pouvoir le servir alors plus facilement, vous pouvez le découper en portions individuelles que vous envelopperez de pellicule plastique. Décongelez à la température ambiante le nombre de portions dont vous avez besoin.

550 mL (2 1/4 tasses) de farine additionnée de poudre à lever

5 mL (1 c. à thé) de cannelle en poudre

2 mL (1/2 c. à thé) de clou de girofle moulu

85 mL (1/3 tasse et 2 c. à thé) de margarine non salée

50 mL (1/4 tasse) de sucre cristallisé

5 mL (1 c. à thé) de bicarbonate de soude (soda à pâte)

375 mL (1 1/2 tasse) de purée de pommes, non sucrée

2 petites pommes Golden Delicious, évidées, pelées et râpées

220 mL (1 tasse moins 2 c. à table) de raisins secs

Pulvériser l'intérieur d'un moule de 20 x 20 x 5 cm (8 x 8 x 2 po) avec de l'enduit végétal antiadhérent et mettre de côté. Dans un saladier moyen, tamiser ensemble la farine, la cannelle et le clou de girofle que vous réserverez.

Préchauffer le four à 180°C (350°F). Dans le récipient de taille moyenne du mélangeur électrique, liquéfier la margarine; ajouter le sucre et l'incorporer. Mélanger le bicarbonate de soude à la purée de pommes, ajouter à la préparation de margarine et mélanger; ajouter la farine et les épices et mélanger soigneusement le tout à vitesse moyenne. Incorporer les pommes et les raisins secs; verser la préparation dans le moule et cuire au four pendant 45 à 50 minutes, jusqu'à ce que le gâteau soit doré et qu'un cure-dents enfoncé dans son centre en ressorte sec. Démouler le gâteau et le laisser refroidir sur une grille.

Équivalents: 1 équivalent pain, 1 1/2 équivalent matières grasses, 1 équivalent fruit et 20 calories d'équivalent facultatif.

Purée de pommes

1 petite pomme, pelée et évidée
15 mL (1 c. à table) de jus de citron
Succédané équivalent à 5 mL (1 c. à thé) de sucre cristallisé

1 pincée de cannelle en poudre (facultatif)

Hacher la pomme en petits dés. Au mélangeur électrique, homogénéiser la pomme et le jus de citron jusqu'à ce que le mélange devienne lisse (en raclant aussi souvent que nécessaire les parois du récipient avec une spatule en caoutchouc pour ramener le contenu au centre). Incorporer le succédané de sucre et la cannelle si vous en avez utilisée. Servir immédiatement ou couvrir et laisser refroidir au réfrigérateur.

Équivalent : 1 équivalent fruit.

Muffin aux bananes

Servir chaud.

1 banane de grosseur moyenne
1 muffin aux raisins, tranché en deux et grillé
10 mL (2 c. à thé) de margarine, fondue

10 mL (2 c. à thé) de tartinade hypocalorique à l'abricot, réchauffée (15 calories par 10 mL (2 c. à thé)
Cannelle moulue

Éplucher la banane, la trancher en deux dans le sens de la longueur et couper en deux chaque moitié. Placer les demi-muffins sur la grille d'une lèchefrite ou sur du papier d'aluminium ; disposer 2 quarts de banane sur chacun d'eux et les arroser avec la moitié de la margarine fondue. Étaler 2 mL (½ c. à thé) de tartinade sur chaque quartier de banane et saupoudrer d'une pincée de cannelle ; laisser griller jusqu'à ce que le tout soit bien chaud.

Équivalents : 1 équivalent pain, 1 équivalent matières grasses, 1 équivalent fruit et 8 calories d'aliments diététiques.

« Crème glacée » au melon

PLAN D'ÉCHANGES ILLIMITÉS — DONNE 4 PORTIONS DE 125 mL (½ TASSE)

Laisser ramollir **200 g (6 ⅔ oz) de dessert hypocalorique à la vanille surgelé**. Dans le récipient du mélangeur électrique ou du robot culinaire, homogénéiser **250 mL (1 tasse) de cantaloup très mûr en petites boules ou en dés**. Ajouter le dessert ramolli et continuer jusqu'à ce que la préparation soit lisse. La verser dans un récipient allant au congélateur, couvrir avec de la pellicule plastique et laisser congeler.

Concasser le mélange durci et placer les morceaux dans le récipient du mélangeur électrique où ils seront traités jusqu'à ce que la préparation soit bien lisse. La verser à la cuillère dans 4 coupes à dessert supportant la congélation, couvrir avec de la pellicule plastique et laisser congeler. Sortir du congélateur 5 minutes avant de servir.

Équivalents : ½ équivalent fruit, ¼ équivalent lait et 15 calories d'équivalent facultatif.

Entremets aux cerises

PLAN D'ÉCHANGES ILLIMITÉS — DONNE 2 PORTIONS DE 125 mL (½ TASSE)

20 grosses cerises dénoyautées, surgelées, non sucrées
125 mL (½ tasse) d'eau
7 mL (1 ½ c. à thé) de sucre en poudre
1 bâton de cannelle de 5 cm (2 po)

1 zeste de citron
30 mL (2 c. à table) de vin rosé
5 mL (1 c. à thé) de fécule de maïs
50 mL (¼ tasse) de yogourt hypocalorique nature

Dans une petite casserole, mélanger les cerises, l'eau, le sucre, la cannelle et le zeste de citron ; porter à ébullition. Baisser le feu, couvrir et laisser mijoter à feu doux pendant 20 minutes.

Ôter la cannelle et le zeste du mélange et les jeter. Dans une tasse à mesurer ou dans un bol, mélanger le vin et la fécule de maïs en remuant bien pour la dissoudre ; verser dans la préparation précédente et porter à ébullition en remuant constamment. Baisser le feu et laisser mijoter à feu doux jusqu'à ce que la préparation épaississe.

Dans un bol résistant à la chaleur, remuer le yogourt jusqu'à ce qu'il devienne lisse, y ajouter la préparation à la cerise et bien mélanger. Couvrir avec de la pellicule plastique et réfrigérer.

Équivalents : 1 équivalent fruit, ¼ équivalent lait et 35 calories d'équivalent facultatif.

« Crème glacée » aux cerises

Dans le récipient du mélangeur électrique ou du robot culinaire, bien homogénéiser **200 g (6 ¾ oz) de dessert hypocalorique à la vanille surgelé.** Verser dans un saladier de 1 L (4 tasses) supportant la congélation et ajouter **6 grosses cerises dénoyautées fraîches ou surgelées, non sucrées, coupées en deux** et **5 mL (1 c. à thé) d'arôme artificiel de vanille**; bien remuer. Couvrir avec de la pellicule plastique et laisser congeler; servir à la cuillère dans les assiettes de service et garnir avec **4 grosses cerises fraîches ou surgelées, non sucrées.**

Équivalents: 1 ½ équivalent fruit et ½ équivalent lait.

Boisson aux agrumes

375 mL (1 ½ tasse) de soda hypocalorique au citron ou au citron et à la lime, réfrigéré (2 calories par 100 mL (3 oz)

250 mL (1 tasse) de jus d'orange non sucré, réfrigéré

Garniture:
2 bâtons de cannelle de 5 cm (2 po)

Réfrigérer deux verres de 300 mL (10 oz). Dans un saladier ou un pichet de 1 L (4 tasses), mélanger le soda et le jus; verser la moitié du mélange dans chaque verre et garnir avec un bâton de cannelle.

Équivalents: 1 équivalent fruit et 4 calories d'aliments diététiques.

Variante pour le Plan d'échanges illimités: Remplacer le jus d'orange par 150 mL (⅔ tasse) de cidre doux non sucré; compter les calories comme des calories d'équivalent facultatif.

Cocktail de fruits 🌓💲

250 mL (1 tasse) de soda au gingembre hypocalorique (1 calorie par 100 mL (3 $\frac{1}{3}$ oz)
125 mL ($\frac{1}{2}$ tasse) de jus de raisin, non sucré

125 mL ($\frac{1}{2}$ tasse) de jus d'orange, non sucré
5 à 10 mL (1 à 2 c. à thé) de jus de lime, non sucré
8 glaçons

Garniture:
2 quartiers de lime ou de citron

Réfrigérer 2 verres de 300 mL (10 oz). Dans une tasse à mesurer de 500 mL (2 tasses), mélanger tous les ingrédients sauf les glaçons et la garniture. Mettre 4 glaçons dans chaque verre; verser la moitié du mélange de jus dans chaque verre et garnir avec les quartiers de lime ou de citron.

Équivalent: 1 équivalent fruit.

Variante pour le Plan d'échanges illimités: Remplacer le jus d'orange par 75 mL ($\frac{1}{3}$ tasse) de cidre doux non sucré.

Figues au chocolat et à la « crème glacée »

PLAN D'ÉCHANGES ILLIMITÉS — DONNE 2 PORTIONS

2 grosses figues fraîches, sans la queue
30 mL (2 c. à table) d'eau
2 gros zestes d'orange
5 mL (1 c. à thé) de cacao en poudre,
   non sucré

5 mL (1 c. à thé) de sucre à glacer
200 g (6 ⅔ oz) de dessert glacé hypocalorique à la vanille

Poser chaque figue dans un petit moule à flan d'environ 250 mL (1 tasse); ajouter l'eau et les zestes et cuire au four à 190°C (375°F) pendant environ 15 minutes, jusqu'à ce que les figues deviennent tendres tout en restant entières.

Dans un petit bol peu profond, tamiser ensemble la poudre de cacao et le sucre; rouler les figues chaudes dans le mélange et les couper ensuite en deux. Servir 2 demi-figues et 100 g (3 ⅓ oz) de dessert glacé pour chaque portion; saupoudrer chacune avec le reste du mélange de cacao et arroser avec le jus de cuisson.

Équivalents : 2 équivalents fruit, ½ équivalent lait et 15 calories d'équivalent facultatif.

Pamplemousse à la cannelle

PLAN D'ÉCHANGES ILLIMITÉS — DONNE 1 PORTION

Avec la pointe d'un petit couteau, ôter les noyaux de ½ pamplemousse moyen et l'éplucher avec soin. Poser chaque moitié de pamplemousse dans un petit plat creux, verser **2 mL (½ c. à thé) de miel** au centre et saupoudrer avec **1 pincée de cannelle**. Faire griller à 8 cm (3 po) de la source de chaleur pendant 8 à 10 minutes, jusqu'à ce que le pamplemousse commence à brunir et que le miel soit fondu*.

Équivalents : 1 équivalent fruit et 10 calories d'équivalent facultatif.

Variante : Remplacer le miel et la cannelle par 10 mL (2 c. à thé) de tartinade hypocalorique à l'orange ou à l'abricot (15 calories par 10 mL (2 c. à thé), l'équivalent facultatif doit alors compter pour 15 calories.

* Cette opération peut s'effectuer au four ou dans une petite rôtissoire.

Délice à l'orange et à l'ananas $

PLAN D'ATTAQUE no 3 — DONNE 2 PORTIONS

1 sachet de gélatine en poudre, nature
125 mL (½ tasse) de jus d'orange, non sucré
125 mL (½ tasse) de morceaux d'ananas broyé en conserve, non sucré
125 mL (½ tasse) d'eau
20 mL (1 c. à table et 1 c. à thé) de tartinade hypocalorique à l'orange (15 calories par 10 mL (2 c. à thé)

250 mL (1 tasse) de yogourt hypocalorique nature
Succédané de sucre correspondant à 10 mL (2 c. à thé) de sucre

Dans une petite casserole, délayer la gélatine dans le jus d'orange à petit feu, en remuant constamment. Ôter du feu, ajouter l'ananas, l'eau et la tartinade à l'orange et bien remuer. Ajouter le yogourt et le succédané de sucre et remuer énergiquement; verser chaque moitié du mélange dans une coupe à dessert de 240 mL (8 oz). Couvrir avec de la pellicule plastique et laisser au réfrigérateur pendant 3 ou 4 heures avant de servir.

Équivalents : 1 équivalent fruit, 1 équivalent lait et 15 calories d'aliments diététiques.

Coupe de fruits à la noix de coco

PLAN D'ÉCHANGES ILLIMITÉS — DONNE 4 PORTIONS DE 125 mL (½ TASSE)

1 petite orange
250 mL (1 tasse) de melon Honeydew en petites boules
1 banane de grosseur moyenne, pelée et en tranches

15 mL (1 c. à table) de jus de citron
2 mL (½ c. à thé) d'extrait d'amande
20 mL (1 c. à table et 1 c. à thé) de noix de coco, râpée et grillée

Peler l'orange au-dessus d'un saladier moyen pour pouvoir en recueillir le jus ; bien nettoyer l'orange, la découper en tranches et la mettre dans le bol. Ajouter le melon, la banane, le jus de citron et l'extrait d'amande ; mélanger délicatement le tout. Répartir dans 4 coupes à dessert et saupoudrer chaque portion avec le ¼ de la noix de coco grillée.

Équivalents : 1 équivalent fruit et 10 calories d'équivalent facultatif.

Poires « Belle Hélène »

20 mL (1 c. à table et 1 c. à thé) de cacao en poudre, non sucré
20 mL (1 c. à table et 1 c. à thé) de sucre cristallisé
10 mL (2 c. à thé) de fécule de maïs

250 mL (1 tasse) de lait écrémé évaporé
1 mL (¼ c. à thé) d'arôme artificiel de vanille
8 demi-poires en conserve, non sucrées

Dans une petite casserole, mélanger le cacao, le sucre et la fécule de maïs ; ajouter par portions 50 mL (¼ tasse) de lait et remuer jusqu'à dissolution complète du sucre. Ajouter le reste du lait et la vanille et porter à l'ébullition à feu moyen, en remuant constamment ; continuer de remuer pendant 2 minutes, jusqu'à ce que la préparation épaississe. Ôter du feu, verser dans un bol et laisser refroidir ; recouvrir de pellicule plastique et mettre au réfrigérateur.

Dans 4 coupes à dessert, servir 2 demi-poires recouvertes du ¼ de la sauce.

Équivalents : 1 équivalent fruit, ½ équivalent lait et 30 calories d'équivalent facultatif.

Soufflé glacé aux fraises

500 mL (2 tasses) de fraises* en tranches, divisées
200 g (6 ⅔ oz) de dessert glacé hypocalorique à la vanille, ramolli
30 mL (2 c. à table) de concentré de jus d'orange, non sucré, décongelé

2 blancs d'oeufs, à la température ambiante
10 mL (2 c. à thé) de sucre cristallisé

Dans le récipient du robot culinaire ou du mélangeur électrique, homogénéiser 375 mL (1 ½ tasse) de fraises; ajouter le dessert glacé et le jus d'orange et continuer jusqu'à ce que le mélange soit lisse. Verser dans un saladier résistant à la congélation, recouvrir de pellicule plastique et laisser prendre pendant 45 minutes au congélateur. Concasser et travailler à nouveau dans le récipient du robot jusqu'à l'obtention d'une consistance bien lisse. Transvaser à la cuillère dans un grand saladier et réserver.

Au batteur électrique, monter les blancs d'oeufs en neige à grande vitesse; ajouter le sucre et monter en neige ferme. Bien fouetter à la main le ⅓ des blancs d'oeufs en neige et la purée de fraises; incorporer délicatement ıu reste de l'oeuf. À la cuillère, répartir le mélange dans 4 coupes à dessert supportant la congélation; recouvrir de pellicule plastique et laisser durcir au congélateur. Sortir du congélateur 5 minutes avant de servir; pour servir, décorer chaque soufflé individuel avec le ¼ des tranches de fraises qui restent.

Équivalents: 1 équivalent fruit, ¼ équivalent lait et 35 calories d'équivalent facultatif.

* Si vous utilisez des fraises surgelées, non sucrées, ne les décongelez qu'après les avoir mesurées.

Bûche aux fraises

175 mL (³/₄ tasse) de farine à gâteau
5 mL (1 c. à thé) de levure chimique
   (poudre à pâte)
2 mL (½ c. à thé) de sel
4 gros oeufs
50 mL (¼ tasse) de sucre cristallisé
1 L (4 tasses) de fraises, hachées finement (réserver 4 fraises entières
   pour décorer)

30 mL (2 c. à table) de tartinade hypocalorique aux fraises, fondue
   (15 calories par 10 mL (2 c. à thé)
140 mL (½ tasse et 1 c. à table) de
   succédané de crème fouettée, décongelé

1. Préchauffer le four à 200°C (400°F). Tapisser une plaque à bûche de 39 x 25 x 2,5 cm (15½ x 10 x 1 po) avec du papier à cuisson et mettre de côté. Sur une assiette en carton ou une feuille de papier ciré, tamiser 2 fois ensemble la farine, la levure et le sel; mettre de côté.

2. Au fouet électrique, battre à grande vitesse les oeufs pendant 5 minutes, jusqu'à ce qu'ils épaississent et deviennent jaune citron; leur incorporer le sucre et les ingrédients tamisés.

3. Verser le mélange dans le plat tapissé et faire dorer au four pendant 9 à 10 minutes (le dessus du gâteau devant reprendre sa forme après avoir été légère-ment déformé du bout du doigt).

4. Retirer du four et démouler sur un linge; ôter et jeter le papier à cuisson. En commençant par un coin, rouler le gâteau dans le linge; poser sur une grille métallique et laisser refroidir.

5. Dans un bol, mélanger les fraises hachées et la tartinade fondue. Dérouler le gâteau refroidi, détacher le linge et étaler le mélange à la surface du gâteau; enrouler de nouveau le gâteau et le poser à plat sur l'assiette de service. Étaler le succédané sur le dessus et les côtés du gâteau roulé; couper en tranches les fraises réservées et décorer artistiquement la bûche. Pour ser-vir, couper en 8 tranches d'épaisseur égale.

Équivalents: ½ équivalent protéines, ½ équivalent pain, ½ équivalent fruit et 50 calories d'équivalent facultatif.

Gâteau aux carottes

Gâteau:
90 mL (6 c. à table) de margarine sans sel, ramollie, divisée
550 mL (2 ¼ tasses) de farine tout usage, divisée
125 mL (½ tasse) de sucre cristallisé
15 mL (1 c. à table) de levure chimique (poudre à pâte)
750 mL (3 tasses) de carottes râpées

250 mL (1 tasse) de raisins secs, gonflés dans l'eau tiède et égouttés
5 mL (1 c. à thé) de cannelle en poudre
4 oeufs
50 mL (¼ tasse) de jus d'orange non sucré, décongelé
5 mL (1 c. à thé) d'arôme artificiel de vanille

Glace:
30 mL (2 c. à table) de sucre cristallisé
1 sachet de gélatine en poudre, nature
50 mL (¼ tasse) de jus d'orange concentré non sucré, décongelé

500 mL (2 tasses) de fromage ricotta écrémé

Préparation du gâteau: Graisser 2 moules peu profonds de 20 cm (8 po) de diamètre avec 2 mL (½ c. à thé) de margarine chacun; saupoudrer chaque moule avec 5 mL (1 c. à thé) de farine et les mettre de côté. Préchauffer le four à 160°C (325°F).

Dans un saladier, mélanger le reste de la farine avec le sucre et la levure; incorporer les carottes, les raisins et la cannelle. Dans un autre saladier, homogénéiser au fouet électrique les oeufs, le jus d'orange, la vanille et le reste de la margarine. Verser cette préparation dans les ingrédients secs et la travailler à vitesse moyenne pendant 1 minute, jusqu'à ce qu'elle devienne lisse. Partager entre les deux moules graissés et cuire au four pendant 35 à 40 minutes, jusqu'à ce qu'un cure-dents enfoncé dans chacun des deux gâteaux en ressorte sec. Laisser refroidir pendant 5 minutes sans démouler, puis démouler et mettre à refroidir sur une grille.

Préparation de la glace: Dans une petite casserole, verser en pluie le sucre et la gélatine dans le jus d'orange; laisser reposer. Faire chauffer à feu doux, en remuant constamment jusqu'à ce que la gélatine soit complètement dissoute.

Au mélangeur électrique, homogénéiser le fromage jusqu'à ce qu'il soit lisse; par l'orifice central du couvercle et sans arrêter le moteur, ajouter progressivement la gélatine et homogénéiser le tout. Verser dans un bol, couvrir et réfrigérer pendant 10 minutes, jusqu'à ce que le mélange épaississe, mais sans durcir. Étaler immédiatement une fine couche de glace sur le dessus d'un des gâteaux; poser le deuxième gâteau par-dessus et étaler le reste de la glace tout autour du gâteau à étages. Couvrir sans toucher et laisser au réfrigérateur jusqu'à ce que la glace durcisse. Pour servir, couper en 12 tranches égales.

Équivalents: 1 équivalent protéines, 1 équivalent pain, ½ équivalent légume, 1½ équivalent matières grasses, 1 équivalent fruit et 50 calories d'équivalent facultatif.

Croquants aux raisins $

PLAN D'ÉCHANGES ILLIMITÉS — DONNE 4 PORTIONS DE 1 CROQUANT

90 g (3 oz) de granola
50 mL (¼ tasse) de raisins secs, hachés
10 mL (2 c. à thé) de noix de coco, râpée

75 mL (⅓ tasse) de jus de pomme concentré non sucré, décongelé
5 mL (1 c. à thé) de miel
1 sachet de gélatine nature, en poudre

1. Dans un petit saladier, mélanger le granola, les raisins secs et la noix de coco et mettre de côté.

2. Dans une petite casserole, mélanger le jus de pomme et le miel; y saupoudrer la gélatine et laisser reposer. Faire chauffer à feu doux en remuant constamment, jusqu'à ce que la gélatine soit entièrement dissoute.

3. Verser sur le mélange de céréales et bien remuer. Pulvériser de l'enduit végétal antiadhérent dans un moule à pain de 19 x 9 x 6 cm (7⅜ x 3⅝ x 2¼ po), y verser les céréales et bien les tasser; couvrir et laisser durcir au réfrigérateur.

4. Avec la pointe d'un couteau, décoller les bords de la plaque moulée, la renverser sur une assiette et la couper en 4 barres de dimensions égales. Envelopper chaque barre dans de la pellicule plastique et conserver au réfrigérateur.

Équivalents: 1 équivalent pain, 1½ équivalent fruit et 10 calories d'équivalent facultatif.

Bouchées aux fruits et au miel

50 mL (¼ tasse) de raisins secs, hachés finement

2 grosses figues sèches, hachées finement

2 mL (½ c. à thé) d'épices pour tarte aux pommes

5 mL (1 c. à thé) de miel

2 mL (½ c. à thé) de jus de citron

10 mL (2 c. à thé) de graines de tournesol, concassées finement

Dans un bol, bien mélanger les raisins secs, les figues et les épices et confectionner 10 bouchées d'environ 2,5 cm (1 po) de diamètre. Dans une petite casserole, mélanger le miel et le jus de citron et faire fondre le miel à petit feu en remuant constamment. Ôter du feu et rouler immédiatement chaque bouchée dans le mélange de miel, puis dans les graines de tournesol. Disposer les bouchées ainsi obtenues sur une assiette, recouvrir et mettre à durcir au réfrigérateur.

Équivalents : 2 équivalents fruit et 30 calories d'équivalent facultatif.

Variante : Remplacer les figues par 2 demi-abricots secs hachés finement.

Équivalents : 1 équivalent fruit et 45 calories d'équivalent facultatif.

Crème renversée aux raisins et aux fraises

PLAN D'ÉCHANGES ILLIMITÉS — DONNE 4 PORTIONS

1 sachet de gélatine en poudre, nature
10 mL (2 c. à thé) de sucre extra-fin
125 mL (½ tasse) d'eau
250 mL (1 tasse) de vin blanc sec

15 mL (1 c. à table) de jus de citron
500 mL (2 tasses) de fraises, coupées
en dés
40 petits raisins blancs épépinés

Garniture:
Tranches de lime et de citron

Dans un bol, mélanger la gélatine et le sucre. Verser l'eau dans une petite casserole; y saupoudrer le mélange de gélatine et laisser reposer pendant 5 minutes. Faire chauffer à feu doux en remuant sans arrêt, jusqu'à la dissolution complète de la gélatine. Verser dans un bol de 1 L (4 tasses) résistant à la chaleur; en remuant, ajouter le vin et le jus de citron. Couvrir et réfrigérer jusqu'à ce que la préparation devienne sirupeuse.

Pulvériser de l'enduit végétal antiadhérent dans un moule de 750 mL (3 tasses). Incorporer les fraises et les raisins à la gélatine sirupeuse et verser le tout dans le moule préparé. Couvrir et réfrigérer jusqu'à ce que la gélatine prenne bien.

Pour servir, démouler sur le plat de service et décorer avec les tranches de citron et de lime.

Équivalents: 1 équivalent fruit et 70 calories d'équivalent facultatif.

« Clafoutis » aux fruits épicés

PLAN D'ÉCHANGES ILLIMITÉS — DONNE 2 PORTIONS

Ce plat se sert tiède ou à la température ambiante.

Croûte:
45 mL (3 c. à table) de farine tout usage
1 pincée de sel

10 mL (2 c. à thé) de margarine
15 mL (1 c. à table) de yogourt hypocalorique nature

Garniture aux fruits:
4 demi-abricots secs, hachés
30 mL (2 c. à table) de raisins secs
1 grosse figue sèche, hachée
5 mL (1 c. à thé) de cassonade
5 mL (1 c. à thé) de jus de citron

1 mL (¼ c. à thé) d'épices pour tarte aux pommes
1 petite pomme, pelée, vidée, coupée en dés et arrosée de jus de citron

Préparation de la pâte à croûte: Dans un saladier, mélanger la farine et le sel; au malaxeur à pâte ou avec 2 lames de couteau maniées en ciseaux, triturer la margarine dans le mélange jusqu'à ce qu'il ressemble à des flocons de farine. Ajouter le yogourt et bien l'incorporer. Rouler la pâte en boule, l'envelopper dans de la pellicule plastique et la laisser pendant environ 1 heure au réfrigérateur (où elle peut se conserver pendant 3 jours).

Préparation de la garniture: Dans une petite casserole, mélanger tous les ingrédients de la garniture sauf la pomme; cuire à feu doux en remuant constamment jusqu'à ce que la cassonade soit dissoute (si nécessaire, ajouter 15 mL (1 c. à table) d'eau pour empêcher les fruits de brûler). Laisser mijoter pendant 5 minutes jusqu'à ce que les fruits deviennent mous et que les raisins gonflent. Ajouter la pomme et bien mélanger.

Préparation du «clafoutis»: Préchauffer le four à 200°C (400°F). Répartir la garniture aux fruits dans 2 ramequins de 250 mL (1 tasse). Entre 2 feuilles de papier ciré, rouler la pâte en une abaisse de 0,3 cm (⅛ po) d'épaisseur; détacher délicatement le papier et couper l'abaisse en deux. Poser chaque moitié sur les ramequins en pinçant la pâte tout autour du bord. Cuire au four pendant 20 minutes, jusqu'à ce que la croûte devienne brun doré.

Équivalents: ½ équivalent pain, 1 équivalent matières grasses, 2 équivalents fruit et 15 calories d'équivalent facultatif.

Les équivalents légume

De l'Asperge au « Zucchini », vous allez pouvoir maintenant réciter l'alphabet de nos suggestions de légumes, la fibre de tous vos repas.

Farcis ou gratinés, étuvés ou braisés, « frits » ou fruités, frais ou marinés, ils constituent tous l'accompagnement croquant de chacun de vos repas.

☐ Précisions sur les équivalents légume

Équivalents quotidiens

PLANS D'ATTAQUE nos 1, 2 ET 3 ET PLAN D'ÉCHANGES ILLIMITÉS	
Femmes, hommes et adolescents	2 équivalents (au minimum)

☐ Les légumes fournissent à l'organisme du calcium, des fibres, de l'acide folique, du fer et de la vitamine A. Grâce à leur fort volume et à leur teneur élevée en eau, ils constituent un excellent moyen d'assouvir la faim. N'oubliez jamais que la variété est la clé du plaisir de manger et de l'équilibre de l'alimentation.

☐ Un équivalent légume correspond à 125 mL (½ tasse) de légumes en dés crus ou cuits, ou à la moitié d'une tomate, d'un concombre, d'une courgette, etc., de grosseur moyenne. Bien qu'il soit conseillé de consommer chaque jour 2 équivalents légume, il est néanmoins préférable d'en manger davantage.

☐ Les légumes surgelés ou en conserve contenant du beurre, du sucre, de la fécule de maïs ou des sauces ne sont pas autorisés.

☐ Les jardinières de légumes qui contiennent un féculent (maïs, panais, pois, châtaigne d'eau, etc.) doivent être comptées parmi les équivalents pain à raison de 125 mL (½ tasse) par équivalent.

☐ L'eau de cuisson des légumes contient des sels minéraux solubles, et on peut donc l'utiliser dans des soupes, des sauces, etc.

TABLE D'ÉQUIVALENCE DES LÉGUMES

1 équivalent = 125 mL (½ tasse) de légumes en dés
ou la moitié d'un légume frais moyen

Plan d'attaque no 1

Légumes

Brocoli	Haricot vert
Carotte	Laitue
Céleri	Oignon
Champignons	Oignon vert
Chou-fleur	Piment
Chou vert	Poivron
Concombre	Radis
Courgette	Tomate
Épinard	

Plan d'attaque no 2

Vous pouvez utiliser tous les légumes du Plan d'attaque no 1 et leur ajouter l'asperge, la fève germée et l'aubergine.

Plan d'attaque no 3

Vous pouvez utiliser tous les légumes des Plans d'attaque nos 1 et 2 et ajouter à votre liste d'équivalents la betterave, le chou de Bruxelles et la citrouille.

Plan d'échanges illimités

Vous pouvez utiliser dans ce plan tous les légumes du marché. Les féculents comme les pois, les pommes de terre, les potirons, etc. doivent cependant être comptés comme des équivalents pain ; voir à ce sujet la section consacrée aux équivalents pain, page 107. Consultez le tableau suivant pour les dimensions, le poids et le nombre d'équivalents de chaque légume.

Dimensions et poids moyens des légumes
(frais et entiers, sauf indication contraire)

Légumes	Nombre	Grosseur/ Dimensions	Poids approximatif	Nombre d'équivalents
Artichaut, entier	1	petit	240 g (8 oz)	1
Artichaut, coeurs :				
frais	2		120 g (4 oz)	1
surgelés	6		180 g (6 oz)	2
en conserve, égouttés	6		240 g (8 oz)	2
Asperges, pointes	6		90 à 150 g (3 à 5 oz)	1
Aubergine, entière	1	grosse	720 g (1 ½ lb)	8
	1	moyenne	480 à 600 g (1 à 1 ¼ lb)	6
	1	petite	360 g (12 oz)	4
	1	très petite	240 g (8 oz)	3
Aubergine, tranches	6	fines, 0,5 cm (¼ po) d'épaisseur		1 ½
Brocoli frais, en bouquets	1	moyen (2 gros, 3 moyens ou 4 petits)	480 g (1 lb)	8
Brocoli, surgelé en bouquets	4			1
Carotte, entière	1	moyenne, de 2,5 cm de dia. max. (1 ⅛ po) et 19 cm (7 ½ po) de long., ou grosse	90 à 120 g (3 à 4 oz)	2
Carotte, bâtonnets	6	9 x 1,5 cm (3 ½ x ½ po)		1

Légumes	Nombre	Grosseur/ Dimensions	Poids approximatif	Nombre d'équivalents
Céleri, tiges	1	grosse 20 x 4 cm (8 x 1 ½ po)		1
	2	moyennes 15 x 2,5 cm (6 x 1 po)		1
	3	petites 13 x 2 cm (5 x ¾ po)		1
Céleri, bâtonnets	6	9 x 1 cm (3 ½ x ½ po)		½
Champignons, entiers	3	gros, 5 cm (2 po) de dia.	98 g (3 ¼ oz)	2
	7	moyens, 4 cm (1 ½ po) de dia.	90 g (3 oz)	2
	18	petits, 2,5 cm (1 po) de dia.	105 g (3 ½ oz)	2
Champignons, chapeaux	4	gros	90 g (3 oz)	2
	8	moyens	90 g (3 oz)	2
	16	petits	98 g (3 ¼ oz)	2
Champignons, séchés	2	gros		1
Chou, entier :				
chinois (céleri)	1		360 g (12 oz)	8
vert	1	moyen	480 g (1 lb)	12
rouge	1	moyen	720 g (1 ½ lb)	18
Chou, feuilles :				
vert	2	moyennes/grosses	115 g (3 ¾ oz)	1
	3	petites	90 g (3 oz)	1
rouge	1	moyenne/grosse	75 g (2 ½ oz)	1
	2	petites	90 g (3 oz)	1
Chou-fleur, entier	1	moyen 15 à 18 cm de dia. (6 à 7 po)	720 g (1 ½ lb)	12
	1	petit	480 g (1 lb)	8
Chou-rave	1	moyen		1

Légumes	Nombre	Grosseur/ Dimensions	Poids approximatif	Nombre d'équivalents
Concombre, entier	1	gros, 17 cm de circonf. et 21 cm de long. (6 ½ x 8 ¼ po)	285 g (9 ½ oz)	2 ¼
	1	moyen, 15 cm de circonf. et 18 cm de long. (6 x 7 po)	240 g (8 oz)	2
	1	petit, 13 cm de circonf. et 16 cm de long. (5 ¼ x 6 ¼ po)	180 g (6 oz)	1
Concombre, bâtonnets	6	10 x 1 cm (4 x ½ po)		½
Cornichon, entier	1	gros 14 cm de circonf. et 10 cm de long. (5 ½ x 4 po)	140 g (4 ¾ oz)	4
	1	moyen, 10 cm de circonf. et 10 cm de long. (4 x 3 ¾ po)	65 g (2 ¼ oz)	2
Cornichons, en tranches	3	gros	45 g (1 ½ oz)	1
	5	moyens	30 g (1 ⅛ oz)	1
Courges :				
Pâtisson	1	10 cm de dia. (4 po)	150 g (5 oz)	2
Courgette (zucchini)	1	moyenne	150 g (5 oz)	2
Courge-spaghetti	1		1,2 à 1,4 kg (2 ½ à 3 lb)	8
Endive	1		80 g (2 ¾ oz)	1
Laitues, entières :				
Boston et croquante	1	max. 40 cm (16 po) de circonf.	240 g (8 oz)	2 ½
Iceberg	1	moyenne à grosse	1,2 kg (2 ½ lb)	8
	1	petite	600 g (1 ¼ lb)	4
romaine et frisée	1	moyenne	600 g (1 ¼ lb)	12
	1	petite	300 g (10 oz)	8

71

Légumes	Nombre	Grosseur/ Dimensions	Poids approximatif	Nombre d'équivalents
Laitues, feuilles :				
Boston et croquante	8			1
Iceberg	4	petites, moyennes ou grosses		1
romaine et frisée	4	petites, moyennes ou grosses		1
Navet	1	moyen	60 g (2 oz)	1
Oignons verts	8	moyens	120 g (4 oz)	1
Piments, entiers	1			⅓
Poireau, blanc seulement	2	moyens		1
Poivrons, entiers :				
rouge et vert	1	gros, 8 cm de dia. et 10 cm de long. (3 x 3 ¾ po)	210 g (7 oz)	4
	1	moyen, 6 cm de dia. et 7 cm de long. (2 ½ x 2 ¾ po)	98 g (3 ¼ oz)	2
Poivrons, bâtonnets	7	7 x 1 cm (2¾ x ½ po) chacun		½
Poivrons, tranches	4			1
Poivrons forts, en conserve	2			1
Radis	12	moyens à gros, 5 à 10 cm de circonf. max. (2 à 4 po)	60 à 105 g (2 à 3 ½ oz)	1
Tomate, entière	1	grosse, 8 cm de dia. et 5 cm de haut. (3 x 2 ⅛ po)	210 g (7 oz)	3
	1	moyenne, 6 cm de dia. et 5 cm de haut. (2 ½ x 2 po)	140 g (4 ¾ oz)	2
	1	petite, 6 cm de dia. (2 ¼ po)	105 g (3 ½ oz)	1 ½

Légumes	Nombre	Grosseur/ Dimensions	Poids approximatif	Nombre d'équivalents
Tomate, tranches :				
moyennes	4 à 6			1
fines	10	0,3 cm d'épaisseur ($\frac{1}{8}$ po)		1
Tomate, quartiers :				
	6	gros		1 $\frac{1}{2}$
	6	moyens		1
	6	petits		$\frac{3}{4}$
Tomates cerises	6	petites, moyennes et grosses		1
Tomate prune	1	grosse	50 à 75 g (1 $\frac{3}{4}$ à 2 $\frac{1}{2}$ oz)	1
	2	petites	30 g (1 oz) chacune	1
Vigne, feuilles	12			1

Antipasto

Vinaigrette:
40 mL (2 c. à table et 2 c. à thé) d'huile d'olive ou d'une autre huile végétale
30 mL (2 c. à table) d'oignon en dés
15 mL (1 c. à table) de vinaigre de vin rouge
15 mL (1 c. à table) de jus de citron
15 mL (1 c. à table) de câpres, égouttées

1 gousse d'ail, haché
1 mL ($\frac{1}{4}$ c. à thé) de sel
1 mL ($\frac{1}{4}$ c. à thé) de poivre
1 mL ($\frac{1}{4}$ c. à thé) de feuilles d'origan
1 mL ($\frac{1}{4}$ c. à thé) de feuilles de basilic

Légumes marinés:
500 mL (2 tasses) de chou-fleur, blanchi et tiède
24 pointes d'asperge, blanchies et tièdes
1 paquet de 270 g (9 oz) de coeurs d'artichaut surgelés, cuits selon les indications du paquet et tièdes

50 mL ($\frac{1}{4}$ tasse) de petits oignons marinés, égouttés
30 g (1 oz) de filets d'anchois en conserve, égouttés (environ 6 filets)

Salade:
8 feuilles de laitue romaine
180 g (6 oz) de « salami » de dinde
180 g (6 oz) de fromage provolone
180 g (6 oz) de pois chiches en conserve, égouttés

2 tomates moyennes, coupées en huit, ou 24 tomates cerises
16 petites olives vertes farcies au poivron rouge
8 olives noires, dénoyautées

Préparation de la vinaigrette: Dans un bol, mélanger tous les ingrédients de la vinaigrette et les réserver.

Préparation des légumes marinés: Dans un saladier en verre ou en acier inoxydable, mélanger le chou-fleur, les asperges, les coeurs d'artichauts, les oignons et les anchois; verser la vinaigrette sur les légumes et remuer pour bien les assaisonner. Recouvrir et mettre au réfrigérateur pendant au moins 2 heures, en remuant plusieurs fois (peut rester toute la nuit au réfrigérateur).

Présentation de service: Tapisser un grand plat de service avec les feuilles de laitue; disposer les tranches de « salami » de dinde dans les coins du plat. Rouler les pointes d'asperge dans les tranches de provolone et les disposer sur le plat. Remuer les légumes marinés; enrouler les filets d'anchois et les disposer sur le plat en plaçant une câpre au centre de chacun d'eux. À la cuillère, disposer les légumes marinés au milieu du plat; parsemer la totalité du plat avec les pois chiches. Décorer en faisant alterner les quartiers de tomate et les olives. Verser le reste de la vinaigrette sur les légumes et servir.

Équivalents: 2 équivalents protéines, 2 ¼ équivalents légume, 1 équivalent matières grasses et 15 calories d'équivalent facultatif.

Artichauts farcis au parmesan

2 petits artichauts d'environ 240 g (8 oz), soigneusement lavés à l'eau froide
Jus de citron
45 mL (3 c. à table) de chapelure, nature
15 mL (1 c. à table) de persil frais, haché

10 mL (2 c. à thé) de parmesan, râpé
10 mL (2 c. à thé) d'huile d'olive
1 petite gousse d'ail, haché
2 mL (½ c. à thé) de sel
Poivre fraîchement moulu

Avec un couteau en acier inoxydable, couper la tige des artichauts de manière à pouvoir les poser debout ; détacher les plus petites feuilles ou les feuilles jaunies. Couper la pointe de l'artichaut à environ 2,5 cm (1 po) de son sommet ; frotter la tranche des coupures avec du jus de citron. Avec des ciseaux en acier inoxydable, couper les feuilles à environ 1 cm (½ po) de leur extrémité ; frotter la tranche des coupures avec du jus de citron.

Dans un bol, combiner la chapelure, le persil, le fromage, l'huile et l'ail. Saupoudrer chaque artichaut avec 1 mL (¼ c. à thé) de sel et une pincée de poivre ; écarter les feuilles et farcir chaque artichaut avec la moitié de cette préparation.

Poser les artichauts farcis debout dans un plat à gratin (en une autre matière que l'aluminium) d'assez grande taille pour les contenir serrés dans cette position ; ajouter environ 2,5 cm (1 po) d'eau au fond du plat et recouvrir avec du papier d'aluminium. Cuire au four à 190°C (375°F) pendant environ 45 minutes, jusqu'à ce qu'une fourchette puisse être enfoncée dans le coeur des artichauts. Servir immédiatement.

Équivalents : ½ équivalent pain, 1 équivalent légume, 1 équivalent matières grasses et 10 calories d'équivalent facultatif.

Trempette d'asperges épicée

Cette trempette est délicieuse avec des légumes frais. Elle peut être congelée pour être servie un autre jour.

12 pointes d'asperge, cuites à la vapeur et hachées
30 mL (2 c. à table) de piment vert doux, en conserve
15 mL (1 c. à table) d'oignon rouge, haché

10 mL (2 c. à thé) d'huile d'olive
10 mL (2 c. à thé) de jus de citron
2 mL (½ c. à thé) de sel
½ gousse d'ail, écrasée
1 pincée de noix muscade, moulue
1 pincée de poivre, moulu

Dans le récipient du mélangeur électrique ou du robot culinaire, homogénéiser tous les ingrédients jusqu'à ce que la trempette soit bien lisse. Conserver au réfrigérateur.

Équivalents : 1 ⅛ équivalent légume et 1 équivalent matières grasses.

Variante : Ajouter 125 mL (½ tasse) de yogourt hypocalorique nature aux ingrédients à homogénéiser ; compter alors ½ équivalent lait supplémentaire.

Betteraves aigres-douces

Ce plat peut être servi chaud ou froid.

10 mL (2 c. à thé) de margarine
15 mL (1 c. à table) d'oignon, en dés
250 mL (1 tasse) de petites betteraves entières en conserve, coupées en quatre
15 mL (1 c. à table) de jus de citron

15 mL (1 c. à table) d'eau
0,5 mL (⅛ c. à thé) de sel
0,5 mL (⅛ c. à thé) de poivre
1 pincée de succédané de sucre

Dans un petit poêlon antiadhérent, faire mousser la margarine à feu moyen; y faire revenir l'oignon pendant 1 à 2 minutes, jusqu'à ce qu'il devienne translucide. Baisser le feu et ajouter les autres ingrédients; couvrir le poêlon et laisser cuire pendant 5 minutes, en remuant une seule fois.

Équivalents: 1 équivalent légume et 1 équivalent matières grasses.

Salade de chou au yogourt

500 mL (2 tasses) de chou vert, râpé
250 mL (1 tasse) de carottes, râpées
15 mL (1 c. à table) de poivron vert, en dés
15 mL (1 c. à table) de céleri, en dés
7 mL (1 ½ c. à thé) d'oignon, haché
5 mL (1 c. à thé) de mayonnaise

2 mL (½ c. à thé) de sucre cristallisé
0,5 mL (⅛ c. à thé) de sel
1 pincée de graines de céleri (facultatif)
1 pincée de poivre blanc
15 mL (1 c. à table) de yogourt hypocalorique nature

Dans un saladier moyen, mélanger le chou, les carottes, le poivron, le céleri et l'oignon. Dans un bol, mélanger les autres ingrédients; verser sur les légumes et remuer pour bien les imprégner. Recouvrir et laisser refroidir au réfrigérateur.

Équivalents: 3 ⅛ équivalents légume, ½ équivalent matières grasses et 10 calories d'équivalent facultatif.

Crème de carottes $

15 mL (1 c. à table) de margarine sans sel
50 mL (¼ tasse) d'oignon, haché
50 mL (¼ tasse) de céleri, haché
½ petite gousse d'ail, écrasée
500 mL (2 tasses) d'eau

250 mL (1 tasse) de carottes, hachées
90 g (3 oz) de pommes de terre, épluchées et hachées
2 sachets de bouillon de poulet et assaisonnements tout préparés

Dans une casserole de 1 L (4 tasses), faire mousser la margarine ; ajouter l'oignon, le céleri, l'ail et faire revenir en remuant sans arrêt, jusqu'à ce que l'oignon devienne translucide. Ajouter les autres ingrédients et porter à ébullition. Baisser le feu, couvrir et laisser mijoter pendant 20 minutes ; laisser légèrement refroidir. Verser dans le récipient du mélangeur électrique et bien homogénéiser à basse vitesse ; si nécessaire, réchauffer avant de servir.

Équivalents : ½ équivalent pain, 1 ½ équivalent légume, 1 ½ équivalent matières grasses et 10 calories d'équivalent facultatif.

Carottes râpées

500 mL (2 tasses) de carottes râpées
24 raisins blancs sans pépin, coupés en deux
10 mL (2 c. à thé) de mayonnaise

2 mL (½ c. à thé) de graines de pavot
1 mL (¼ c. à thé) de sel
4 feuilles de laitue romaine ou Iceberg

Dans un saladier, mélanger tous les ingrédients sauf la laitue ; couvrir et réfrigérer pendant au moins 2 heures. Servir sur le lit de laitue.

Équivalents : 2 ½ équivalents légume, 1 équivalent matières grasses, 1 équivalent fruit et 5 calories d'équivalent facultatif.

Variante : Remplacer le raisin frais par 50 mL (¼ tasse) de raisins secs.

Salade de chou-fleur au piment doux

PLAN D'ATTAQUE no 1 — DONNE 2 PORTIONS

250 mL (1 tasse) de chou-fleur, blanchi
50 mL (¼ tasse) de piment doux en
   conserve, égoutté et haché
15 mL (1 c. à table) de jus de citron
10 mL (2 c. à thé) d'huile d'olive
0,5 mL (⅛ c. à thé) d'ail frais, haché,
   ou 1 pincée d'ail en poudre

0,5 mL (⅛ c. à thé) de moutarde de
   Dijon
1 pincée de sel
1 pincée de poivre blanc

Garniture:
5 mL (1 c. à thé) de persil frais, haché

Dans un petit saladier, mélanger tous les ingrédients sauf le persil. Bien remuer; couvrir et réfrigérer. Parsemer de persil au moment de servir.

Équivalents: 1 ¼ équivalent légume et 1 équivalent matières grasses.

« Beignets » de chou-fleur

PLAN D'ÉCHANGES ILLIMITÉS — DONNE 2 PORTIONS

1 oeuf
45 mL (3 c. à table) de chapelure,
   nature
500 mL (2 tasses) de chou-fleur, blanchi et refroidi

15 mL (1 c. à table) d'huile végétale
0,5 mL (⅛ c. à thé) de sel (facultatif)
1 pincée de poivre (facultatif)

Garniture:
Bouquets de persil

Dans un saladier peu profond, battre légèrement l'oeuf. Mettre la chapelure dans un sac en papier ou en matière plastique. Tremper les bouquets de chou-fleur dans l'oeuf battu, puis les mettre dans le sac; fermer le sac et bien l'agiter.

Dans un poêlon antiadhérent de 25 cm (10 po), faire chauffer l'huile; ajouter le chou-fleur et le faire dorer de tous les côtés. Saler et poivrer au goût; servir en garnissant le plat avec les bouquets de persil.

Équivalents: ½ équivalent protéines, ½ équivalent pain, 2 équivalents légume et 1 ½ équivalent matières grasses.

Chou-fleur au parmesan ◑

PLAN D'ÉCHANGES ILLIMITÉS — DONNE 2 PORTIONS

10 mL (2 c. à thé) de margarine hypo-calorique
5 mL (1 c. à thé) de farine tout usage
30 mL (2 c. à table) de yogourt hypoca-lorique nature, à la température ambiante

10 mL (2 c. à thé) de parmesan, râpé
1 pincée de sel
1 pincée de poivre
1 pincée de noix muscade, râpée
250 mL (1 tasse) de chou-fleur, blanchi

Garniture:
5 mL (1 c. à thé) de persil frais, haché

Dans une petite casserole, faire mousser la margarine; ajouter la farine et la manier. Ôter du feu et, au fouet à main, combiner le yogourt, le fromage, le sel, le poivre et la noix muscade. Remettre sur un feu doux et cuire (*sans laisser bouillir*) en remuant constamment, jusqu'à ce que la préparation soit lisse. Ajouter le chou-fleur et faire cuire, en remuant de temps à autre.

Transvaser le mélange dans un plat à gratin de 375 mL (1 ½ tasse); placer sous le gril pendant 1 minute à 15 cm (6 po) de la source de chaleur. Servir en parsemant de persil.

Équivalents: 1 équivalent légume, ½ équivalent matières grasses et 25 calories d'équi-valent facultatif.

81

Concombre au yogourt $

PLAN D'ATTAQUE no 1 — DONNE 2 PORTIONS

La moutarde de Dijon convient parfaitement à cette sauce.

125 mL (½ tasse) de yogourt hypocalorique nature

30 mL (2 c. à table) d'oignon vert, haché

1 mL (¼ c. à thé) de sel

1 mL (¼ c. à thé) de poivre

1 mL (¼ c. à thé) de moutarde forte

1 concombre moyen, pelé et coupé en tranches fines

Dans un saladier, mélanger le yogourt, l'oignon vert, le sel, le poivre et la moutarde; ajouter le concombre et bien remuer pour l'imprégner. Couvrir et réfrigérer pendant au moins 1 heure.

Équivalents: 1 ⅛ équivalent légume et ½ équivalent lait.

Salade de concombre à l'orange $

PLAN D'ATTAQUE no 1 — DONNE 2 PORTIONS

1 concombre moyen, pelé, épépiné et en tranches fines

1 petite orange, épluchée et en quartiers

30 mL (1 c. à table) d'oignon d'Espagne, haché finement

15 mL (1 c. à table) de jus de citron

2 mL (½ c. à thé) de sel

1 mL (¼ c. à thé) de poivre

5 mL (1 c. à thé) d'huile d'olive ou d'une autre huile végétale

Feuilles de laitue

Dans un saladier moyen, bien mélanger le concombre, l'orange et l'oignon. Dans un bol, bien combiner le reste des ingrédients sauf la laitue; verser cette sauce sur les légumes et bien remuer. Couvrir et réfrigérer pendant 1 heure. Servir sur un lit de laitue.

Équivalents: 1 ⅛ équivalent légume, ½ équivalent matières grasses et ½ équivalent fruit.

Aubergines au four

Ce plat peut être servi chaud ou froid.

1 aubergine d'environ **480 g (1 lb)**, en rondelles d'environ **1 à 2 cm** (½ à ¾ po) d'épaisseur
1 pincée de sel
30 mL (2 c. à table) de basilic frais, haché

30 mL (2 c. à table) de parmesan râpé
15 mL (1 c. à table) d'huile d'olive
1 petite gousse d'ail, écrasée
1 pincée de poivre, fraîchement moulu

Sur une plaque à biscuits de 25 x 38 cm (10 x 15 po), disposer les rondelles d'aubergine en une seule couche ; saler et mettre au four à 220°C (425°F) pendant 30 minutes, jusqu'à ce que les dents d'une fourchette transpercent facilement l'aubergine.

Dans un saladier, mélanger le reste des ingrédients et en étaler une quantité égale sur chaque rondelle d'aubergine. Transférer dans un plat à gratin de 1,5 L (6 tasses) et laisser cuire au four pendant 10 minutes.

Équivalents : 3 équivalents légume, 1 ½ équivalent matières grasses et 30 calories d'équivalent facultatif.

Ratatouille

20 mL (1 c. à table et 1 c. à thé) d'huile d'olive

250 mL (1 tasse) d'oignons, en dés

250 mL (1 tasse) de poivron vert ou rouge, en dés

3 gousses d'ail, haché

1 L (4 tasses) d'aubergine en dés de 2,5 cm (1 po)

375 mL (1 ½ tasse) de tomates en conserve, hachées

250 mL (1 tasse) de courgette, en tranches

45 mL (3 c. à table) de feuilles de basilic frais, hachées, ou 10 mL (2 c. à thé) de feuilles séchées

5 mL (1 c. à thé) de sel

1 pincée de poivre, fraîchement moulu

Dans un poêlon de 30 cm (12 po), faire chauffer l'huile à feu moyen ; ajouter les oignons, le poivron et l'ail et faire revenir, les légumes devant rester croquants. Ajouter le reste des ingrédients et bien remuer. Baisser le feu, couvrir et laisser mijoter pendant 20 à 25 minutes, jusqu'à ce que les légumes deviennent tendres.

Équivalents : 4 ¼ équivalents légume et 1 équivalent matières grasses.

Variante :

1. Utiliser la ratatouille comme farce d'une omelette.

2. Étaler la ratatouille dans un plat à gratin de 25 x 15 x 5 cm (10 x 6 x 2 po) ; parsemer avec 120 g (4 oz) de fromage râpé et cuire au four à 180°C (350°F), jusqu'à ce que le fromage soit fondu. Il faut alors compter 1 équivalent en plus.

Relish à l'aubergine

750 mL (3 tasses) d'aubergines, en dés
5 mL (1 c. à thé) de sel
20 mL (1 c. à table et 1 c. à thé) d'huile d'olive
250 mL (1 tasse) d'oignons, en tranches fines
2 gousses d'ail, haché finement
250 mL (1 tasse) de céleri, en dés

250 mL (1 tasse) de tomates, hachées
10 mL (2 c. à thé) de vinaigre de vin
5 mL (1 c. à thé) de sucre cristallisé
8 olives noires, dénoyautées et coupées en deux
15 mL (1 c. à table) de câpres, égouttées

Sur du papier absorbant, disposer les aubergines en une seule couche; saler et laisser dégorger pendant au moins 1 heure. Assécher et mettre de côté.

Dans un poêlon de 23 ou 25 cm (9 ou 10 po), faire chauffer l'huile à feu moyen; y faire revenir les oignons et l'ail pendant 3 à 5 minutes, jusqu'à ce que les oignons deviennent translucides. Ajouter les aubergines et laisser cuire, en remuant de temps à autre, pendant 5 minutes, jusqu'à ce que les aubergines deviennent tendres; ajouter le céleri et les tomates, couvrir, et laisser mijoter pendant 15 minutes, jusqu'à ce que le céleri soit tendre. Ajouter ensuite le vinaigre et le sucre, et laisser cuire, sans couvercle, pendant 5 minutes. Ôter du feu et ajouter les olives et les câpres, en remuant bien; transvaser dans un récipient en verre, en matière plastique ou en acier inoxydable et laisser refroidir au réfrigérateur.

Équivalents: 3 équivalents légume, 1 équivalent matières grasses et 15 calories d'équivalent facultatif.

Endives au gratin

4 endives moyennes d'environ 90 g (3 oz) chacune
175 mL (¾ tasse) d'eau
2 mL (½ c. à thé) de sel, divisé
30 mL (2 c. à table) de margarine
30 mL (2 c. à table) d'oignon, haché fin
45 mL (3 c. à table) de farine tout usage
500 mL (2 tasses) de lait écrémé, chaud
1 pincée de poivre blanc
1 pincée de piment de Cayenne
120 g (4 oz) de gruyère, râpé (en réserver 30 mL (2 c. à table) pour parsemer le dessus du plat)
4 tranches de 30 g (1 oz) de jambon cuit

Dans un poêlon de 23 cm (9 po), mettre les endives, l'eau et la moitié du sel ; porter l'eau à ébullition. Baisser le feu, couvrir et laisser mijoter les endives pendant 20 à 25 minutes, jusqu'à ce qu'elles deviennent tendres (si nécessaire, ajouter de l'eau pour les empêcher de brûler). Avec une écumoire, ôter les endives du liquide ; laisser égoutter.

Pendant que les endives s'égouttent, faire mousser la margarine dans une casserole de 1 L (4 tasses) ; y faire revenir l'oignon jusqu'à ce qu'il soit translucide. Ajouter la farine et laisser cuire, en remuant constamment, pendant 3 minutes ; ôter du feu et incorporer le lait progressivement en mélangeant à l'aide d'un fouet à main ; laisser épaissir la sauce tout en continuant à remuer. Ajouter le poivre, le piment de Cayenne et le reste du sel, soit 1 mL (¼ c. à thé) ; cuire à feu moyen, en remuant sans arrêt, jusqu'à ce que la sauce épaississe. Laisser cuire à petit feu pendant 10 minutes de plus en remuant sans arrêt ; ajouter le reste des ingrédients, sauf les 30 mL (2 c. à table) de gruyère râpé réservés, tout en continuant à remuer jusqu'à ce que la sauce soit bien lisse. Ôter du feu.

Préchauffer le four à 180°C (350°F). Dans un plat à gratin pouvant contenir les endives en 1 seule couche, verser le ¼ de la sauce au fromage. Enrouler chacune des endives dans 1 tranche de jambon et les disposer dans le plat ; arroser avec le reste de la sauce, soit 30 mL (2 c. à table), et saupoudrer avec le gruyère réservé. Cuire dans le tiers supérieur du four pendant 15 minutes.

Équivalents : 2 équivalents protéines, 1 équivalent légume, 1 ½ équivalent matières grasses, ½ équivalent lait et 25 calories d'équivalent facultatif.

Salade de haricots verts marinés

La qualité de ce plat se trouve rehaussée si on utilise des haricots verts frais et du jus de citron fraîchement pressé.

1 L (4 tasses) de haricots verts entiers (environ 480 g (1 lb)
250 mL (1 tasse) d'eau
50 mL (¼ tasse) d'oignon, en dés
30 mL (2 c. à table) de câpres, égouttées
30 mL (2 c. à table) de jus de citron
15 mL (1 c. à table) d'huile d'olive

15 mL (1 c. à table) de vinaigre de vin rouge
5 mL (1 c. à thé) de feuilles d'origan
1 mL (¼ c. à thé) de sel
1 mL (¼ c. à table) de moutarde en poudre
1 oeuf dur, réfrigéré

Nettoyer les haricots. Dans une casserole de 2 L (8 tasses), faire bouillir l'eau ; ajouter les haricots et l'oignon et laisser cuire pendant 5 à 8 minutes, les haricots devant rester croquants. Bien égoutter.

Dans un saladier de 1,5 ou 2 L (6 ou 8 tasses), mélanger le reste des ingrédients, sauf l'oeuf dur ; ajouter les haricots tièdes et remuer pour bien les imprégner. Couvrir le saladier et laisser au réfrigérateur toute la nuit ou au moins pendant 2 heures.

Au moment de servir, hacher grossièrement l'oeuf dur ; remuer encore la salade et la parsemer de morceaux d'oeuf.

Équivalents : ½ équivalent protéines, 4 ¼ équivalents légume et 1 ½ équivalent matières grasses.

Terrine aux champignons $

1 L (4 tasses) de champignons, en tranches
30 mL (2 c. à table) d'oignon vert, haché
10 mL (2 c. à thé) de vin rouge sec
1 sachet de soupe à l'oignon et assaisonnements tout préparés

150 mL (²/₃ tasse) de fromage cottage
45 mL (3 c. à table) de chapelure, nature
2 grandes feuilles de laitue

Garniture:
Tiges de cresson et 4 radis, en tranches

Dans un poêlon antiadhérent de 20 ou 25 cm (8 ou 9 po), mélanger les champignons, l'oignon, le vin et la soupe instantanée; cuire à feu moyen, en remuant de temps à autre, jusqu'à évaporation complète du liquide.

À la cuillère, transférer dans le récipient du mélangeur électrique ou du robot culinaire et homogénéiser jusqu'à ce que la préparation soit lisse. Arrêter le moteur, ajouter le fromage et la chapelure et bien homogénéiser de nouveau. Pulvériser de l'enduit végétal antiadhérent dans 2 moules à flan d'environ 175 mL (³/₄ tasse) et, à la cuillère, transférer la moitié du mélange dans chaque moule; chasser l'air en tapotant les moules sur une surface dure. Recouvrir de pellicule plastique et laisser au réfrigérateur pendant au moins 2 heures.

Pour démouler et servir, décoller les bords de la terrine avec la lame d'un petit couteau; poser une feuille de laitue sur chacune des deux assiettes et retourner les terrines sur la laitue. Garnir avec le cresson et les radis.

Équivalents: 1 équivalent protéines, ½ équivalent pain, 4½ équivalents légume et 10 calories d'équivalent facultatif.

Champignons marinés aux fines herbes

PLAN D'ATTAQUE no 1 — DONNE 4 PORTIONS

1,5 L (6 tasses) de petits chapeaux de champignon s *
30 mL (2 c. à table) de jus de citron
30 mL (2 c. à table) de vinaigre de cidre
10 mL (2 c. à thé) d'huile d'olive

5 mL (1 c. à thé) de sel
2 mL (½ c. à thé) de feuilles d'estragon
2 mL (½ c. à thé) de poivre
1 mL (¼ c. à thé) de poudre de thym

Dans une petite casserole (ni en aluminium, ni en fonte), mélanger tous les ingrédients et les porter à ébullition. Diminuer le feu et laisser mijoter pendant 5 minutes, en remuant de temps à autre. Laisser refroidir, couvrir et mettre au réfrigérateur pendant au moins 8 heures.

Équivalents : 3 équivalents légume et ½ équivalent matières grasses.

* Congeler les queues de champignons pour les utiliser ultérieurement dans une soupe ou une sauce.

Salade de poivrons marinés

10 mL (2 c. à thé) d'huile d'olive
125 mL (½ tasse) d'oignon, en tranches fines
1 gousse d'ail, haché finement
375 mL (1 ½ tasse) de poivrons verts, en tranches fines
355 mL (1 ½ tasse) de poivrons rouges, en tranches fines

10 mL (2 c. à thé) de vinaigre de vin rouge
7 mL (1 ½ c. à thé) de câpres, égouttées
2 mL (½ c. à thé) de sel
1 pincée de feuilles d'origan
1 pincée de poivre
1 pincée de succédané de sucre

Dans un poêlon antiadhérent de 23 cm (9 po), faire chauffer l'huile et y faire revenir rapidement l'oignon et l'ail (l'oignon devant demeurer assez ferme). Ajouter les poivrons et remuer légèrement ; couvrir et laisser cuire pendant 3 à 5 minutes, les poivrons devant rester croquants.

Transvaser les légumes dans un saladier moyen ; ajouter le reste des ingrédients et remuer. Couvrir et laisser au réfrigérateur pendant au moins 2 heures avant de servir.

Équivalents : 3 ½ équivalents légume et 1 équivalent matières grasses.

Salade d'épinards aux champignons

750 mL (3 tasses) d'épinards en branches, bien lavés et égouttés
250 mL (1 tasse) de champignons, en tranches fines
45 mL (3 c. à table) de jus de citron
10 mL (2 c. à thé) d'huile d'olive
2 mL (½ c. à thé) de feuilles de basilic

Succédané de sucre correspondant à 2 mL (½ c. à thé) de sucre
½ gousse d'ail, haché finement
1 mL (¼ c. à thé) de poivre
1 mL (¼ c. à thé) de moutarde de Dijon
0,5 mL (⅛ c. à thé) de sel

Mélanger les épinards et les champignons dans un saladier et les autres ingrédients dans un bol ; verser la sauce sur les légumes et remuer la salade.

Équivalents : 4 équivalents légume et 1 équivalent matières grasses.

Fricassée d'épinards 🌓

5 mL (1 c. à thé) d'huile d'olive
0,5 mL (½ c. à thé) d'ail frais, haché
finement
360 g (12 oz) d'épinards en branches,
bien lavés et égouttés

1 pincée de sel
1 pincée de poivre

Dans un poêlon de 25 cm (10 po), faire chauffer l'huile et y faire dorer l'ail. Ajouter les épinards, le sel et le poivre et les laisser cuire, en remuant souvent, pendant environ 5 minutes.

Équivalents : 2 équivalents légume et 1 équivalent matières grasses.

Variante pour le Plan d'échanges illimités : Saupoudrer les épinards cuits avec 10 mL (2 c. à thé) de parmesan râpé ; compter 20 calories d'équivalent facultatif de plus.

91

Fricassée d'épinards épicée

480 g (1 lb) d'épinards
10 mL (2 c. à thé) de margarine
50 mL (¼ tasse) d'oignon, en dés
½ gousse d'ail, haché finement

0,5 mL (⅛ c. à thé) de sel
1 pincée de poivre
1 pincée de noix muscade, râpée

Laver soigneusement les épinards et les égoutter; ôter et jeter les queues et hacher grossièrement les feuilles. Dans un poêlon antiadhérent de 23 ou 25 cm (9 ou 10 po), faire cuire les épinards à grand feu sans rajouter d'eau, jusqu'à ce qu'ils deviennent tendres, puis les réserver.

Dans le même poêlon, faire mousser la margarine et y faire revenir l'oignon et l'ail jusqu'à ce que l'oignon devienne translucide. Ajouter les épinards en remuant bien et les faire sauter après les avoir assaisonnés.

Équivalents: 1 équivalent légume et ½ équivalent matières grasses.

Relish aux légumes

1 concombre d'environ 20 cm (8 po) de longueur, pelé et épépiné
15 mL (1 c. à table) de piment fort en conserve, égoutté et coupé en dés
15 mL (1 c. à table) de carotte, râpée grossièrement
10 mL (2 c. à thé) d'oignon vert, haché finement
20 mL (1 c. à table et 1 c. à thé) de vinaigre de vin blanc

5 mL (1 c. à thé) d'huile d'olive
1 mL (¼ c. à thé) de sel
0,5 mL (⅛ c. à thé) de moutarde en poudre
0,5 mL (⅛ c. à thé) de poivre
1 pincée de succédané de sucre (facultatif)

Dans un petit saladier, râper grossièrement le concombre et jeter toute l'eau de végétation; ajouter le piment, la carotte et l'oignon vert. Dans un autre saladier, mélanger tous les autres ingrédients, sauf le poivre; verser la sauce sur les légumes et bien remuer. Poivrer avant de servir.

Équivalents: 1 ¼ équivalent légume et ½ équivalent matières grasses.

Gratin de légumes

PLAN D'ATTAQUE no 2 — DONNE 2 PORTIONS

250 mL (1 tasse) d'aubergine, en dés de 2,5 cm (1 po)
1 mL (¼ c. à thé) de sel, divisé
5 mL (1 c. à thé) d'huile d'olive
125 mL (½ tasse) d'oignon, en dés
½ gousse d'ail ou 1 pincée d'ail en poudre
1 courgette d'environ 150 g (5 oz), en tranches de 0,5 cm (½ po) d'épaisseur

½ poivron vert moyen, épépiné et en dés de 2,5 cm (1 po)
0,5 mL (⅛ c. à thé) de feuilles de basilic
0,5 mL (⅛ c. à thé) de poivre
250 mL (1 tasse) de tomates entières en conserve
1 filet de sauce forte
7 mL (1 ½ c. à thé) de persil frais, haché
60 g (2 oz) de gruyère râpé

Disposer en une seule couche l'aubergine sur une double épaisseur de papier absorbant et saupoudrer avec 0,5 mL (⅛ c. à thé) de sel; laisser dégorger pendant 30 minutes, puis éponger en tamponnant avec le papier.

Dans une casserole de 1 L (4 tasses), faire chauffer l'huile et y faire revenir l'oignon et l'ail jusqu'à ce que l'oignon soit translucide (si vous utilisez de l'ail en poudre, ne pas l'ajouter à ce stade). Ajouter l'aubergine, la courgette, le poivron et les faire revenir pendant 3 minutes; saupoudrer avec le basilic, le poivre, le reste du sel, soit 0,5 mL (⅛ c. à thé), et, si désiré, la poudre d'ail. Mélanger les tomates et la sauce forte et porter à ébullition. Baisser le feu, couvrir et laisser mijoter pendant 15 minutes. Parsemer de persil, remuer et laisser frémir sans couvercle pendant 5 minutes, jusqu'à ce que le liquide commence à s'évaporer.

Transvaser le mélange dans un plat à gratin de 1 L (4 tasses); saupoudrer* de fromage râpé et faire gratiner jusqu'à ce que le fromage soit fondu et légèrement doré.

Équivalents: 1 équivalent protéines, 4 équivalents légume et ½ équivalent matières grasses.

* Ce plat peut se préparer dans des ramequins de 375 mL (1 ½ tasse); parsemer chaque portion avec 30 g (1 oz) de fromage râpé.

Fricassée de légumes 🍳

7 mL (1 ½ c. à thé) d'huile d'arachide ou d'une autre huile végétale
2 mL (½ c. à thé) d'huile de sésame
125 mL (½ tasse) de carottes, en bâtonnets

1/2 gousse d'ail, haché finement, ou 0,5 mL (1/8 c. à thé) d'ail en poudre
250 mL (1 tasse) de brocoli
125 mL (½ tasse) de champignons, en tranches

Dans un petit poêlon antiadhérent, faire chauffer à feu moyen le mélange d'huiles ; ajouter les carottes et l'ail et faire revenir pendant 2 minutes. Baisser le feu, couvrir et laisser cuire pendant 3 minutes (les carottes devant rester croquantes) ; ajouter le brocoli et les champignons et faire revenir pendant 5 minutes, les légumes devant rester légèrement croquants.

Équivalents : 2 équivalents légume et 1 équivalent matières grasses.

Variante : Fricassée de carotte et de brocoli : Ne pas ajouter de champignons à la recette précédente ; les légumes ne comptent alors que pour 1 ½ équivalent.

Velouté de légumes 💲

50 mL (¼ tasse) d'oignon en dés
1 gousse d'ail, haché finement
250 mL (1 tasse) de carottes, en tranches fines
250 mL (1 tasse) de courgettes, en tranches fines

10 mL (2 c. à thé) de persil frais, haché
1 mL (¼ c. à thé) de thym en feuilles
1 mL (¼ c. à thé) de sel
0,5 mL (⅛ c. à thé) de poivre
500 mL (2 tasses) d'eau

Dans une casserole antiadhérente de 1,5 L (6 tasses), faire revenir l'oignon et l'ail jusqu'à ce que l'oignon devienne translucide ; ajouter les carottes, les courgettes, le persil, le thym, le sel et le poivre. Couvrir et laisser cuire à feu doux, en remuant de temps à autre, pendant 10 minutes, jusqu'à ce que les légumes deviennent tendres ; ajouter l'eau et la porter à ébullition. Laisser cuire à feu moyen pendant 20 minutes. Ôter du feu et laisser légèrement refroidir.

Réserver 125 mL ($\frac{1}{2}$ tasse) de bouillon, verser le reste dans le récipient du mélangeur électrique et l'homogénéiser à basse vitesse jusqu'à ce que la crème obtenue soit lisse ; remettre dans la casserole avec le bouillon réservé et laisser au chaud, en remuant sans arrêt, jusqu'à ce que la préparation prenne sa consistance veloutée.

Équivalents : 2$\frac{1}{4}$ équivalents légume.

Les équivalents lait

Cette « voie lactée » vous offre une véritable galaxie de recettes dont l'éclat illuminera toutes vos journées. Sous le ciel traversé par les étoiles filantes du Flotteur aux amandes, du Lait frappé à la mangue et du Yogourt glacé aux fraises et aux bananes, assouvissez vos besoins nutritionnels et montez jusqu'au paradis des gourmands.

97

☐ Précisions sur les équivalents lait

Équivalents quotidiens

	PLANS D'ATTAQUE nos 1 ET 2	PLAN D'ATTAQUE no 3 ET PLAN D'ÉCHANGES ILLIMITÉS
Femmes et hommes	2 équivalents	2 équivalents
Adolescents	3 équivalents	3 à 4 équivalents

☐ Les équivalents lait apportent à l'organisme du calcium, du phosphore, des protéines, de la riboflavine (vitamine B$_2$) et des vitamines A et D.

☐ Utilisez du *lait écrémé* qui ne contient pas plus de 90 calories par 250 mL (1 tasse).

☐ Vous pouvez consommer jusqu'à 2 équivalents lait par jour en utilisant des *boissons au lait toutes préparées* ou des *poudings* qui contiennent au moins 6 grammes de protéines et 200 milligrammes de calcium; vous pouvez aussi consommer chaque jour jusqu'à 1 équivalent de produits contenant 5 à 6 grammes de protéines et 150 à 200 milligrammes de calcium.

☐ Les portions de 100 g (3 ⅓ oz) préparées industriellement de *dessert glacé hypocalorique* comptent pour 1 équivalent fruit et ½ équivalent lait.

TABLE D'ÉQUIVALENCE DU LAIT

Plans d'attaque nos 1, 2 et 3

Produits	*1 équivalent*
Babeurre de lait écrémé	250 mL (1 tasse)
Babeurre de lait entier	175 mL ($\frac{3}{4}$ tasse)
Boissons hypocaloriques au lait, aromatisées	1 sachet de préparation en poudre
Poudings hypocaloriques au lait, aromatisés	125 mL ($\frac{1}{2}$ tasse) de pouding préparé
Lait écrémé	250 mL (1 tasse)
Yogourt hypocalorique nature	125 mL ($\frac{1}{2}$ tasse)

Plan d'échanges illimités

Vous pouvez ajouter à la liste ci-dessus 125 mL ($\frac{1}{2}$ tasse) de lait écrémé évaporé.

Velouté de brocoli

PLAN D'ÉCHANGES ILLIMITÉS — DONNE 4 PORTIONS DE 175 mL (¾ TASSE)

10 mL (2 c. à thé) de margarine
125 mL (½ tasse) d'oignon, en dés
1 paquet de 300 g (10 oz) de brocoli
  surgelé, décongelé et haché
2 mL (½ c. à thé) de sel

1 feuille de laurier
5 mL (1 c. à thé) de farine tout usage
250 mL (1 tasse) de lait écrémé évaporé
125 mL (½ tasse) de bouillon de pou-
  let, en conserve

Dans un poêlon antiadhérent de 25 cm (10 po), faire mousser la margarine et y faire revenir l'oignon jusqu'à ce qu'il devienne translucide. Ajouter le brocoli, le sel, la feuille de laurier et bien remuer. Ajouter la farine en pluie, remuer rapidement pour bien mélanger et laisser cuire, en remuant constamment, pendant 1 minute. Ajouter le lait petit à petit, sans cesser de remuer; ajouter le bouillon de poulet et porter à ébullition sans cesser de remuer. Baisser le feu et laisser épaissir légèrement à très petit feu.

Retirer la feuille de laurier. Verser les légumes dans le récipient du mélangeur électrique et travailler jusqu'à ce que la soupe devienne lisse; réchauffer si nécessaire, mais *sans laisser bouillir*.

Équivalents: 1 ½ équivalent légume, ½ équivalent matières grasses, ½ équivalent lait et 10 calories d'équivalent facultatif.

Trempette au yogourt à la menthe

PLAN D'ATTAQUE no 1 — DONNE 2 PORTIONS DE 50 mL (¼ TASSE)

Cette trempette constitue un délicieux accompagnement pour les crudités.

125 mL (½ tasse) de yogourt hypoca-
  lorique nature
30 mL (2 c. à table) de feuilles de
  menthe fraîche, hachées finement
5 mL (1 c. à thé) de jus de citron

1 pincée de poivre blanc, moulu
1 pincée de poivre de Cayenne, moulu
1 pincée de sel

Dans un petit saladier, mélanger tous les ingrédients et bien remuer. Couvrir et laisser refroidir au réfrigérateur.

Équivalents: ½ équivalent lait.

Yogourt glacé aux fraises et aux bananes

PLAN D'ATTAQUE no 2 — DONNE 4 PORTIONS

$\frac{1}{2}$ sachet de gélatine nature (environ 7 mL (1 $\frac{1}{2}$ c. à thé)
30 mL (2 c. à table) d'eau
500 mL (2 tasses) de fraises, entières
1 banane moyenne, coupée en morceaux

500 mL (2 tasses) de yogourt hypocalorique nature
Succédané de sucre correspondant à 20 mL (4 c. à thé) de sucre)
1 mL ($\frac{1}{4}$ c. à thé) d'arôme artificiel de vanille

Dans une petite casserole, verser la gélatine dans l'eau et la laisser reposer; chauffer ensuite à feu doux, sans cesser de remuer, jusqu'à ce que la gélatine soit entièrement délayée.

Dans le récipient du mélangeur électrique, travailler les fraises, la banane et la gélatine jusqu'à ce qu'elles se liquéfient; ajouter le yogourt, le succédané de sucre, la vanille et travailler de nouveau. Verser le mélange dans un moule en métal peu profond de 1,5 L (6 tasses); recouvrir de pellicule plastique, mettre au congélateur et remuer toutes les 30 minutes, jusqu'à ce que le mélange prenne la consistance d'une crème glacée.

Équivalents: 1 équivalent fruit et 1 équivalent lait.

Yogourt aux pommes 🌑 💲

PLAN D'ÉCHANGES ILLIMITÉS — DONNE 2 PORTIONS DE 125 mL ($\frac{1}{2}$ TASSE)

Dans un petit saladier, mélanger **125 mL ($\frac{1}{2}$ tasse) de yogourt hypocalorique nature, 125 mL ($\frac{1}{2}$ tasse) de sauce aux pommes non sucrée, 15 mL (1 c. à table) de confiture de pommes avec morceaux de fruits et 1 pincée de cannelle moulue**; couvrir et laisser refroidir au réfrigérateur.

Équivalents: $\frac{1}{2}$ équivalent fruit, $\frac{1}{2}$ équivalent lait et 25 calories d'équivalent facultatif.

Tarte au yogourt et aux fruits

PLAN D'ÉCHANGES ILLIMITÉS — DONNE 8 PORTIONS

Croûte:
16 biscuits Graham de 6 cm (2 ½ po), émiettés

40 mL (2 c. à table et 2 c. à thé) de margarine, ramollie

Garniture:
50 mL (¼ tasse) de concentré de jus d'orange, non sucré, décongelé
40 mL (2 c. à table et 2 c. à thé) de sucre cristallisé
1 sachet de gélatine nature
500 mL (2 tasses) de yogourt hypocalorique nature

125 mL (½ tasse) d'ananas broyé en conserve, non sucré
5 mL (1 c. à thé) d'arôme artificiel de vanille

Décoration:
40 petits raisins blancs, épépinés
2 petites nectarines, dénoyautées et en tranches

175 mL (¾ tasse) de fraises, en tranches

Préparation de la croûte: Préchauffer le four à 180°C (350°F). Pulvériser de l'enduit végétal antiadhérent dans un moule à tarte en verre Pyrex de 23 cm (9 po) de diamètre; mettre de côté.

Dans un petit saladier, bien amalgamer à la cuillère les miettes de biscuits et la margarine; étendre le mélange sur le fond et les bords du plat à tarte préparé. Dorer au four pendant 10 minutes; sortir du four et laisser refroidir sur une grille métallique.

Préparation de la garniture: Verser le jus d'orange dans une petite casserole. Y ajouter en pluie le sucre et la gélatine; laisser reposer pendant 1 minute. Faire chauffer à feu moyen en remuant sans arrêt, jusqu'à ce que tout le sucre soit fondu et que la gélatine soit délayée; mettre de côté.

Dans un saladier moyen, combiner le yogourt et l'ananas au fouet à main; ajouter la gélatine, la vanille et bien mélanger. Verser le mélange dans la croûte maintenant refroidie; recouvrir de pellicule plastique et laisser prendre au réfrigérateur pendant toute la nuit ou pendant au moins 4 heures.

Pour servir: Décorer artistiquement la tarte avec les fruits; consommer immédiatement ou recouvrir de pellicule plastique et conserver au réfrigérateur jusqu'au moment de servir.

Équivalents: 1 équivalent pain, 1 équivalent matières grasses, 1 équivalent fruit, ½ équivalent lait et 20 calories d'équivalent facultatif.

Lait frappé au chocolat

PLAN D'ATTAQUE no 1 — DONNE 1 PORTION DE 250 mL (1 TASSE)

125 mL (½ tasse) de lait écrémé
100 g (3⅓ oz) de dessert glacé hypocalorique au chocolat
2 mL (½ c. à thé) de sirop hypocalorique au chocolat (110 calories par 30 mL (6 c. à thé)

1 mL (¼ c. à thé) d'arôme artificiel de vanille

Dans le récipient du mélangeur électrique, homogénéiser tous les ingrédients pendant 1 minute, jusqu'à ce qu'ils soient lisses. Servir immédiatement ou recouvrir avec de la pellicule plastique; mettre au congélateur pendant 1 à 2 minutes et homogénéiser de nouveau.

Équivalents: 1 équivalent fruit, 1 équivalent lait et 10 calories d'aliments diététiques.

103

« Lait de poule » au miel

PLAN D'ÉCHANGES ILLIMITÉS — DONNE 2 PORTIONS

250 mL (1 tasse) de lait écrémé
100 g (3 ⅓ oz) de dessert glacé hypocalorique à la vanille
30 mL (2 c. à table) de succédané de crème fouettée, décongelé

5 mL (1 c. à thé) de miel
1 mL (¼ c. à thé) d'extrait de rhum
1 mL (¼ c. à thé) d'extrait de brandy
Noix muscade râpée

Dans le récipient du mélangeur électrique, homogénéiser tous les ingrédients, sauf la noix muscade, jusqu'à ce qu'ils soient lisses. Verser dans 2 verres à champagne et saupoudrer chacun avec une pincée de noix muscade.

Équivalents : ½ équivalent fruit, ¾ équivalent lait et 25 calories d'équivalent facultatif.

Lait frappé à la mangue

PLAN D'ÉCHANGES ILLIMITÉS — DONNE 2 PORTIONS DE 250 mL (1 TASSE)

½ petite mangue très mûre, pelée et dénoyautée
125 mL (½ tasse) de lait écrémé
15 mL (1 c. à table) de jus de citron

2 glaçons
50 mL (¼ tasse) de succédané de crème fouettée, décongelé

Garniture :
Brins de menthe

Réfrigérer deux verres de 240 mL (8 oz). Dans le récipient du mélangeur électrique, liquéfier la mangue, le lait et le jus de citron ; en laissant le mélangeur fonctionner, ajouter l'un après l'autre les glaçons en laissant à chacun le temps de fondre entièrement. Amalgamer très brièvement le succédané. Verser la moitié du mélange dans chacun des verres, garnir avec les brins de menthe et servir immédiatement.

Équivalents : ½ équivalent fruit, ¼ équivalent lait et 25 calories d'équivalent facultatif.

« Black cow »

PLAN D'ATTAQUE no 1 — DONNE 1 PORTION

Refroidir un verre de grande taille. Y verser **250 mL (1 tasse) de soda racinette hypocalorique (diet root beer) (1 calorie par 100 mL)**; à la cuillère, ajouter **100 g (3 $\frac{1}{3}$ oz) de dessert glacé hypocalorique à la vanille** et surmonter avec **15 mL (1 c. à table de succédané de crème fouettée (5 calories par 15 mL (1 c. à table)**. Servir avec une paille et une cuillère à long manche.

Équivalents : 1 équivalent fruit, $\frac{1}{2}$ équivalent lait et 8 calories d'aliments diététiques.

Flotteur aux amandes

PLAN D'ATTAQUE no 1 — DONNE 1 PORTION

Dans une chope à café de 240 mL (8 oz), mélanger **125 mL ($\frac{1}{2}$ tasse) de café noir chaud** et **0,5 mL ($\frac{1}{8}$ c. à thé) d'extrait d'amande**; ajouter **100 g (3 $\frac{1}{3}$ oz) de dessert glacé hypocalorique à la vanille**, remuer et servir immédiatement.

Équivalents : 1 équivalent fruit et $\frac{1}{2}$ équivalent lait.

Les équivalents pain

Nous avons déjà fait la preuve qu'il était possible de consommer du pain et certains aliments semblables sans sacrifier le plaisir de manger et sans nécessairement faire de l'embonpoint. Nous offrons donc, à tous ceux qui préfèrent *ne pas* vivre que de pain, un grand choix de recettes à base de céréales débutant dès le réveil par le Gruau aux fruits ou les Muffins de maïs et se terminant par la «Meringue» aux fraises au dessert du souper, en passant par les craquelins, les féculents, la Salade au couscous et le Risotto aux légumes.

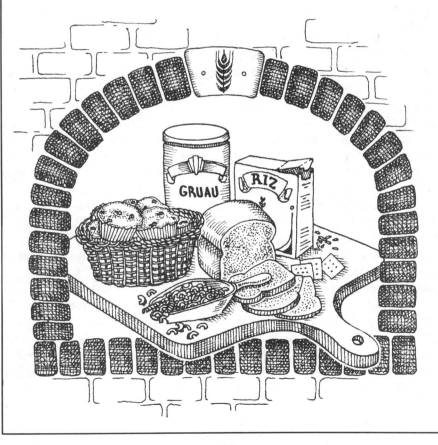

☐ Précisions sur les équivalents pain

Équivalents quotidiens

	PLANS D'ATTAQUE nos 1 ET 2	PLAN D'ATTAQUE no 3 ET PLAN D'ÉCHANGES ILLIMITÉS
Femmes	2 équivalents	2 à 3 équivalents
Hommes et adolescents	4 équivalents	4 à 5 équivalents

☐ Les divers équivalents pain contiennent des vitamines B, des hydrates de carbone (glucides), du fer et des fibres alimentaires.

☐ Les différentes sortes de *pain* peuvent contenir jusqu'à 80 calories par équivalent. Un équivalent pain correspond à 2 tranches fines de pain à griller, de pain au son ou de pain à faible teneur calorique dont chaque tranche pèse environ 15 g ($\frac{1}{2}$ oz) et ne contient pas plus de 40 calories.

☐ Le *pain et les pâtes alimentaires* doivent de préférence être à base de farine enrichie ou de farine de blé entier; le *riz blanchi* peut aussi être enrichi. Ces produits sont additionnés de vitamines et de sels minéraux (thiamine, niacine, riboflavine et fer) qui compensent la perte d'éléments nutritifs résultant de la mouture des grains et du traitement des farines. Les produits à base de grains entiers comportent aussi leur enveloppe naturelle, une importante source de vitamines et de sels minéraux.

☐ Les macédoines comportant un *féculent* (maïs, panais, pois, châtaignes d'eau, etc.) sont assimilées aux équivalents pain; 1 équivalent pain correspond à 125 mL ($\frac{1}{2}$ tasse) de ces derniers.

☐ Un équivalent pain correspond à 20 g ($\frac{3}{4}$ oz) de *grains naturels* (sauf pour l'orge, le sarrasin, le blé concassé et le riz; 30 g (1 oz) de grains de ces produits comptent pour 1 équivalent pain). N'oubliez pas que le poids à l'état naturel (non cuit) des produits indiqués dans les recettes diffère de leur poids après cuisson; cette différence dépend du mode et de la durée de la cuisson employée, de la quantité d'eau qu'elle nécessite et d'autres variables. La différence de valeur nutritive existant entre l'état naturel et l'état cuit de la plupart de ces produits est habituellement négligeable. Les pâtes alimentaires de très petite dimension (petites pâtes (*pastina*), langues d'oiseau (*orzo*), petites perles (*tubettini*), etc.) doivent être pesées avant leur cuisson, puis cuites suivant le mode d'emploi du fabricant.

☐ Un équivalent pain correspond à 20 g (¾ oz) de *céréales froides* ou 125 mL (½ tasse) de *céréales chaudes*. Si vous consommez cette quantité de céréales au petit déjeuner avec au moins ½ équivalent lait, les céréales peuvent être comptées pour 1 équivalent protéines ; comptez le lait dans vos équivalents quotidiens de lait. Au-delà de ces quantités, les excédents de céréales consommés sont comptés parmi les équivalents pain.

☐ Les *céréales* consommées ne doivent pas contenir un complément de sucre ; elles peuvent cependant contenir jusqu'à 110 calories et 8,5 g de saccharose ou d'autres sucres naturels par 30 g (1 oz). Certaines céréales aux fruits contiennent parfois ces 110 calories mais un peu plus de sucre à cause de leurs fruits (c'est le cas, par exemple, des flocons de maïs aux raisins secs) ; ces céréales sont autorisées.

☐ Vous pouvez préparer du maïs soufflé (*popcorn*) avec un appareil fonctionnant à l'air chaud ou en suivant le mode d'emploi des emballages : dans un cas comme dans l'autre, 500 mL (2 tasses) de maïs soufflé *ou* 30 g (1 oz) de maïs naturel comptent pour 1 équivalent pain.

TABLE D'ÉQUIVALENCE DES PAINS

Plan d'attaque no 1

Éléments	1 équivalent
Céréales chaudes	20 g (¾ oz) avant préparation ou 125 mL (½ tasse) préparées
Céréales froides	20 g (¾ oz)
Gâteaux secs, réfrigérés	30 g (1 oz)
Pain, à la farine enrichie ou de blé entier (tous types)	1 tranche de 30 g (1 oz)
Pita	30 g (1 oz)
Toasts Melba	6 ronds ou 4 tranches

Plan d'attaque no 2

Vous pouvez utiliser tous les éléments de la liste du Plan d'attaque no 1 et leur ajouter les éléments suivants :

Éléments	1 équivalent
Bagel	½ (30 g (1 oz)
Igname	90 g (3 oz)
Muffin anglais	½ (30 g (1 oz)
Pâtes alimentaires, à la farine enrichie ou de blé entier (de toutes formes)	125 mL (½ tasse), cuites
Pommes de terre ordinaires ou patates douces	90 g (3 oz)
Purée de pommes de terre instantanée	75 ml (⅓ tasse) de flocons
Riz blanc, brun, enrichi ou sauvage	125 mL (½ tasse), cuit

Plan d'attaque no 3

Vous pouvez utiliser tous les éléments des listes des Plans d'attaque nos 1 et 2 et leur ajouter les éléments suivants :

Éléments	1 équivalent
Biscuits Graham, nature, à la cannelle ou au miel	2 carrés de 6 cm (2½ po)
Craquelins en bâtonnets	20 g (¾ oz)
Maïs soufflé, nature	500 mL (2 tasses) une fois soufflé ou 30 g (1 oz) de maïs naturel

Plan d'échanges illimités

Vous pouvez consommer tous les éléments des listes des Plans d'attaque nos 1, 2 et 3 et leur ajouter ceux de la liste suivante :

Éléments	1 équivalent
Céréales naturelles :	
Bulghur (blé concassé)	125 mL (½ tasse), cuite
Farine de blé, enrichie ou de grains entiers (tamisée ou non)	45 mL (3 c. à table)
Farine de maïs	125 mL (½ tasse), cuite
Hominy (semoule de maïs)	125 mL (½ tasse), cuite
Miettes de flocons de maïs	20 g (¾ oz) ou 75 ml (⅓ tasse)
Millet	75 mL (⅓ tasse), cuit
Orge	125 mL (½ tasse), cuite
Sarrasin (kasha)	125 mL (½ tasse), cuit
Semoule de blé dur (couscous)	125 mL (½ tasse), cuite
Craquelins et biscottes :	
Craquelins à huîtres	20
Crispbreads	20 g (¾ oz)
Farine de pain azyme	45 mL (3 c. à table)
Farine de pain azyme pour pâtisserie	45 mL (3 c. à table)
Galettes de riz	2
Pain azyme (à l'oeuf, nature ou au blé entier)	½
Saltines	6
Zwieback	2
Féculents :	
Châtaignes, petites	6
Châtaignes d'eau	90 g (3 oz)
Courges d'été (à crosse, à moelle, fine, jaune-orange, longue, rayée, vert clair, tachetée, etc.)	125 mL (½ tasse) ou 120 g (4 oz)
Haricots secs, lentilles et pois secs	60 g (2 oz) cuits ou 20 g (¾ oz) crus
Haricots de Lima ou flageolets	125 mL (½ tasse)
Maïs en épi	1, petit (env. 13 cm (5 po) de long)
Maïs en grains : frais, surgelé, petits épis en conserve, crème en conserve ou maison (sans sucre ni crème)	125 mL (½ tasse)
Panais	125 mL (½ tasse)
Petits pois	125 mL (½ tasse)
Succotash (purée de maïs et de fèves)	125 mL (½ tasse)
Pains :	
Chapelure nature ou aromatisée	45 mL (3 c. à table)
Pain à hamburger	½ de 30 g (1 oz)
Petit pain à saucisse	½ de 30 g (1 oz)
Petit pain rond, frais ou surgelé	30 g (1 oz)
Tacos	1
Tortillas (de maïs)	1 de 15 cm (6 po) de diamètre

111

Gruau aux fruits 🌓

250 mL (1 tasse) de lait écrémé
2 dattes, dénoyautées et hachées
1 pincée de sel
20 g (³/₄ oz) de gruau rapide, cru
2 mL (½ c. à thé) de sucre en poudre

1 mL (½ c. à thé) d'arôme artificiel de vanille
5 mL (1 c. à thé) de margarine
1 pincée de cannelle, moulue

Dans une petite casserole, mélanger le lait, les dattes et le sel et porter à ébullition ; ajouter le gruau progressivement tout en remuant. Ajouter le sucre et la vanille et laisser cuire pendant 2 à 3 minutes sans cesser de remuer. Transvaser à la cuillère dans un petit saladier, ajouter la margarine, remuer et saupoudrer de cannelle.

Équivalents : 1 équivalent pain, 1 équivalent matières grasses*, 1 équivalent fruit, 1 équivalent lait et 10 calories d'équivalent facultatif.

* Le gruau peut être compté comme 1 équivalent protéines au lieu de 1 équivalent pain s'il est consommé au petit déjeuner.

« Meringue » aux fraises 🌓

250 mL (1 tasse) de fraises
Succédané de sucre correspondant à 10 mL (2 c. à thé) de sucre
2 mL (½ c. à thé) de zeste d'orange, râpé

50 mL (¼ tasse) de yogourt hypocalorique nature
45 g (1 ½ oz) de flocons de riz

Dans le récipient du mélangeur électrique, homogénéiser les fraises, le succédané de sucre et le zeste d'orange jusqu'à ce que le mélange soit onctueux ; ajouter le yogourt après avoir arrêté le moteur *, verser 20 g (³/₄ oz) de flocons de riz dans 2 bols et couronner chaque portion avec la moitié de la purée de fraises.

Équivalents: 1 équivalent pain, ½ équivalent fruit et ¼ équivalent lait.

* Le passage au mélangeur allonge considérablement le yogourt; si vous préférez que la recette soit plus liquide, homogénéisez-le en même temps que les fraises.

Crêpes 🌓 $

PLAN D'ÉCHANGES ILLIMITÉS — DONNE 2 PORTIONS DE 3 CRÊPES

140 mL (½ tasse et 1 c. à table) de farine tout usage
125 mL (½ tasse) de lait écrémé
2 gros oeufs
10 mL (2 c. à thé) de margarine
5 mL (1 c. à thé) de sucre en poudre extra-fin
2 mL (½ c. à thé) de levure chimique (poudre à pâte)

1 mL (¼ c. à thé) d'arôme artificiel de vanille
1 pincée de sel
30 mL (2 c. à table) de sirop hypocalorique pour crêpes (6,4 calories par 5 mL (1 c. à thé)

Au mélangeur électrique, liquéfier tous les ingrédients, sauf le sirop, à basse vitesse; racler les parois avec une spatule en caoutchouc aussi souvent que nécessaire pour ramener la pâte au fond du récipient.

Pulvériser de l'enduit végétal antiadhérent dans une poêle de 30 cm (12 po) et la faire chauffer; verser ¹/₆ de la pâte (environ 45 mL (3 c. à table) dans la poêle en l'étalant en un cercle d'environ 13 cm (5 po) de diamètre. Cuire jusqu'à ce que le dessous de la crêpe brunisse et que des petites bulles se forment à sa surface; avec une grande spatule, retourner la crêpe et faire brunir l'autre côté. Ôter la crêpe cuite, la poser sur le plat de service et le conserver au chaud. Répéter cinq fois la même opération pour faire cinq autres crêpes, sans oublier d'utiliser votre enduit végétal entre chaque crêpe. Chaque portion se compose de 3 crêpes nappées de 15 mL (1 c. à table) de sirop.

Équivalents: 1 équivalent protéines, 1 ½ équivalent pain, 1 équivalent matières grasses, ¼ équivalent lait et 30 calories d'équivalent facultatif.

Barquettes de pommes de terre $

2 pommes de terre de 90 g (3 oz), brossées et cuites au four	**5 mL (1 c. à thé) de ciboulette, hachée**
50 mL (¼ tasse) de yogourt hypocalorique nature	**1 pincée de sel**
10 mL (2 c. à thé) de margarine, fondue	**1 pincée de poivre blanc**

Préchauffer le four à 180°C (350°F). Couper les pommes de terre en deux dans le sens de la longueur. À la cuillère, creuser la pulpe des deux moitiés de manière à former deux barquettes ; les mettre de côté. Recommencer l'opération avec les deux autres moitiés, mais sans réserver la peau ; écraser la pulpe en purée bien lisse. Ajouter le reste des ingrédients et bien remuer. À la cuillère, farcir chaque barquette réservée avec la moitié de la purée ; disposer sur la lèchefrite et laisser au four pendant environ 20 minutes, jusqu'à ce que les pommes de terre soient bien chaudes.

Équivalents : 1 équivalent pain, 1 équivalent matières grasses et ¼ équivalent lait.

Tranches de pomme de terre au four

Avec une brosse à légumes, brosser soigneusement **1 pomme de terre de 180 g (6 oz)**. Préchauffer le four à 230°C (450°F). Couper la pomme de terre en rondelles de 0,5 cm (¼ po) d'épaisseur avec un couteau bien affûté ou au robot culinaire. Dans une lèchefrite antiadhérente, disposer les rondelles de pomme de terre en une seule couche et saupoudrer chacune avec **1 pincée de sel** et **1 pincée de poivre blanc**. Cuire au four pendant 10 minutes ; avec une grande spatule métallique, retourner les rondelles, en saupoudrer l'autre côté avec **1 pincée de sel** et **1 pincée de poivre** et remettre au four pendant 10 minutes de plus.

Équivalent : 1 équivalent pain.

Pommes de terre « frites » au four ⑤

PLAN D'ATTAQUE no 2 — DONNE 2 PORTIONS

Préchauffer le four à 180°C (350°F). Éplucher **180 g (6 oz) de pommes de terre** et les couper en bâtonnets. Dans un saladier moyen, remuer les bâtonnets dans **10 mL (2 c. à thé) d'huile, 1 pincée de sel** et **1 pincée de poivre**, de manière à bien imprégner tous les bâtonnets.

Sur une lèchefrite antiadhérente, étaler les bâtonnets de pomme de terre, sans qu'ils se touchent ; cuire au four pendant 20 minutes. Retourner les bâtonnets avec une spatule métallique et les laisser cuire pendant 20 minutes de plus, jusqu'à ce qu'ils dorent et deviennent croustillants.

Équivalents : 1 équivalent pain et 1 équivalent matières grasses.

Ignames au four $

2 ignames de 180 g (6 oz), brossées et séchées

10 mL (2 c. à thé) de margarine fondue, divisée

1 pincée de sel

1 pincée de poivre blanc

1 pincée de noix muscade, râpée

1. Piquer les ignames avec les dents d'une fourchette; les disposer sur la grille du four et les faire cuire à 200°C (400°F) pendant 35 à 40 minutes.

2. Couper chaque igname en deux dans le sens de la longueur et, à la cuillère, racler la pulpe en prenant garde de ne pas abîmer la peau; mettre la pulpe dans le récipient du mélangeur électrique et réserver les peaux.

3. Ajouter 5 mL (1 c. à thé) de margarine fondue et l'assaisonnement dans le récipient du mélangeur et homogénéiser en une pâte bien lisse. À la cuillère, remettre le $\frac{1}{4}$ de la purée dans chaque coquille réservée et, avec les dents d'une fourchette, dessiner un motif décoratif sur chacune. Arroser également chaque portion avec le reste de la margarine fondue. Envelopper de pellicule plastique et conserver au réfrigérateur jusqu'au moment de la cuisson, ou passer immédiatement à l'étape 4 de la recette.

4. Disposer les ignames farcies sur une lèchefrite antiadhérente; mettre au four à 180°C (350°F) pendant 10 à 15 minutes, jusqu'à ce qu'elles soient bien chaudes; régler le four à la position « gril » et les faire griller pendant 2 à 3 minutes, pour les dorer légèrement.

Équivalents: 1 équivalent pain et $\frac{1}{2}$ équivalent matières grasses.

« Frites » d'igname $

1 igname moyenne

5 mL (1 c. à thé) de margarine

5 mL (1 c. à thé) d'huile

1 mL ($\frac{1}{4}$ c. à thé) de sel

Sur la lèchefrite du four, faire cuire l'igname à 200°C (400°F) pendant 35 à 40 minutes, jusqu'à ce qu'elle devienne tendre (*ne pas la laisser trop cuire*); la laisser refroidir, la peler et jeter sa peau. Couper l'igname en bâtonnets de 5 x 0,5 cm (2 x ¼ po); en peser 180 g (6 oz) (le reste pourra être congelé pour servir un autre jour).

Dans un poêlon de 23 cm (9 po) de diamètre, porter la margarine et l'huile à légère ébullition; ajouter les bâtonnets d'igname et cuire à feu moyen, en les retournant souvent avec une spatule métallique, jusqu'à ce qu'ils deviennent croustillants. Saler avant de servir.

Équivalents: 1 équivalent pain et 1 équivalent matières grasses.

Variante pour le Plan d'échanges illimités: Au lieu de saler les «frites», les saupoudrer avec 2 mL (½ c. à thé) de cassonade; ajouter à votre compte 5 calories d'équivalent facultatif.

Patate douce au miel $

PLAN D'ÉCHANGES ILLIMITÉS — DONNE 2 PORTIONS D'UNE DEMI-PATATE DOUCE

Avec une brosse à légumes, bien brosser **1 patate douce de 180 g (6 oz)**; la piquer avec les dents d'une fourchette. L'envelopper dans du papier d'aluminium, la poser sur la lèchefrite et la faire cuire au four à 200°C (400°F) pendant 35 à 40 minutes, jusqu'à ce qu'elle devienne tendre. Retirer l'aluminium et laisser refroidir la patate jusqu'à ce qu'on puisse la toucher sans se brûler.

Couper la patate douce en deux dans le sens de la longueur; à la cuillère, gratter la pulpe, la mettre dans un petit saladier et réserver les barquettes obtenues. Ajouter **5 mL (1 c. à thé) de miel, 1 pincée de cannelle** et **1 pincée de noix muscade râpée** et faire mousser au fouet électrique. À la cuillère, farcir chaque barquette avec la moitié de la purée. Cuire au four sur une plaque à biscuits, à 180°C (350°F) pendant 15 à 20 minutes, jusqu'à ce que la patate soit bien chaude.

Équivalents: 1 équivalent pain et 10 calories d'équivalent facultatif.

Salade de coquillettes Ⓢ

250 mL (1 tasse) de coquillettes aux oeufs, cuites
1 tomate moyenne, coupée en dés
50 mL (¼ tasse) de céleri, en dés
50 mL (¼ tasse) d'oignons verts, en tranches fines

15 mL (1 c. à table) de vinaigrette (huile et vinaigre de vin rouge)
1 pincée de sel
1 pincée de poivre

Dans un saladier, bien mélanger tous les ingrédients; remuer pour bien imprégner les pâtes avec la vinaigrette. Couvrir et mettre au réfrigérateur pendant au moins 1 heure. Remuer de nouveau au moment de servir.

Équivalents: 1 équivalent pain, 1 ½ équivalent légume et 1 équivalent matières grasses.

Salade aux deux pâtes ·

1 gousse d'ail
1 pincée de sel
1 pincée de poivre
40 mL (2 c. à table et 2 c. à thé) d'huile d'olive
30 mL (2 c. à table) de feuilles de basilic frais, hachées
15 mL (1 c. à table) de persil frais, haché
5 mL (1 c. à thé) d'anchois en conserve, égouttés et réduits en purée (facultatif)

500 mL (2 tasses) de coquillettes cuites (250 mL (1 tasse) de coquillettes nature et 250 mL (1 tasse) de coquillettes aux épinards)
1 poivron rouge moyen, épépiné et haché
50 mL (¼ tasse) de parmesan râpé
8 olives noires, dénoyautées et coupées en tranches

Écraser l'ail avec le sel et le poivre. Dans un bol, mélanger l'ail écrasé avec l'huile, le basilic, le persil et les anchois si on en utilise; mettre de côté.

Mélanger le reste des ingrédients dans un saladier; ajouter la purée d'ail et bien remuer pour imprégner les pâtes. Couvrir et mettre à refroidir au réfrigérateur.

Équivalents: 1 équivalent pain, ½ équivalent légume, 2 équivalents matières grasses et 45 calories d'équivalent facultatif*.

* Si les anchois ne sont pas utilisés, réduire l'équivalent facultatif de 40 calories.

Macaronis au fromage $

PLAN D'ÉCHANGES ILLIMITÉS — DONNE 2 PORTIONS

10 mL (2 c. à thé) de margarine, divisée
125 mL (½ tasse) d'oignon haché
375 mL (1 ½ tasse) de coudes (macaronis), cuits
90 g (3 oz) de cheddar, râpé

175 mL (¾ tasse) de lait écrémé
1 gros oeuf
1 mL (¼ c. à thé) de sel
1 pincée de poivre de Cayenne
1 mL (¼ c. à thé) de paprika

Préchauffer le four à 180°C (350°F). Dans un petit poêlon antiadhérent, faire mousser 5 mL (1 c. à thé) de margarine; ajouter l'oignon et le faire revenir jusqu'à ce qu'il devienne translucide (*ne pas le laisser brunir*).

Dans le fond d'un plat à gratin de 1 L (4 tasses), étaler la moitié des coudes cuits. Recouvrir avec la moitié du fromage râpé, puis avec la moitié de l'oignon. Remettre une deuxième couche de ces ingrédients. Dans un bol, bien mélanger le lait, l'oeuf, le sel et le poivre; verser ce mélange sur les pâtes et saupoudrer avec le paprika. Parsemer le reste de la margarine en noisettes et faire prendre au four pendant 20 à 25 minutes.

Équivalents: 2 équivalents protéines, 1 ½ équivalent pain, ½ équivalent légume, 1 équivalent matières grasses et ¾ équivalent lait.

Lasagnes

125 mL (½ tasse) de fromage ricotta écrémé
1 oeuf battu
30 g (1 oz) de mozzarella râpée
30 mL (2 c. à table) de parmesan râpé, divisé
0,5 mL (⅛ c. à thé) de feuilles d'origan
0,5 mL (⅛ c. à thé) de feuilles de basilic

1 pincée de poudre d'ail
4 lasagnes frisées de 30 x 8 cm (12 x 3 po)*, cuites selon le mode d'emploi et égouttées
125 mL (½ tasse) de sauce tomate

Garniture:
Persil italien à larges feuilles

1. Préchauffer le four à 180°C (350°F). Pulvériser de l'enduit végétal antiadhérent dans 2 plats à gratin individuels; mettre de côté.

2. Dans un petit saladier, bien mélanger les fromages ricotta et mozzarella, l'oeuf, la moitié du parmesan, soit 15 mL (1 c. à table), et l'assaisonnement.

3. Poser les lasagnes cuites sur un torchon humide et, à la cuillère, étaler le mélange de fromages dans le sens de la longueur; enrouler délicatement la farce dans les lasagnes en commençant par un coin.

4. Placer 2 des rouleaux dans chaque plat préparé et verser 30 mL (2 c. à table) de sauce sur chaque rouleau; saupoudrer également chacun avec le reste du parmesan et faire réchauffer au four pendant 35 à 40 minutes. Pour servir, garnir avec les feuilles de persil.

Équivalents: 2 équivalents protéines, 1 équivalent pain, 1 équivalent légume et 30 calories d'équivalent facultatif.

* Cette quantité correspond à environ 250 mL (1 tasse) de pâtes cuites.

Tarte aux spaghettinis

PLAN D'ÉCHANGES ILLIMITÉS — DONNE 4 PORTIONS

Croûte:
500 mL (2 tasses) de spaghettinis, cuits
30 g (1 oz) de parmesan râpé
1 oeuf battu

20 mL (1 c. à table et 1 c. à thé) de margarine, ramollie

Garniture:
150 mL (²⁄₃ tasse) de fromage ricotta partiellement écrémé
10 mL (2 c. à thé) de margarine
125 mL (¹⁄₂ tasse) d'oignon, en dés
125 mL (¹⁄₂ tasse) de poivron rouge ou vert, en dés
1 gousse d'ail, haché finement

180 g (6 oz) de bifteck haché, cuit et défait
250 mL (1 tasse) de tomates entières en conserve, égouttées et hachées (réserver le jus de cuisson)
10 mL (2 c. à thé) de purée de tomates
60 g (2 oz) de mozzarella, râpée

Préparation de la croûte: Dans un saladier moyen, mélanger tous les ingrédients de la croûte. Pulvériser de l'enduit végétal antiadhérent dans un moule à tarte de 23 cm (9 po); étaler le mélange de spaghettinis sur le fond et les côtés du moule de manière à former un fond de tarte.

Préparation de la garniture et cuisson de la croûte: Préchauffer le four à 180°C (350°F). Étaler délicatement le fromage ricotta sur le fond de la croûte et mettre de côté.

Dans un poêlon antiadhérent de 20 cm (8 po), faire mousser la margarine; ajouter l'oignon, le poivron et l'ail et les faire revenir jusqu'à ce que l'oignon devienne translucide. Ajouter la viande, les tomates, le jus de cuisson réservé et la purée de tomates et faire cuire, en remuant constamment, jusqu'à ce que la préparation commence à épaissir; à la cuillère, étaler cette dernière sur le fromage ricotta et mettre au four pendant 20 à 25 minutes. Saupoudrer avec la mozzarella et remettre au four pendant 5 minutes, jusqu'à ce que le fromage soit fondu et commence à dorer; sortir du four et laisser refroidir pendant 5 minutes avant de couper.

Équivalents: 3 équivalents protéines, 1 équivalent pain, 1 équivalent légume, 1 ½ équivalent matières grasses et 20 calories d'équivalent facultatif.

Risotto aux légumes $

PLAN D'ÉCHANGES ILLIMITÉS — DONNE 2 PORTIONS

10 mL (2 c. à thé) d'huile d'arachide
50 mL (¹⁄₄ tasse) d'oignon, en dés
50 mL (¹⁄₄ tasse) de céleri, en dés
30 mL (2 c. à table) de carotte, en dés
30 mL (2 c. à table) de poivron vert, en dés
1 gousse d'ail, haché finement

250 mL (1 tasse) d'eau
30 g (1 oz) de riz à grains longs, cru
1 sachet de bouillon de poulet et assaisonnements tout préparés
7 mL (1¹⁄₂ c. à thé) de graines de sésame, rôties

Dans une petite casserole, faire chauffer l'huile à feu moyen; ajouter l'oignon, le céleri, le poivron, la carotte et l'ail et les faire revenir jusqu'à ce que les légumes deviennent tendres tout en restant légèrement croquants. Ajouter l'eau, le riz et le bouillon instantané et porter à ébullition. Baisser le feu, couvrir et laisser mijoter, en remuant de temps à autre, pendant 15 à 20 minutes, jusqu'à ce que le riz devienne tendre et qu'il ait absorbé toute l'eau. Mélanger avec les graines de sésame et servir chaud.

Équivalents: ¹⁄₂ équivalent pain, ³⁄₄ équivalent légume, 1 équivalent matières grasses et 20 calories d'équivalent facultatif.

Polenta au fromage

PLAN D'ÉCHANGES ILLIMITÉS — DONNE 6 PORTIONS

135 g (4 ½ oz) de farine de maïs, pesée avant cuisson (environ 175 mL (¾ tasse)

125 mL (½ tasse) d'eau froide

750 mL (3 tasses) d'eau bouillante

15 mL (1 c. à table) de margarine

30 g (1 oz) de parmesan, râpé

60 g (2 oz) de gruyère, râpé

Dans une casserole de 1,5 L (6 tasses), délayer la farine de maïs dans l'eau froide; ajouter l'eau bouillante et porter à ébullition à feu moyen, en remuant constamment, le mélange devant épaissir légèrement. Baisser le feu, couvrir et cuire pendant 8 à 10 minutes en remuant de temps à autre, jusqu'à ce que le mélange devienne lisse.

Préchauffer le four à 180°C (350°F). Pulvériser de l'enduit végétal antiadhérent dans un plat à gratin de 2 L (8 tasses). À la spatule, étaler la moitié de la farine cuite dans le fond du plat; parsemer avec la moitié de la margarine, soit 7 mL (1 ½ c. à thé), et 15 g (½ oz) de parmesan. Remettre une couche de farine cuite et le reste de margarine et de parmesan; parsemer le dessus du plat avec le gruyère râpé et mettre au four pendant 20 à 25 minutes, jusqu'à ce que le fromage fonde et se boursoufle. Laisser la polenta sous le gril pendant environ 1 minute, jusqu'à ce que le fromage brunisse.

Équivalents: ½ équivalent protéines, 1 équivalent pain et ½ équivalent matières grasses.

Salade au couscous $

Ce plat accompagne délicieusement les fromages, les viandes et le poulet froids ou les fruits de mer.

30 mL (2 c. à table) d'huile végétale ou d'huile d'olive, divisée
1 sachet de bouillon de poulet et assaisonnements tout préparés
1 mL (¼ c. à thé) de cannelle moulue
1 mL (¼ c. à thé) de gingembre moulu
375 mL (1 ½ tasse) d'eau
90 g (3 oz) de couscous (semoule de blé dur)
125 mL (½ tasse) de raisins secs

1 tomate moyenne, en dés
125 mL (½ tasse) de courgette, râpée ou en julienne
125 mL (½ tasse) de carotte, râpée ou en julienne
50 mL (¼ tasse) d'oignon, en dés
15 mL (1 c. à table) de jus de citron, fraîchement pressé
1 mL (¼ c. à thé) de sel
8 feuilles de laitue Iceberg ou romaine

Garniture:
Brins de persil

Dans une casserole de 1 L (4 tasses), mélanger 15 mL (1 c. à table) d'huile avec le bouillon instantané, la cannelle et le gingembre; ajouter l'eau et porter à ébullition. Verser le couscous et les raisins secs en remuant bien; amener de nouveau à ébullition et laisser cuire jusqu'à ce que tout le liquide soit absorbé. Transvaser dans un grand saladier et laisser refroidir.

Ajouter au couscous cuit et refroidi la tomate, la courgette, la carotte, l'oignon, le jus de citron, le sel et le reste de l'huile, soit 15 mL (1 c. à table), et bien remuer; couvrir et laisser plusieurs heures (ou même toute la nuit) au réfrigérateur, pour laisser les saveurs se combiner.

Au moment de servir, remuer de nouveau la salade au couscous, servir sur un lit de laitue et garnir avec le persil.

Équivalents: 1 équivalent pain, 1 ½ équivalent légume, 1 ½ équivalent matières grasses, 1 équivalent fruit et 3 calories d'équivalent facultatif.

Châtaignes rôties ⓢ

PLAN D'ÉCHANGES ILLIMITÉS — DONNE 6 PORTIONS DE 6 CHÂTAIGNES

Les châtaignes peuvent être servies en dessert ou en collation et elles peuvent aussi entrer dans la composition de farces.

36 petites châtaignes

Pour les rôtir: Avec la pointe d'un couteau, entailler en croix le côté plat des châtaignes en pénétrant légèrement jusqu'à leur pulpe. Les disposer sur une plaque à biscuits et ajouter juste assez d'eau pour en couvrir le fond. Laisser rôtir à 180°C (350°F) pendant 30 à 40 minutes, jusqu'à ce que les peaux entaillées commencent à s'ouvrir. Servir chaud ou congeler.

Pour les peler: Placer les châtaignes rôties dans un saladier d'eau tiède. Les éplucher avec soin en s'efforçant de les conserver entières.

Pour les congeler: Congeler les châtaignes pelées dans un sac en matière plastique d'où l'air aura été chassé.

Équivalent: 1 équivalent pain.

Farce aux châtaignes ⑤

Cette farce peut être préparée d'avance et congelée.

30 mL (2 c. à table) d'huile végétale
250 mL (1 tasse) d'oignons, hachés
125 mL (½ tasse) de céleri, haché
125 mL (½ tasse) de poivron rouge ou vert, haché
2 sachets de bouillon de poulet et assaisonnements tout préparés
2 gousses d'ail, haché finement
500 mL (2 tasses) de champignons, en tranches
18 châtaignes rôties (voir recette précédente), hachées

375 mL (1 ½ tasse) de riz à grains longs, cuit
85 mL (⅓ tasse et 2 c. à thé) de raisins secs
30 mL (2 c. à table) de persil frais, haché
1 mL (¼ c. à thé) de piment de la Jamaïque
1 pincée de poivre, fraîchement moulu

Dans un poêlon antiadhérent de 30 cm (12 po), faire chauffer l'huile ; ajouter les oignons, le céleri, le poivron, le bouillon instantané et l'ail et les faire revenir à feu moyen pendant 5 minutes, les légumes devant rester croquants. Ajouter les champignons et faire revenir pendant 5 minutes de plus.

Transvaser les légumes dans un saladier ; ajouter les autres ingrédients et bien remuer. Verser dans un plat à gratin de 2 L (8 tasses) et faire cuire au four à 160°C (325°F) pendant 20 minutes.

Équivalents : 1 équivalent pain, 1 ¼ équivalent légume, 1 équivalent matières grasses, ½ équivalent fruit et 5 calories d'équivalent facultatif.

Muffins glacés aux pommes $

Les muffins supportant bien la congélation, ils peuvent être préparés d'avance et conservés au congélateur; les décongeler à la température ambiante.

Pâte:

500 mL (2 tasses) de farine tout usage
50 mL (¼ tasse) de sucre en poudre
15 mL (1 c. à table) de levure chimique (poudre à pâte)
5 mL (1 c. à thé) d'épices pour tarte aux pommes

250 mL (1 tasse) de lait écrémé
1 petite pomme Golden Delicious, évidée, pelée et râpée
60 mL (4 c. à table) de margarine, fondue
1 oeuf

Glace à cuire:

50 mL (¼ tasse) de farine tout usage
35 mL (2 c. à table et 1 c. à thé) de sucre en poudre

30 mL (2 c. à table) de margarine, fondue
0,5 mL (⅛ c. à thé) de cannelle moulue

Préparation de la pâte: Garnir les 12 compartiments de 6 cm (2 ½ po) de diamètre d'un moule à muffins avec des chemises de papier à cuisson et mettre de côté. Préchauffer le four à 200°C (400°F).

Dans un saladier, combiner les 4 premiers ingrédients de la recette. Dans une tasse à mesurer de 500 mL (2 tasses) ou dans un bol, mélanger le lait, la pomme, la margarine et l'oeuf; ajouter les ingrédients secs et les combiner en remuant (*ne pas les battre ni trop les mélanger car la pâte doit rester grumeleuse*). Remplir aux deux tiers les chemises de papier avec la pâte.

Préparation de la glace et cuisson: Dans un bol, bien mélanger tous les ingrédients de la glace; recouvrir chaque muffin d'une quantité égale de cette préparation et cuire au four pendant 15 à 20 minutes (les muffins devant se colorer en brun doré et un cure-dents piqué dans leur centre devant en ressortir sec). Démouler les muffins et les mettre à refroidir sur une grille métallique.

Équivalents: 1 équivalent pain, 1 ½ équivalent matières grasses et 50 calories d'équivalent facultatif.

Muffins au maïs ◑

235 mL (1 tasse moins 1 c. à table) de farine tout usage

220 mL (1 tasse moins 2 c. à table) de farine de maïs, non cuite

30 mL (2 c. à table) de sucre en poudre

20 mL (1 c. à table et 1 c. à thé) de levure chimique (poudre à pâte)

5 mL (1 c. à thé) de sel

250 mL (1 tasse) de lait écrémé

60 mL (4 c. à table) de margarine fondue ou d'huile végétale

1 oeuf, battu

Préchauffer le four à 220°C (425°F). Pulvériser de l'enduit végétal antiadhérent dans un moule à muffins de 12 compartiments de 6 cm (2 ½ po) de diamètre.

Dans un saladier, mélanger les farines de blé et de maïs, le sucre, la levure et le sel. Dans un autre saladier, mélanger le lait, la margarine (ou l'huile) et l'oeuf ; verser le tout sur les ingrédients secs et mélanger. Remplir aux deux tiers chaque compartiment du moule. Cuire pendant 15 à 20 minutes, jusqu'à ce que les muffins deviennent brun doré et qu'un cure-dents enfoncé dans leur centre en ressorte sec. Démouler et laisser refroidir sur une grille métallique.

Équivalents : 1 équivalent pain, 1 équivalent matières grasses et 25 calories d'équivalent facultatif.

Biscuits aux amandes 🌓 $

85 mL (¹/₃ tasse et 2 c. à thé) de farine à gâteau

1 mL (¹/₄ c. à thé) de levure chimique (poudre à pâte)

0,5 mL (¹/₈ c. à thé) de bicarbonate de soude (soda à pâte)

30 mL (2 c. à table) de margarine, ramollie

30 mL (2 c. à table) de sucre en poudre

1 oeuf

2 mL (¹/₂ c. à thé) d'extrait d'amande

1 mL (¹/₄ c. à thé) d'arôme artificiel de vanille

1. Préchauffer le four à 190°C (375°F). Au-dessus d'une feuille de papier ciré ou d'une assiette en carton, tamiser ensemble la farine, la levure et le bicarbonate; mettre de côté.

2. Dans un petit saladier et au fouet électrique, faire mousser la margarine et le sucre. Ajouter les ingrédients tamisés et fouetter de nouveau. Ajouter l'oeuf, l'extrait et l'arôme et travailler jusqu'à ce que la pâte soit bien lisse.

3. Sur 2 plaques à biscuits antiadhérentes, déposer séparément 6 cuillerées à table de pâte en les espaçant de 10 cm (4 po), de manière à obtenir après cuisson de minces galettes d'environ 9 cm (3 ¹/₂ po) de diamètre.

4. Cuire au four pendant 8 à 10 minutes, jusqu'à ce que le bord des galettes devienne brun foncé; décoller les biscuits à la spatule et les faire refroidir sur une grille métallique.

Équivalents: ¹/₂ équivalent pain, 1 ¹/₂ équivalent matières grasses et 50 calories d'équivalent facultatif.

Biscuits à la noix de coco $

PLAN D'ÉCHANGES ILLIMITÉS — DONNE 16 PORTIONS DE 2 BISCUITS

Ces biscuits peuvent être conservés au congélateur; il faut les décongeler à la température ambiante.

160 mL (10 c. à table et 2 c. à thé) de margarine
50 mL (¼ tasse) de sucre en poudre
7 mL (1 ½ c. à thé) de zeste de citron, râpé
375 mL (1 ½ tasse) de farine tout usage

90 g (3 oz) de fécule instantanée (environ 125 mL (½ tasse)
Eau froide
5 mL (1 c. à thé) de jus de citron
1 blanc d'oeuf
125 mL (½ tasse) de noix de coco râpée

1. Préchauffer le four à 160°C (325°F). Dans un saladier, bien mélanger la margarine, le sucre et le zeste de citron ; ajouter la farine, la fécule, 15 mL (1 c. à table) d'eau et le jus de citron et très bien mélanger (la pâte réalisée doit tenir mais ne pas être collante ; ajouter encore, si nécessaire, 15 mL (1 c. à table) d'eau pour obtenir la consistance voulue).

2. Dans un bol, mélanger le blanc d'oeuf avec 5 mL (1 c. à thé) d'eau ; mettre de côté.

3. Abaisser la pâte obtenue en une étroite bande et la couper en 32 morceaux égaux ; enrouler chaque morceau sur lui-même et l'aplatir avec la paume de la main.

4. Tremper une face de chaque rouleau aplati dans le blanc d'oeuf, puis la presser dans la noix de coco ; disposer les rouleaux, noix de coco sur le dessus, sur une plaque à biscuits antiadhérente et faire cuire pendant 20 à 25 minutes, jusqu'à l'obtention d'un beau brun doré. À la spatule, décoller les biscuits et les faire refroidir sur une grille métallique.

Équivalents : ½ équivalent pain, 2 équivalents matières grasses et 50 calories d'équivalent facultatif.

Quatre-quarts $

175 mL (³⁄₄ tasse) de farine tout usage
7 mL (1 ½ c. à thé) de levure chimique
(poudre à pâte)
60 mL (4 c. à table) de margarine sans
sel

50 mL (¼ tasse) de sucre en poudre
2 oeufs
10 mL (2 c. à thé) d'arôme artificiel de
vanille

Pulvériser de l'enduit végétal antiadhérent dans un moule à pain de 19 x 9 x 6 cm (7³⁄₈ x 3⁵⁄₈ x 2¼ po); mettre de côté. Au-dessus d'une feuille de papier ciré ou d'une assiette en carton, tamiser ensemble la farine et la levure; mettre de côté. Préchauffer le four à 180°C (350°F). Dans un saladier et au fouet électrique, homogénéiser la margarine; ajouter le sucre progressivement et continuer jusqu'à l'obtention d'une consistance crémeuse. Ajouter les oeufs un par un, en homogénéisant bien chaque fois; ajouter la vanille et, peu à peu, les ingrédients tamisés et arrêter de fouetter dès que le mélange est homogène. Verser la pâte dans le plat préparé et faire cuire au four pendant 20 à 30 minutes, jusqu'à ce que le gâteau dore et qu'un cure-dents enfoncé dans son centre en ressorte sec. Sortir le moule, le poser sur une grille métallique et laisser refroidir sans démouler. Pour servir, couper en 8 tranches égales.

Équivalents: ½ équivalent pain, 1 ½ équivalent matières grasses et 50 calories d'équivalent facultatif.

Suggestion de service: Faire griller une tranche de quatre-quarts et la disposer sur l'assiette de service; ajoutez-y une portion de 100 g (3 ⅓ oz) de dessert glacé hypocalorique à la vanille et 2 mL (½ c. à thé) de sirop de chocolat. Compter alors 1 équivalent fruit et ½ équivalent lait de plus et ajouter 60 calories d'équivalent facultatif.

Gaufres belges

Les gaufres seront encore plus appétissantes si votre moule est d'un dessin original, mais le modèle standard donnera d'aussi bons résultats.

85 mL (⅓ tasse et 2 c. à thé) de farine tout usage

5 mL (1 c. à thé) de levure chimique (poudre à pâte)

5 mL (1 c. à thé) de sucre en poudre

2 mL (½ c. à thé) de bicarbonate de soude (soda à pâte)

125 mL (½ tasse) de babeurre

1 oeuf, blanc et jaune séparés

10 mL (2 c. à thé) d'huile végétale

5 mL (1 c. à thé) d'arôme artificiel de vanille

500 mL (2 tasses) de fraises, en tranches (réserver 2 fraises entières pour décorer)

50 mL (¼ tasse) de succédané de crème fouettée, décongelé, ou de crème fouettée instantanée en distributeur sous pression

1. Au-dessus d'une feuille de papier ciré ou d'une assiette en carton, tamiser ensemble tous les ingrédients secs; mettre de côté.

2. Dans un petit saladier, battre au fouet électrique le lait, le jaune d'oeuf, l'huile et la vanille jusqu'à ce que la préparation soit lisse.

3. Pulvériser de l'enduit végétal antiadhérent dans le moule à gaufres et le faire chauffer. Dans un autre saladier et avec des fouets propres, monter le blanc d'oeuf en neige moyennement ferme; incorporer au mélange précédent. Verser dans le moule à gaufres et faire cuire en suivant le mode d'emploi du fabricant.

4. Couper la gaufre en quatre; sur chacune des deux assiettes à dessert, disposer une gaufre et la garnir avec le quart des fraises en tranches. Poser par-dessus les deux autres gaufres et y étaler la moitié des tranches de fraises qui restent; ajouter la moitié du succédané ou de la crème fouettée sur chaque portion et garnir avec une des fraises entières réservées.

Équivalents: ½ équivalent protéines, 1 équivalent pain, 1 équivalent matières grasses, 1 équivalent fruit, ¼ équivalent lait et 45 calories d'équivalent facultatif.

Les équivalents matières grasses

Il n'est pas indispensable de bannir à jamais les matières grasses. Si vous allez au fond des choses, vous apprendrez que vous pouvez «échanger» vos repas sans attrait contre des mets bien appétissants sans arrêter de maigrir pour autant. Vous pouvez sans danger rehausser la saveur de vos plats préférés avec une quantité raisonnable de mayonnaise, de margarine, d'huile ou de vinaigrette. La meilleure preuve vous en sera fournie par les recettes de nos sauces tartare, «hollandaise» et aux pétoncles et par tous les autres assaisonnements que nous vous proposons.

☐ Précisions sur les équivalents matières grasses

Équivalents quotidiens

PLANS D'ATTAQUE nos 1, 2 ET 3 ET PLAN D'ÉCHANGES ILLIMITÉS

Femmes, hommes et adolescents	3 équivalents

☐ Les matières grasses contiennent des acides gras polyinsaturés et de la vitamine E.

☐ Il est indispensable de ne jamais dépasser les quantités de matières grasses indiquées dans les recettes.

☐ Vous pouvez utiliser toutes les *huiles végétales* énumérées ci-après, seules ou en combinaison ; elles sont classées dans l'ordre décroissant de leur teneur en acides gras polyinsaturés : huile de carthame, de tournesol, de noix, de soja, de maïs, de germe de blé, de coton, de sorgho, de sésame, de riz, de son, d'arachide, de colza et d'olive.

☐ Lire les indications de l'étiquette des margarines ordinaires ou hypocaloriques que vous achetez ; n'utilisez que des margarines dont le rapport acides gras saturés/polyinsaturés est de 2 à 1.

☐ Vous pouvez utiliser vos équivalents matières grasses pour griller, cuire à la poêle, cuire au four, rôtir, faire revenir ou faire sauter dans un poêlon tous les aliments, sauf la volaille et le gibier avec leur peau, ainsi que le boeuf, le porc, l'agneau, le jambon et la langue crus.

☐ Vous pouvez utiliser vos équivalents matières grasses dans une marinade (sauf avec de la volaille ou du gibier avec leur peau et les viandes crues citées précédemment) ; toutes les marinades doivent être consommées et comptées dans le total des équivalents journaliers de votre plan d'alimentation. Tous les jus de cuisson des aliments qui ont mariné dans des équivalents matières grasses doivent donc être consommés.

TABLE D'ÉQUIVALENCE DES MATIÈRES GRASSES

Plan d'attaque no 1

Éléments	1 équivalent
Huile végétale	5 mL (1 c. à thé)
Margarine	5 mL (1 c. à thé)
Margarine hypocalorique	10 mL (2 c. à thé)
Mayonnaise, vendue dans le commerce et préparée à la maison	5 mL (1 c. à thé)
Mayonnaise hypocalorique	10 mL (2 c. à thé)

Plans d'attaque nos 2 et 3 et Plan d'échanges illimités

Vous pouvez ajouter les matières grasses suivantes à la liste du Plan d'attaque no 1.

Éléments	1 équivalent
Sauces à salade et vinaigrettes de tous genres	7 mL (1 ½ c. à thé)

Vinaigrette à l'anchois ◑

PLAN D'ÉCHANGES ILLIMITÉS — DONNE 2 PORTIONS DE 37 mL (2 ½ C. À TABLE)

37 mL (2 c. à table et 1 ½ c. à thé) de vinaigre de vin rouge

10 mL (2 c. à thé) d'anchois en conserve, égouttés et réduits en pâte

20 mL (1 c. à table et 1 c. à thé) d'huile d'olive

0,5 mL (⅛ c. à thé) de feuilles de basilic frais, hachées

0,5 mL (⅛ c. à thé) d'ail frais, haché

Dans un petit saladier, incorporer progressivement le vinaigre à la pâte d'anchois et bien combiner. En remuant constamment, ajouter l'huile lentement, puis le basilic et l'ail et bien combiner.

Équivalents: 2 équivalents matières grasses et 10 calories d'équivalent facultatif.

Vinaigrette au citron et à la moutarde

20 mL (1 c. à table et 1 c. à thé) d'huile d'olive ou d'une autre huile végétale
15 mL (1 c. à table) de vinaigre de vin blanc
15 mL (1 c. à table) de jus de citron, fraîchement pressé

10 mL (2 c. à thé) de moutarde de Dijon
1 pincée de poivre blanc

Mélanger tous les ingrédients dans un petit récipient dont le couvercle bien étanche sera fermé hermétiquement ; bien agiter. Mettre à refroidir au réfrigérateur. Agiter de nouveau au moment de servir.

Équivalent : 1 équivalent matières grasses.

Sauce tomate à la ciboulette

250 mL (1 tasse) de jus de tomate
15 mL (1 c. à table) de ciboulette, hachée
15 mL (1 c. à table) de vinaigre de riz

10 mL (2 c. à thé) d'huile d'olive
1 gousse d'ail, haché finement
1 mL (¼ c. à thé) de sel
0,5 mL (⅛ c. à thé) de poivre

Dans le récipient du mélangeur électrique, homogénéiser tous les ingrédients à haute vitesse.

Équivalents : ½ équivalent matières grasses et 15 calories d'équivalent facultatif.

Marinade au citron

PLAN D'ATTAQUE no 1 — DONNE 2 PORTIONS DE 30 mL (2 C. À TABLE)

Cette marinade est recommandée pour le poisson.

45 mL (3 c. à table) de jus de citron
10 mL (2 c. à thé) d'huile d'olive
2 gousses d'ail, haché finement

2 mL ($\frac{1}{2}$ c. à thé) de feuilles d'origan
1 mL ($\frac{1}{4}$ c. à thé) de sel
0,5 mL ($\frac{1}{8}$ c. à thé) de poivre

Bien mélanger tous les ingrédients dans un petit bol.

Équivalent : 1 équivalent matières grasses.

Sauce tomate minute

PLAN D'ATTAQUE no 1 — DONNE 4 PORTIONS DE 125 mL (½ TASSE)

500 mL (2 tasses) de tomates entières, en conserve
8 feuilles de basilic frais ou 2 mL (½ c. à thé) de feuilles séchées
6 brins de persil frais, ou 5 mL (1 c. à thé) de flocons de persil
20 mL (1 c. à table et 1 c. à thé) d'huile d'olive

15 mL (1 c. à table) d'oignon, haché
2 mL (½ c. à thé) de sel
1 petite gousse d'ail, haché finement
1 pincée de feuilles d'origan
1 pincée de poivre, fraîchement moulu

Dans le récipient du mélangeur électrique, liquéfier tous les ingrédients ; transvaser dans une casserole de 1 L (4 tasses) et porter à ébullition. Baisser le feu, couvrir et laisser mijoter pendant 10 minutes.

Équivalents : 1 équivalent légume et 1 équivalent matières grasses.

Variante : Si on ne possède pas de mélangeur électrique, on peut préparer cette sauce dans une casserole. Utiliser des tomates concassées en conserve, puis hacher le basilic, le persil et l'ail. Faire chauffer l'huile dans une casserole et y faire revenir rapidement l'oignon et l'ail (*sans laisser brunir*). Ajouter les tomates et porter à ébullition. Diminuer le feu et incorporer les autres ingrédients ; laisser mijoter pendant 10 à 15 minutes.

Pesto au parmesan

PLAN D'ATTAQUE no 1 — DONNE 2 PORTIONS DE 50 mL (¼ TASSE)

Pour rehausser la saveur des légumes cuits à l'eau.

500 mL (2 tasses) de feuilles de basilic frais (bien tassées), hachées
20 mL (1 c. à table et 1 c. à thé) d'huile d'olive
2 mL (½ c. à thé) de sel
0,5 mL (⅛ c. à thé) de poivre
1 gousse d'ail, haché finement
30 g (1 oz) de parmesan râpé

Dans le récipient du mélangeur électrique, liquéfier tous les ingrédients, sauf le fromage (en raclant aussi souvent que nécessaire les parois avec une spatule en caoutchouc pour ramener le mélange dans le fond). Transvaser la sauce dans un petit saladier, ajouter le parmesan et bien combiner ; servir immédiatement ou couvrir et conserver au réfrigérateur. Réchauffer à la température ambiante avant de servir.

Équivalents : ½ équivalent protéines et 2 équivalents matières grasses.

Sauce aux palourdes

PLAN D'ÉCHANGES ILLIMITÉS — DONNE 4 PORTIONS DE 125 mL (½ TASSE)

Cette sauce accompagne agréablement les linguines ou les spaghettis.

10 mL (2 c. à thé) d'huile d'olive
1 gousse d'ail, haché finement
240 g (8 oz) de palourdes en conserve, égouttés et hachés
500 mL (2 tasses) de jus des palourdes, en conserve
2 mL (½ c. à thé) de feuilles d'origan
2 mL (½ c. à thé) de sel
0,5 mL (⅛ c. à thé) de poivre blanc
30 mL (2 c. à table) de persil frais, haché

Faire chauffer l'huile dans une casserole de 1 L (4 tasses) ; ajouter l'ail et le faire blondir. Ajouter les autres ingrédients, sauf les palourdes et le persil, et porter à ébullition. Baisser le feu et laisser mijoter pendant 5 minutes. Ajouter les palourdes et le persil et bien réchauffer pendant 3 minutes de plus.

Équivalents : 2 équivalents protéines, ½ équivalent matières grasses et 20 calories d'équivalent facultatif.

Sauce tartare

Délicieuse avec le poisson.

60 mL (4 c. à table) de mayonnaise hypocalorique
5 mL (1 c. à thé) de moutarde de Dijon
0,5 mL (1/8 c. à thé) de sauce Worcestershire
0,5 mL (1/8 c. à thé) de jus de citron

15 mL (1 c. à table) de relish aux cornichons
5 mL (1 c. à thé) de câpres, égouttées et hachées
2 mL (1/2 c. à thé) de persil frais, haché

Dans un petit saladier, mélanger la mayonnaise avec la moutarde, la sauce Worcestershire et le jus de citron; ajouter la relish, les câpres et le persil. Servir immédiatement ou couvrir et conserver au réfrigérateur jusqu'au moment de servir.

Équivalents: 1 1/2 équivalent matières grasses et 10 calories d'équivalent facultatif.

Sauce aux pommes et au yogourt

Cette sauce accompagne agréablement le poulet rôti ou grillé.

10 mL (2 c. à thé) de margarine hypocalorique
1 petite pomme Red Delicious, évidée et coupée en dés

5 mL (1 c. à thé) de ciboulette, hachée
50 mL (1/4 tasse) de yogourt hypocalorique nature
1 pincée de noix muscade, râpée

Dans un petit poêlon, faire mousser la margarine à feu moyen; y faire revenir la pomme et la ciboulette, en remuant de temps à autre, jusqu'à ce que la pomme devienne tendre. Ôter du feu*, puis incorporer le yogourt et la noix muscade; servir chaud.

Équivalents: 1 équivalent matières grasses, 1 équivalent fruit et 1/2 équivalent lait.

* Pour éviter la formation de grumeaux, il est important d'ôter le poêlon du feu avant d'ajouter le yogourt.

Sauce au cari 🌓 $

10 mL (2 c. à thé) de margarine
15 mL (1 c. à table) d'oignon, haché finement
15 mL (1 c. à table) de farine tout usage

15 mL (1 c. à table) de cari
250 mL (1 tasse) de lait écrémé, chaud
1 pincée de sel
1 pincée de poivre blanc

Dans une petite casserole, faire mousser la margarine; y faire revenir l'oignon jusqu'à ce qu'il devienne translucide. Ajouter la farine et cuire à feu doux pendant 3 minutes, en remuant constamment. Ajouter le cari et laisser cuire, sans cesser de remuer, pendant 1 minute de plus; ôter du feu. Ajouter le lait chaud progressivement, sans cesser de remuer avec un fouet à main jusqu'à ce que la sauce soit bien lisse; saler et poivrer et continuer à cuire à feu doux pendant 10 minutes de plus en remuant fréquemment.

Équivalents: ½ équivalent matières grasses, ¼ équivalent lait et 10 calories d'équivalent facultatif.

141

Sauce « hollandaise » ● Ⓢ

PLAN D'ÉCHANGES ILLIMITÉS — DONNE 4 PORTIONS DE 30 mL (2 C. À TABLE)

125 mL (½ tasse) de bouillon de poulet
en conserve
15 mL (1 c. à table) de fécule de maïs
30 mL (2 c. à table) de margarine
30 mL (2 c. à table) de mayonnaise

7 mL (1 ½ c. à thé) de jus de citron
1 pincée de sel
1 pincée de poivre blanc
1 pincée de poivre de Cayenne, moulu

Dans une petite casserole, délayer la fécule dans le bouillon de poulet; porter à ébullition à feu moyen en remuant constamment. Continuer pendant 1 minute de plus, jusqu'à ce que la sauce épaississe.

Ôter du feu et ajouter la margarine, en remuant jusqu'à ce qu'elle fonde; ajouter les autres ingrédients et bien combiner.

Équivalents: 3 équivalents matières grasses et 15 calories d'équivalent facultatif.

Sauce blanche ● Ⓢ

PLAN D'ÉCHANGES ILLIMITÉS — DONNE 4 PORTIONS DE 125 mL (½ TASSE)

Cette sauce peut être conservée au congélateur.

30 mL (2 c. à table) de margarine
45 mL (3 c. à table) de farine tout
usage
500 mL (2 tasses) de lait écrémé, chaud

0,5 mL (⅛ c. à thé) de sel
1 pincée de noix muscade, râpée (facultatif)
1 pincée de poivre blanc

Faire mousser la margarine dans une casserole de 1 L (4 tasses); ajouter la farine et faire cuire pendant 3 minutes en remuant sans arrêt.

Ôter du feu ; ajouter graduellement le lait chaud et, avec un petit fouet à main, remuer jusqu'à l'obtention d'une consistance lisse. Ajouter les autres ingrédients et faire cuire à feu moyen, en remuant constamment, jusqu'à ce que la sauce épaississe. Régler le feu à chaleur moyenne et laisser cuire pendant 10 minutes de plus, en remuant de temps à autre.

Équivalents : 1 ½ équivalent matières grasses, ½ équivalent lait et 25 calories d'équivalent facultatif.

Salade aux deux pâtes (page 118)

"Crème glacée" aux cerises (page 53)

Tarte aux kiwis (page 306)

En haut: Crevettes gaspacho (page 290)
Au centre: Crabe à la diable (page 287)
En bas: Brochettes de pétoncles (page 289)

Poulet aux mandarines (page 203)

En haut à gauche: Torte aux deux fromages (page 166)
En haut à droite: Ramequins au fromage cottage (page 172)
En bas: Blinis au fromage et aux myrtilles (bleuets) (page 174)

En haut: Relish à l'aubergine (page 85)
Au centre: Fricassée de légumes (page 94)
En bas: Haricots verts aux arachides (page 180)

Bûche aux fraises (page 59)

Les équivalents protéines

L'immense variété des équivalents protéines offre d'innombrables manières de lutter contre le poids et de varier l'intérêt des menus. Déballez de ce plein sac à provisions toutes les recettes mettant en vedette les oeufs, les fromages, le beurre d'arachide, le tofu, les légumes, la volaille, le poisson, le foie, le veau et toutes sortes d'autres viandes.

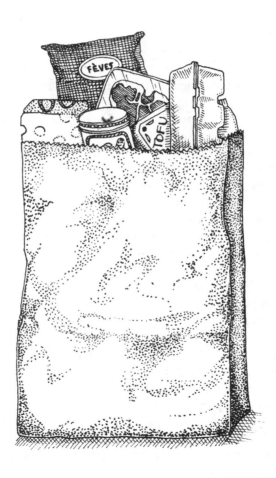

145

□ Précisions sur les équivalents protéines

Équivalents quotidiens

	PLAN D'ATTAQUE no 1	PLAN D'ATTAQUE no 2	PLAN D'ATTAQUE no 3 ET PLAN D'ÉCHANGES ILLIMITÉS
Femmes	6	6 à 7	6 à 8
Hommes et adolescents	8	8 à 9	8 à 10

□ Les équivalents protéines contiennent des vitamines B, du calcium, du fer et des protéines.

□ Vous pouvez consommer jusqu'à *4 oeufs* par semaine, de petits à extra-gros, blancs ou bruns. Vérifiez s'il n'y a aucune fissure dans la coquille des oeufs que vous avez l'intention de manger ; des oeufs à la coquille endommagée peuvent renfermer des salmonelles qui sont des bactéries capables de causer de graves troubles digestifs.

□ Vous pouvez consommer jusqu'à 120 g (4 oz) par semaine de *fromages* à pâte sèche ou demi-sèche.

□ Le *beurre d'arachide* étant très riche en matières grasses, vous devez compter 1 équivalent matières grasses pour chaque 15 mL (1 c. à table) que vous consommerez.

□ Un poids de 20 g (¾ oz) de *haricots secs, de lentilles ou de pois secs* correspond à un poids d'environ 60 g (2 oz) de ces légumes cuits. Vous pouvez utiliser ces produits en conserve ou surgelés, à condition qu'ils ne contiennent pas de sucre.

□ Pour calculer facilement les quantités de *viandes et de poissons crus, sans os ni arêtes, ou de volailles crues sans peau ni os*, à partir de celles qui sont indiquées dans les recettes, il faut ajouter 25 % à ces dernières ; pour la viande avec os et le poisson avec arêtes, il faut augmenter de 50 % le poids indiqué dans les recettes (les tableaux de la page 147 donnent des exemples chiffrés pour la volaille entière et la volaille en morceaux). Arrondissez au nombre entier le plus proche les décimales ou les fractions qui résulteront de ces calculs.

Après avoir été cuit et pelé, le poulet entier ou en morceaux voit son poids diminuer d'environ 33%; le poids avec os des poitrines diminue d'environ 50% et celui des poulets de Cornouailles diminue d'environ 40%. Les tableaux ci-dessous vous aideront à déterminer la grosseur des volailles entières que vous devez acheter.

Viandes, poissons et volaille	Poids souhaité après cuisson, sans peau ni os ni arêtes	Divisé par	Égale en g (oz)	Poids initial, cru
Viandes sans os ou poissons sans arêtes et volaille sans peau ni os	480 g (1 lb)	4	120 g (4 oz)	600 g (1 ¼ lb)
	360 g (12 oz)	4	90 g (3 oz)	450 g (15 oz)
	270 g (9 oz)	4	70 g (2 ¼ oz)	360 g (12 oz)
Viandes avec os ou poissons avec arêtes	480 g (1 lb)	2	240 g (8 oz)	720 g (1 ½ lb)
	360 g (12 oz)	2	180 g (6 oz)	540 g (1 lb 2 oz)
	270 g (9 oz)	2	135 g (4 ½ oz)	420 g (14 oz)

Volaille crue, entière ou en morceaux	Donne approximativement (chair cuite sans peau ni os)
Poulet de Cornouailles:	
720 g (1 ½ lb)	300 g (10 oz)
600 g (1 ¼ lb)	240 g (8 oz)
Poulet:	
2,9 kg (6 lb)	960 g (2 lb)
2,4 kg (5 lb)	810 g (1 lb 11 oz)
2,2 kg (4 ½ lb)	720 g (1 ½ lb)
1,9 kg (4 lb)	630 g (1 lb 5 oz)
1,7 kg (3 ½ lb)	570 g (1 lb 3 oz)
1,4 kg (3 lb)	480 g (1 lb)

Poitrines de poulet (crues avec peau et os)	Donne approximativement (chair cuite, sans peau ni os)
960 g (2 lb)	480 g (1 lb)
720 g (1 ½ lb)	360 g (12 oz)
240 g (8 oz)	120 g (4 oz)
180 g (6 oz)	90 g (3 oz)

☐ Les *coquillages et les crustacés* (palourdes, moules, huîtres, homards et crevettes) doivent être pesés avec précision.

Un équivalent protéines correspond à 3 petites palourdes, moules, huîtres ou crevettes.

Un homard cru de 720 g (1 ½ lb) donne environ 180 g (6 oz) de chair cuite ; une queue de langouste ou de homard crue de 180 g (6 oz) donne environ 90 g (3 oz) de chair cuite.

☐ La *volaille, le veau, le gibier, le poisson, les abats et le foie* peuvent être bouillis, pochés, grillés, poêlés, fricassés, cuits au four, préparés en ragoût ou sautés dans des ustensiles antiadhérents. La peau de la volaille et du gibier constituant une réserve naturelle de graisse, il faut donc l'enlever avant de les fricasser, de les faire sauter à la poêle avec ou sans matières grasses ou de les préparer en ragoût ; si cette peau n'a pas été retirée avant la cuisson, il faut aussi jeter le jus de cuisson ou les ingrédients (légumes, liquide, etc.) dans lesquels ils ont cuit.

☐ N'utilisez que de la *viande* maigre et débarrassez-la de toute graisse apparente. Vous devez faire cuire au four, faire griller ou rôtir le boeuf, le jambon, l'agneau, le porc et la langue sur une grille métallique ou les faire bouillir ; jetez la graisse qui s'en est écoulée lors de la cuisson.

☐ La volaille et le gibier entiers ainsi que les viandes précédées d'un astérisque (*) ne doivent pas être farcis avant leur cuisson.

☐ Les *saucisses de Francfort, les saucisses de foie, les saucisses de porc ou de boeuf, la mortadelle et les viandes en conserve* peuvent être à base de boeuf, de poulet, de dinde, de veau ou de mélanges de ces viandes ; de petites quantités de porc peuvent parfois entrer dans leur composition, mais les produits « pur porc » ne sont pas autorisés. Les produits à base de poulet, de dinde, de veau ou de mélanges de ces derniers doivent être comptés pour de la volaille ou du veau ; les produits à base de boeuf, de porc ou de mélanges de ces derniers doivent être comptés pour du boeuf ou du porc.

☐ Nous vous conseillons de consommer au moins 3 repas à base de *poisson* par semaine (environ 12 équivalents). Le poisson en conserve doit être bien égoutté ; ne consommez pas le liquide contenu dans les boîtes. Vous ne devez consommer que du poisson en conserve « nature » ou à l'huile lorsque vous suivez les Plans d'attaque nos 1, 2 et 3 ; vous pouvez consommer du poisson en sauce tomate, avec de la gélatine, du bouillon ou de la sauce à la moutarde dans le Plan d'échanges illimités.

☐ Le *foie* constitue une importante source de fer; vous pouvez consommer à votre choix du foie de boeuf, de veau, de génisse, d'agneau, de porc, de poulet et de dinde.

TABLE D'ÉQUIVALENCE
DES PROTÉINES

Les poids de haricots et autres légumes secs, de volaille, de gibier, de viande et de poisson sont des poids de conserves égouttées ou des poids nets après cuisson (sans peau, os ni arêtes).

Plan d'attaque no 1

Vous pouvez consommer jusqu'à 4 équivalents protéines par semaine des produits précédés d'un astérisque (*).

Le foie constituant une importante source de fer, nous vous conseillons d'en consommer 90 à 120 g (3 à 4 oz) par semaine.

Éléments	*1 équivalent*
*Agneau	30 g (1 oz)
*Boeuf	30 g (1 oz)
Dinde	30 g (1 oz)
Foie	30 g (1 oz)
Fromages :	
Cottage	75 mL (⅓ tasse)
À pâte sèche	30 g (1 oz)
Ricotta, partiellement écrémée	50 mL (¼ tasse)
Oeuf	1
Poisson	30 g (1 oz)
*Porc	30 g (1 oz)
Poulet	30 g (1 oz)
Veau	30 g (1 oz)

Plan d'attaque no 2

Vous pouvez ajouter 30 g (1 oz) de *jambon cuit à la liste du Plan d'attaque no 1.

Plan d'attaque no 3

Vous pouvez consommer tous les éléments de la liste des Plans d'attaque nos 1 et 2 et leur ajouter 60 g (2 oz) de lentilles, de haricots ou de pois secs; vous pouvez consommer jusqu'à 8 équivalents par semaine des viandes précédées d'un astérisque (*).

Plan d'échanges illimités

Vous pouvez consommer tous les éléments des listes des trois Plans d'attaque et leur ajouter les produits suivants; vous pouvez maintenant consommer jusqu'à 12 équivalents par semaine des viandes précédées d'un astérisque (*).

Nous vous conseillons de consommer 120 à 180 g (4 à 6 oz) de foie par semaine.

Éléments	1 équivalent
* Bacon de dos	30 g (1 oz)
* « Beefalo »	30 g (1 oz)
Beurre d'arachide	15 mL (1 c. à table)
	(compte aussi pour 1 équivalent matières grasses)
Fromage:	
À pâte demi-sèche	30 g (1 oz)
Gibier	30 g (1 oz)
* Langue	30 g (1 oz)
* Mortadelle	30 g (1 oz)
* Saucisses	30 g (1 oz)
* Saucisse d'abats	30 g (1 oz)
* Saucisse de foie	30 g (1 oz)
*Saucisse « de Francfort » et « Knockwurst »	30 g (1 oz)
Tempeh (pâte à base de soja fermenté)	30 g (1 oz)
Tofu	90 g (3 oz)
* Viandes préparées pour sandwiches	30 g (1 oz)

Oeufs

La coquille des personnages de ce chapitre renferme d'appétissantes préparations. « Écalez » cette rubrique et « brouillez » selon votre imagination les hors-d'oeuvre, salades, quiches et crèmes desserts de nos recettes. La valeur nutritive des oeufs ne dépendant pas de la couleur de leur coquille, n'hésitez pas à la casser pour préparer à votre guise leurs blancs ou leurs jaunes.

151

Oeufs au « caviar »

8 grosses olives noires, dénoyautées et hachées

15 mL (1 c. à table) de câpres, égouttées et hachées

5 mL (1 c. à thé) de jus de citron

5 mL (1 c. à thé) d'huile d'olive

2 mL (½ c. à thé) d'anchois en conserve, égouttés et réduits en pâte

0,5 mL (⅛ c. à thé) de poudre d'ail

4 oeufs durs, refroidis

8 feuilles de laitue Iceberg, romaine ou autre

20 mL (1 c. à table et 1 c. à thé) d'oignon haché

Garniture:
Brins de persil

Dans un petit saladier, bien mélanger les olives, les câpres, le jus de citron, l'huile, les anchois et la poudre d'ail; couvrir et laisser au réfrigérateur toute la nuit pour permettre aux arômes de se combiner.

Pour servir, couper les oeufs durs en deux dans le sens de la longueur. Disposer un lit de laitue sur l'assiette de service et poser les moitiés d'oeufs par-dessus; à la cuillère, déposer en tas le ⅛ du « caviar » préparé la veille sur chaque demi-oeuf. Parsemer chacun avec le ⅛ de l'oignon haché et garnir l'assiette avec le persil.

Équivalents: 1 équivalent protéines, ½ équivalent fruit et 20 calories d'équivalent facultatif.

Salade maraîchère ◑

PLAN D'ATTAQUE no 1 — DONNE 4 PORTIONS

1 L (4 tasses) de feuilles de salades vertes, déchiquetées
1 tomate moyenne, en quartiers
125 mL ($\frac{1}{2}$ tasse) de radis, en tranches
125 mL ($\frac{1}{2}$ tasse) d'oignons verts, hachés

2 oeufs durs, en quartiers
50 mL ($\frac{1}{4}$ tasse) de sauce à salade hypocalorique aux fines herbes (7 calories par 15 mL (1 c. à table)

Dans un saladier, mélanger les diverses salades, la tomate, les radis et les oignons verts; remuer délicatement la salade ainsi réalisée. Couronner avec les quartiers d'oeufs durs et servir la sauce en accompagnement.

Équivalents: $\frac{1}{2}$ équivalent protéines, 3 équivalents légume et 7 calories d'aliments diététiques.

Salade d'endives aux oeufs

PLAN D'ÉCHANGES ILLIMITÉS — DONNE 4 PORTIONS

2 endives d'environ 120 g (4 oz), coupées en 8 dans le sens de la longueur
12 tomates cerises, coupées en deux

4 oeufs durs, coupés en quartiers
Vinaigrette au citron et à la moutarde (voir page 136)

Sur 4 assiettes à salade, disposer 4 morceaux d'endives; couronner chaque portion avec 6 moitiés de tomates cerises posées à plat et 4 quartiers d'oeufs. Couvrir et faire refroidir au réfrigérateur. Pour servir, verser le $\frac{1}{4}$ de la vinaigrette sur chaque portion.

Équivalents (avec vinaigrette): 1 équivalent protéines, 1 $\frac{1}{4}$ équivalent légume et 1 équivalent matières grasses.

Salade piquante aux oeufs $

PLAN D'ÉCHANGES ILLIMITÉS — DONNE 2 PORTIONS

125 mL (½ tasse) de céleri, en dés
30 mL (2 c. à table) d'oignons verts, hachés
30 mL (2 c. à table) de yogourt hypocalorique nature
30 mL (2 c. à table) de mayonnaise hypocalorique
15 mL (1 c. à table) de sauce chili

10 mL (2 c. à thé) de relish aux cornichons
10 mL (2 c. à thé) de câpres, égouttées et hachées
1 mL (¼ c. à thé) de poivre
1 pincée de sel
4 oeufs durs, grossièrement hachés
8 feuilles de laitue Iceberg ou romaine

Dans un saladier moyen, mélanger tous les ingrédients sauf les oeufs et la laitue ; ajouter les oeufs et bien remuer. Couvrir et faire refroidir au réfrigérateur. Pour servir, étaler des feuilles de laitue sur chaque assiette et déposer une portion de salade aux oeufs par-dessus.

Équivalents : 2 équivalents protéines, 1 ½ équivalent légume, 1 ½ équivalent matières grasses et 30 calories d'équivalent facultatif.

Oeufs pochés aux tomates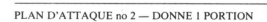

PLAN D'ATTAQUE no 2 — DONNE 1 PORTION

5 mL (1 c. à thé) d'huile d'olive
50 mL (¼ tasse) d'oignon, en dés
¼ de gousse d'ail, écrasé avec 0,5 mL (⅛ c. à thé) de sel
250 mL (1 tasse) de tomates concassées en conserve

1 mL (¼ c. à thé) de feuilles d'origan séché, hachées
1 pincée de poivre
2 gros oeufs
125 mL (½ tasse) de riz à grains longs, cuit et chaud

Dans un petit poêlon antiadhérent, faire chauffer l'huile à feu moyen et y faire revenir l'oignon jusqu'à ce qu'il devienne translucide. Ajouter l'ail et le faire revenir pendant 30 secondes. Mélanger les tomates et l'assaisonnement, mettre à feu doux et laisser mijoter jusqu'à ce que la préparation commence à épaissir.

Creuser la préparation à deux endroits. Casser 2 oeufs dans un bol sans crever leur jaune; faire glisser délicatement 1 oeuf dans chaque creux. Couvrir le poêlon, laisser prendre à feu doux pendant 3 à 4 minutes et faire glisser le tout sur un lit de riz chaud.

Équivalents: 2 équivalents protéines, 1 équivalent pain, 2½ équivalents légume et 1 équivalent matières grasses.

Pipérade 🎨

PLAN D'ÉCHANGES ILLIMITÉS — DONNE 4 PORTIONS

Il s'agit simplement d'une omelette à l'oignon, au poivron et aux tomates — aussi facile à préparer qu'originale à servir. Les légumes peuvent être cuits d'avance et conservés au réfrigérateur, puis réchauffés et incorporés à l'omelette au moment de sa cuisson.

20 mL (1 c. à table et 1 c. à thé) d'huile d'olive

250 mL (1 tasse) d'oignons, en tranches fines

500 mL (2 tasses) de poivrons rouges et verts mélangés, en bâtonnets de 5 x 0,5 cm (2 x ¼ po)

½ gousse d'ail, écrasé avec 1 mL (¼ c. à thé) de sel

250 mL (1 tasse) de tomates en conserve

2 mL (½ c. à thé) de sel

0,5 mL (⅛ c. à thé) de poivre

8 gros oeufs, légèrement battus

20 mL (1 c. à table et 1 c. à thé) de parmesan râpé

Dans un poêlon antiadhérent de 25 cm (10 po) de diamètre, faire chauffer l'huile à feu moyen et y faire revenir les oignons pendant 2 minutes, jusqu'à ce qu'ils deviennent translucides. Ajouter le poivron, la purée d'ail et laisser cuire pendant 2 à 3 minutes en remuant de temps à autre, jusqu'à ce que le poivron soit tendre. Baisser le feu, ajouter les tomates et l'assaisonnement et laisser mijoter jusqu'à ce que tout le liquide soit évaporé; ôter du feu.

Préchauffer le four à 180°C (350°F). Pulvériser de l'enduit végétal antiadhérent dans un plat à gratin de 2 L (8 tasses); y verser les légumes et mélanger avec les oeufs battus. Saupoudrer de parmesan râpé et mettre le plat au four pendant 10 à 12 minutes, jusqu'à ce que les oeufs prennent en omelette.

Équivalents: 2 équivalents protéines, 2 équivalents légume, 1 équivalent matières grasses et 10 calories d'équivalent facultatif.

155

Omelette soufflée au fromage

PLAN D'ATTAQUE no 1 — DONNE 2 PORTIONS

---

50 mL (¼ tasse) de fromage ricotta partiellement écrémé
30 g (1 oz) de fromage provolone, râpé
2 oeufs, blancs et jaunes séparés
2 mL (½ c. à thé) de sauce Worcestershire

0,5 mL (⅛ c. à thé) de poivre
1 pincée de sel
5 mL (1 c. à thé) de margarine

1. Dans un saladier moyen, bien mélanger les deux fromages, les jaunes d'oeufs, la sauce Worcestershire et le poivre.

2. Dans un autre saladier, monter en neige moyennement ferme, au fouet électrique réglé à grande vitesse, les blancs d'oeuf et une pincée de sel. Incorporer d'abord le ⅓ des oeufs battus au mélange de fromages, puis ajouter le reste.

3. Préchauffer le gril. Faire mousser la margarine dans une petite poêle à omelette ou dans un poêlon à poignée détachable; s'assurer que la margarine s'étale complètement au fond de la poêle. Y verser le mélange à l'oeuf et laisser partiellement prendre pendant 2 minutes, à feu moyen.

4. Mettre la poêle au four et laisser griller jusqu'à ce que l'omelette brunisse, décoller ses bords à la spatule et la faire glisser sur le plat de service chaud.

Équivalents: 2 équivalents protéines et ½ équivalent matières grasses.

« Quiche » aux asperges

PLAN D'ÉCHANGES ILLIMITÉS — DONNE 2 PORTIONS

10 mL (2 c. à thé) de margarine, divisée

50 mL (¼ tasse) d'oignons verts, hachés

250 mL (1 tasse) d'asperges cuites, en morceaux de 1 cm (½ po)

125 mL (½ tasse) de lait écrémé évaporé

2 oeufs, battus

60 g (2 oz) de gruyère râpé, divisé

1 mL (¼ c. à thé) de poivre

1 pincée de sel

1 pincée de poivre de Cayenne, moulu

Préchauffer le four à 190°C (375°F). Dans un petit poêlon, faire mousser la moitié de la margarine; ajouter les oignons et bien les faire revenir. Dans un saladier moyen, mélanger les oignons verts avec l'asperge, le lait, les oeufs, la moitié du fromage et l'assaisonnement.

Graisser un moule à quiche de 18 cm (7 po) avec la margarine qui reste, soit 5 mL (1 c. à thé), et y verser le mélange réservé; saupoudrer avec le fromage qui reste, soit 30 g (1 oz), et faire cuire pendant 35 minutes, jusqu'à ce que la lame d'un couteau enfoncée au centre de la quiche en ressorte sèche.

Équivalents: 2 équivalents protéines, 1 ¼ équivalent légume, 1 équivalent matières grasses et ½ équivalent lait.

Soufflé au brocoli $

4 gros oeufs, blancs et jaunes séparés
20 mL (1 c. à table et 1 c. à thé) de margarine
20 mL (1 c. à table et 1 c. à thé) d'oignon, haché
30 mL (2 c. à table) de farine tout usage
250 mL (1 tasse) de lait écrémé, chaud
1 mL (¼ c. à thé) de sel

1 pincée de poivre blanc
1 pincée de poivre de Cayenne, moulu
1 pincée de noix muscade, râpée
120 g (4 oz) de cheddar fort, râpé
250 mL (1 tasse) de riz à grains longs, cuit
250 mL (1 tasse) de bouquets de brocoli, cuits
1 pincée de crème de tartre

1. Dans un bol, battre les jaunes d'oeufs et les mettre de côté.

2. Dans une petite casserole, faire mousser la margarine à feu moyen et y faire revenir l'oignon jusqu'à ce qu'il devienne translucide. Régler le feu à chaleur douce ; ajouter la farine et la laisser cuire pendant 3 minutes sans cesser de remuer. Ôter du feu et, au fouet à main, incorporer le lait chaud progressivement en remuant constamment, jusqu'à l'obtention d'une consistance lisse ; ajouter le sel, le poivre et la noix muscade.

3. Remettre la casserole à feu moyen et cuire, en remuant sans arrêt, jusqu'à ce que la préparation épaississe. Régler le feu à chaleur douce et laisser cuire pendant 10 minutes de plus, en remuant souvent. Ajouter le fromage et le faire fondre en remuant constamment ; lui incorporer graduellement les jaunes d'oeufs battus et remuer jusqu'à ce que le mélange soit bien lisse. Ôter la sauce du feu. Préchauffer le four à 180°C (350°F).

4. Incorporer délicatement le riz à la sauce au fromage et transvaser le tout dans un grand saladier ; incorporer délicatement les bouquets de brocoli.

5. Dans un autre grand saladier, fouetter les blancs d'oeufs en neige moyennement ferme avec la crème de tartre. Incorporer d'abord délicatement le ¼ des blancs d'oeufs battus au mélange précédent, puis ajouter le reste de l'oeuf.

6. Pulvériser de l'enduit végétal antiadhérent dans un plat à soufflé de 1,5 L (6 tasses) ; y verser la préparation. Dégager un espace de 2,5 cm (1 po) tout autour du plat avec le dos d'une fourchette, pour permettre au soufflé de lever. Faire cuire pendant 40 minutes ; servir immédiatement.

Équivalents : 2 équivalents protéines, ½ équivalent pain, ½ équivalent légume, 1 équivalent matières grasses, ¼ équivalent lait et 15 calories d'équivalent facultatif.

« Crêpe » de pommes de terre 🌓 💲

PLAN D'ATTAQUE no 2 — DONNE 4 PORTIONS

20 mL (1 c. à table et 1 c. à thé) d'huile végétale

180 g (6 oz) de pommes de terre pelées, en tranches fines bien essuyées avec du papier absorbant

120 g (4 oz) de cheddar fort, grossièrement râpé

15 mL (1 c. à table) de ciboulette, hachée

0,5 mL (⅛ c. à thé) de moutarde en poudre

1 pincée de poivre de Cayenne, moulu

4 oeufs

0,5 mL (⅛ c. à thé) de sel

Faire chauffer l'huile dans un poêlon antiadhérent de 30 cm (12 po) pouvant aller au four ou muni d'une poignée détachable; bien l'étaler avec un pinceau. Recouvrir le fond de tranches de pommes de terre et presser légèrement avec une grande spatule. Les laisser cuire à feu moyen sans les retourner, en les aplatissant de temps à autre avec la spatule, jusqu'à ce qu'elles soient tendres et que leur dessus devienne brun et croustillant sans brûler; ôter du feu.

Préchauffer le four à 180°C (350°F). Dans un petit saladier, mélanger le fromage, la ciboulette, la moutarde et le poivre; parsemer sur les pommes de terre cuites en laissant une bordure libre de 1 cm (½ po) tout autour du poêlon. Casser 1 oeuf dans un bol et le faire glisser délicatement sur la préparation au fromage; répéter l'opération avec les 3 autres oeufs, en n'en cassant qu'un seul à la fois et en les espaçant également. Saler et faire cuire au four pendant 5 à 7 minutes (ou au goût). À la spatule, décoller le bord de la «crêpe» du fond du poêlon; la faire glisser sur le plat de service et la couper en quatre.

Équivalents: 2 équivalents protéines, ½ équivalent pain et 1 équivalent matières grasses.

Omelette aux courgettes et aux champignons

20 mL (1 c. à table et 1 c. à thé) d'huile d'olive, divisée

125 mL (½ tasse) d'oignon, haché

2 gousses d'ail, haché finement

500 mL (2 tasses) de courgettes, en tranches fines

250 mL (1 tasse) de champignons, en tranches fines

125 mL (½ tasse) de poivron rouge, en dés

2 mL (½ c. à thé) de feuilles de basilic

1 mL (¼ c. à thé) de sel

1 mL (¼ c. à thé) de poivre

4 oeufs

120 g (4 oz) de fromage Monterey Jack, râpé et divisé

Préchauffer le four à 200°C (400°F). Dans un poêlon de 30 cm (12 po), faire chauffer 15 mL (1 c. à table) d'huile ; faire revenir l'oignon et l'ail jusqu'à ce que l'oignon devienne translucide. Ajouter les courgettes, les champignons, le poivron et l'assaisonnement et faire revenir en remuant constamment pendant 5 minutes, jusqu'à ce que les légumes deviennent tendres tout en restant croquants ; ôter du feu.

Battre les oeufs dans un saladier moyen ; ajouter la moitié du fromage et les légumes revenus et bien combiner.

Graisser un plat à gratin carré de 20 x 5 cm (8 x 2 po) avec le reste de l'huile ; y verser les légumes et saupoudrer avec le reste du fromage. Laisser cuire au four pendant 25 à 30 minutes, jusqu'à ce que l'omelette monte et brunisse et qu'une lame de couteau enfoncée en son centre en ressorte sèche.

Équivalents : 2 équivalents protéines, 2 équivalents légume et 1 équivalent matières grasses.

Crème anglaise aux pommes $

Cette recette est aussi agréable froide que chaude.

10 mL (2 c. à thé) de margarine
2 petites pommes Golden Delicious,
évidées, pelées et en tranches
2 clous de girofle
0,5 mL (⅛ c. à thé) de cannelle moulue

250 mL (1 tasse) de lait écrémé
2 gros oeufs
15 mL (1 c. à table) de sucre en poudre
2 mL (½ c. à thé) d'arôme artificiel de
vanille

Préchauffer le four à 180°C (350°F). Faire chauffer la margarine dans une petite casserole ; ajouter les pommes, les clous de girofle et la cannelle. Couvrir et faire cuire pendant 2 minutes en remuant de temps à autre, jusqu'à ce que les pommes deviennent tendres ; jeter les clous de girofle. Partager la préparation dans 2 ramequins de 300 mL (1 ¼ tasse).

Dans un bol, mélanger le reste des ingrédients et bien les battre ; verser la moitié du mélange dans chaque ramequin et laisser cuire au four pendant 35 à 40 minutes, jusqu'à ce que la crème soit bien prise.

Équivalents : 1 équivalent protéines, 1 équivalent matières grasses, 1 équivalent fruit, ½ équivalent lait et 30 calories d'équivalent facultatif.

Fromage

Dites « Cheese » et mettez à profit cette recette infaillible de l'incomparable sourire des stars hollywoodiennes. Nous avons composé sous le feu de nos projecteurs un « plateau » surchargé de délices gastronomiques où le cheddar, la ricotta, la feta et le Monterey Jack disputent la vedette au gruyère et autres parmesans. Faites « défiler le générique », en commençant par la Sauce minute au cheddar que vous pourriez faire en un clin d'oeil, jusqu'à ce que le mot « faim » disparaisse de l'écran.

162

Amuse-gueule au céleri $

50 mL ($\frac{1}{4}$ tasse) de céleri, haché
50 mL ($\frac{1}{4}$ tasse) d'oignons verts, hachés
120 g (4 oz) de cheddar extra-fort, râpé
5 mL (1 c. à thé) de moutarde de Dijon
1 pincée de poudre d'ail

1 filet de sauce Worcestershire
125 mL ($\frac{1}{2}$ tasse) de yogourt hypocalorique nature
8 tiges de céleri de grosseur moyenne

Pulvériser de l'enduit végétal antiadhérent dans le récipient supérieur d'un bain-marie ; ajouter le céleri et les oignons verts et les faire revenir directement à feu moyen jusqu'à ce que le céleri devienne tendre, en remuant de temps à autre pour l'empêcher d'adhérer ou de brûler. Mettre le récipient sur le bain-marie chaud et y mélanger le fromage, la moutarde, l'ail et la sauce Worcestershire ; cuire au bain-marie en remuant constamment jusqu'à ce que le fromage soit fondu.

Transvaser le yogourt dans un bol et, avec un fouet à main, l'incorporer progressivement au mélange précédent. Couvrir et laisser prendre au réfrigérateur.

Pour servir, farcir chaque tige de céleri avec le $\frac{1}{8}$ du mélange au fromage.

Équivalents : 1 équivalent protéines, 1 $\frac{1}{4}$ équivalent légume et $\frac{1}{4}$ équivalent lait.

Cigares aux asperges ⓓ

Cette recette constitue un hors-d'oeuvre aussi rapide à préparer que délicieux à grignoter.

2 portions de 30 g (1 oz) de biscuits feuilletés au babeurre, réfrigérés et prêts à cuire
12 pointes d'asperges, décongelées

60 g (2 oz) de gruyère en tranches coupées en 12 lanières de dimension égale

Préchauffer le four à 200°C (400°F). Abaisser les biscuits entre 2 feuilles de papier ciré pour former 2 carrés d'environ 13 cm (5 po) de côté ; décoller la feuille supérieure et couper l'abaisse en 6 bandes de dimension égale. Enrouler chaque bande de pâte en spirale autour d'une pointe d'asperge ; disposer les « cigares » ainsi obtenus sur une plaque à biscuits antiadhérente et laisser cuire au four pendant 8 à 10 minutes, jusqu'à ce que la pâte devienne dorée. Sortir la plaque et éteindre le four.

Poser 1 lanière de fromage sur chaque cigare et replacer la plaque pendant 1 minute dans le four éteint, juste assez longtemps pour faire fondre le fromage.

Équivalents : $\frac{1}{2}$ équivalent protéines, $\frac{1}{2}$ équivalent pain et $\frac{1}{2}$ équivalent légume.

Amuse-gueule aux oignons verts

10 mL (2 c. à thé) de margarine
2 mL ($\frac{1}{2}$ c. à thé) de moutarde de Dijon
8 gros oignons verts d'environ 13 cm (5 po) de long (tout le blanc et un peu du vert)

60 g (2 oz) de cheddar fort, râpé

Dans un bol, réduire en pâte la margarine et la moutarde ; tartiner le blanc et un peu du vert des oignons avec le $\frac{1}{8}$ de cette pâte. Les rouler dans le fromage râpé et comprimer celui-ci à la main pour le faire bien adhérer. Disposer sur le plat de service, couvrir et réfrigérer.

Équivalents : $\frac{1}{2}$ équivalent protéines, $\frac{1}{4}$ équivalent légume et $\frac{1}{2}$ équivalent matières grasses.

Amuse-gueule à l'aubergine

PLAN D'ÉCHANGES ILLIMITÉS — DONNE 4 PORTIONS DE 2 DEMI-AUBERGINES

4 petites aubergines d'environ 120 g (4 oz)
10 mL (2 c. à thé) d'huile d'olive
30 mL (2 c. à table) d'oignon, en dés
30 mL de poivron rouge, en dés
1 gousse d'ail, haché finement
125 mL (½ tasse) de fromage ricotta partiellement écrémé

1 oeuf, battu
45 mL (3 c. à table) de chapelure à l'ail
1 mL (¼ c. à thé) de feuilles de basilic
1 mL (¼ c. à thé) de feuilles d'origan
1 mL (¼ c. à thé) de sel
1 pincée de poivre
90 g (3 oz) de mozzarella râpée, divisée

1. Couper chaque aubergine en deux dans le sens de la longueur ; à la cuillère, racler leur pulpe en formant des barquettes de 0,5 cm (¼ po) d'épaisseur avec leur peau. Réserver les barquettes ; hacher et réserver la pulpe.

2. Préchauffer le four à 180°C (350°F). Faire chauffer l'huile dans un petit poêlon ; y ajouter l'oignon, le poivre, la pulpe d'aubergine et l'ail et faire revenir jusqu'à ce que les légumes deviennent tendres. Ôter du feu, puis ajouter et mélanger la ricotta, l'oeuf, la chapelure et l'assaisonnement.

3. Pulvériser de l'enduit végétal antiadhérent dans un plat à gratin de 25 x 15 x 5 cm (10 x 6 x 2 po). À la cuillère, farcir les barquettes avec le ⅛ du mélange précédent et les disposer dans le plat préparé. Cuire au four pendant 25 minutes, jusqu'à ce que les barquettes deviennent tendres et la farce bien chaude.

4. Sortir les aubergines du four et saupoudrer chacune avec une quantité égale de mozzarella ; les mettre sous le gril jusqu'à ce que le fromage soit fondu.

Équivalents : 1 ½ équivalent protéines, 1 ½ équivalent légume, ½ équivalent matières grasses et 25 calories d'équivalent facultatif.

Torte aux deux fromages

PLAN D'ÉCHANGES ILLIMITÉS — DONNE 8 PORTIONS

Ce plat se sert chaud ou à la température ambiante.

Croûte:

175 mL (¾ tasse) de farine tout usage
45 mL (3 c. à table) d'eau tiède
20 mL (1 c. à table et 1 c. à thé) d'huile végétale

1 pincée de sel

Garniture:

20 mL (1 c. à table et 1 c. à thé) de margarine
250 mL (1 tasse) d'oignons verts, hachés
250 mL (1 tasse) de courgettes, râpées
125 mL (½ tasse) de carottes, râpées
2 gousses d'ail, haché finement
500 mL (2 tasses) de riz à grains longs, cuit

250 mL (1 tasse) de fromage ricotta partiellement écrémé
4 oeufs
45 mL (3 c. à table) de parmesan râpé, divisé
1 pincée de sel
1 pincée de poivre, fraîchement moulu

Pâte des croûtes: Dans un bol, combiner la farine, l'eau, l'huile et le sel; pétrir la pâte à la main et la rouler en boule (la pâte devant se tenir sans être collante; si nécessaire, ajouter 15 mL (1 c. à table) d'eau tiède pour obtenir la consistance voulue). L'envelopper dans de la pellicule plastique et la réserver pendant la préparation de la garniture (cette précaution évite le dessèchement de la pâte).

Garniture des croûtes: Faire mousser la margarine dans un poêlon antiadhérent de 25 cm (10 po); y faire revenir les légumes et l'ail à feu moyen pendant 3 minutes en remuant de temps à autre, jusqu'à ce que les légumes deviennent tendres. Réserver et laisser refroidir.

Dans un grand saladier, combiner le riz cuit, le fromage, 3 oeufs, 30 mL (2 c. à table) de parmesan, le sel et le poivre; fouetter jusqu'à ce que la consistance soit lisse. Ajouter les légumes refroidis et bien remuer.

Cuisson des croûtes: Préchauffer le four à 180°C (350°F). Entre 2 feuilles de papier ciré, abaisser la pâte en un rectangle de 0,3 cm (⅛ po) d'épaisseur; ôter le papier et foncer un moule de 25 x 15 x 5 cm (10 x 6 x 2 po) avec la pâte, de manière à ce que celle-ci déborde légèrement. À la cuillère, étaler le mélange au fromage au milieu de la pâte, en rabattant vers le centre les bords de cette dernière.

Dans un bol, battre ensemble le reste de l'oeuf et du parmesan et étaler le mélange ainsi obtenu sur toute la surface de la croûte. Faire cuire au four pendant 1 heure, jusqu'à ce que la croûte devienne dorée; sortir du four et laisser reposer pendant 15 minutes.

Équivalents: 1 équivalent protéines, 1 équivalent pain, ½ équivalent légume, 1 équivalent matières grasses et 10 calories d'équivalent facultatif.

Salade maraîchère au fromage cottage

PLAN D'ATTAQUE no 1 — DONNE 2 PORTIONS

325 mL (1 ⅓ tasse) de fromage cottage
125 mL (½ tasse) de concombre, pelé, épépiné et coupé en dés
50 mL (¼ tasse) de cresson, haché
50 mL (¼ tasse) de carotte, grossièrement râpée
30 mL (2 c. à table) de piment fort en conserve, égoutté et haché

30 mL (2 c. à table) d'oignon, haché
2 mL (½ c. à thé) de moutarde de Dijon
0,5 mL (⅛ c. à thé) de poivre blanc
0,5 mL (⅛ c. à thé) de sauce Worcestershire
4 feuilles de laitue Iceberg

Garniture:
2 lanières de piment fort

Dans un saladier, mélanger tous les ingrédients sauf la laitue et la garniture; bien remuer. Étaler 2 feuilles de laitue sur chacune des deux assiettes à salade et déposer la moitié du mélange au fromage sur chaque lit de laitue; garnir chaque portion avec une lanière de piment fort.

Équivalents: 2 équivalents protéines et 1 ¾ équivalent légumes.

Salade de tomates au fromage cottage

PLAN D'ÉCHANGES ILLIMITÉS — DONNE 1 PORTION

6 tomates cerises
150 mL (²/₃ tasse) de fromage cottage
30 mL (2 c. à table) d'oignons verts,
    hachés
2 olives vertes farcies au poivron rouge,
    en tranches

15 mL (1 c. à table) de persil frais,
    haché (facultatif)
Feuilles de laitue

Couper 5 tomates en quartiers ; réserver la dernière pour la garniture. Dans un bol, bien mélanger tous les ingrédients, sauf la laitue et la garniture. Étaler des feuilles de laitue sur une assiette, y déposer le mélange précédent et garnir avec la tomate réservée.

Équivalents : 2 équivalents protéines, 1 ¼ équivalent légume et 10 calories d'équivalent facultatif.

Salade grecque

Salade:

1 gousse d'ail, coupée en deux

2 L (8 tasses) de feuilles de salades vertes variées, déchiquetées (laitue romaine, frisée et chicorée scarole)

2 tomates moyennes, coupées en 8

250 mL (1 tasse) de poivron vert, en tranches

250 mL (1 tasse) de concombre, pelé, épépiné et en tranches

125 mL (½ tasse) de radis, en tranches

50 mL (¼ tasse) d'oignon rose

50 mL (¼ tasse) d'oignons verts

4 olives noires, dénoyautées et en tranches

4 olives vertes farcies au poivron rouge, en tranches

180 g (6 oz) de fromage feta, en dés ou émietté

60 g (2 oz) d'anchois en conserve, égouttés et hachés

Sauce:

15 à 30 mL (1 à 2 c. à table) de jus de citron

20 mL (1 c. à table et 1 c. à thé) d'huile d'olive

15 mL (1 c. à table) de vinaigre de vin rouge

2 mL (½ c. à thé) de feuilles d'origan

1 pincée de sel

1 pincée de poivre

1. Frotter l'intérieur d'un grand saladier en bois avec les moitiés d'ail; les écraser et les réserver.

2. Placer dans le saladier tous les autres ingrédients de la salade, sauf l'ail, le fromage et l'anchois; couvrir et réfrigérer pendant 1 heure.

3. Dans un bol, bien mélanger tous les ingrédients de la sauce, y compris l'ail. Couvrir et réfrigérer.

4. Pour servir, verser la sauce sur la salade et bien remuer; ajouter le fromage et l'anchois et mélanger délicatement.

Équivalents: 2 équivalents protéines, 6½ équivalents légume, 1 équivalent matières grasses et 10 calories d'équivalent facultatif.

Salade de tomates au fromage

PLAN D'ATTAQUE no 2 — DONNE 4 PORTIONS

8 grandes feuilles de romaine (ou autre salade verte), déchiquetées en petits morceaux
4 tomates moyennes, en tranches

120 g (4 oz) de fromage provolone, en tranches
30 mL (2 c. à table) de vinaigrette italienne

Garniture :
Persil frais, haché

Étaler les feuilles de laitue au fond d'un saladier ; y faire chevaucher les tranches de tomate et de fromage en les faisant alterner. Couvrir et réfrigérer. Au moment de servir, arroser la salade avec la sauce et parsemer de persil.

Équivalents : 1 équivalent protéines, 2 ½ équivalents légume et 1 équivalent matières grasses.

Sauce au fromage bleu

PLAN D'ÉCHANGES ILLIMITÉS — DONNE 4 PORTIONS DE 45 mL (3 C. À TABLE)

60 g (2 oz) de fromage bleu, émietté
30 mL (2 c. à table) de vinaigre de riz
10 mL (2 c. à thé) d'huile d'olive

2 mL (½ c. à thé) de moutarde de Dijon
1 pincée de poivre
125 mL (½ tasse) de babeurre

Dans un bol, combiner à la fourchette le fromage bleu avec le vinaigre, l'huile, la moutarde et le poivre ; leur incorporer progressivement le babeurre.

Équivalents : ½ équivalent protéines, ½ équivalent matières grasses et 15 calories d'équivalent facultatif.

Trempette au fromage et aux câpres

PLAN D'ÉCHANGES ILLIMITÉS — DONNE 8 PORTIONS DE 50 mL (¼ TASSE)

Cette trempette se sert avec des bâtonnets de légumes crus.

325 mL (1 ⅓ tasse) de fromage cottage
125 mL (½ tasse) de babeurre
40 mL (2 c. à table et 2 c. à thé) de ketchup
30 mL (2 c. à table) d'oignons verts, hachés

30 mL (2 c. à table) de câpres, égouttées et hachées
10 mL (2 c. à thé) de moutarde préparée
0,5 mL (⅛ c. à thé) de sauce Worcestershire

Dans le récipient du mélangeur électrique, homogénéiser tous les ingrédients pendant 30 secondes à basse vitesse et en raclant les parois avec une spatule en caoutchouc aussi souvent que nécessaire, jusqu'à l'obtention d'une crème bien lisse. Transvaser dans une saucière, couvrir et réfrigérer pendant au moins 30 minutes.

Équivalents : ½ équivalent protéines et 15 calories d'équivalent facultatif.

Sauce minute au cheddar

PLAN D'ATTAQUE no 1 — DONNE 2 PORTIONS DE 90 mL (6 C. À TABLE)

Cette sauce nappe délicieusement les légumes cuits.

125 mL (½ tasse) de lait écrémé
75 mL (⅓ tasse) de lait en poudre écrémé
60 g (2 oz) de cheddar fort, râpé

1 filet de sauce Worcestershire
1 filet de sauce forte
1 pincée de sel
1 pincée de poivre

Dans une petite casserole, mélanger le lait à la poudre de lait et faire frémir ; ôter du feu et y mélanger les autres ingrédients. Cuire à feu doux sans cesser de remuer, jusqu'à ce que le fromage ait fondu.

Équivalents : 1 équivalent protéines et ¾ équivalent lait.

Ramequins au fromage cottage $

75 mL (⅓ tasse) de fromage cottage
30 g (1 oz) de cheddar, râpé
2 oeufs, blancs et jaunes séparés
5 mL (1 c. à thé) d'oignon haché dés-
hydraté, reconstitué dans 10 mL
(2 c. à thé) d'eau tiède

5 mL (1 c. à thé) de moutarde de Dijon
1 filet de sauce Worcestershire

Préchauffer le four à 190°C (375°F). Pulvériser de l'enduit végétal antiadhérent dans deux ramequins de 300 mL (10 oz); les réserver.

Dans le récipient du mélangeur électrique, combiner les fromages, les jaunes d'oeufs, l'oignon, la moutarde et la sauce Worcestershire et homogénéiser jusqu'à ce que le mélange soit bien lisse, en raclant aussi souvent que nécessaire les parois avec une spatule en caoutchouc; réserver.

Dans un petit saladier, monter les blancs d'oeufs en neige moyennement ferme; leur incorporer d'abord le ⅓ du mélange au fromage, puis le reste. Partager entre les deux ramequins préparés; placer ceux-ci sur une lèchefrite et les laisser cuire au four pendant 25 minutes, jusqu'à ce que le dessus des ramequins devienne doré.

Équivalents: 2 équivalents protéines.

Chaussons au fromage ⦿

250 mL (1 tasse) de fromage ricotta
partiellement écrémé
120 g (4 oz) de mozzarella, râpée
120 g (4 oz) de jambon cuit, haché
finement

10 mL (2 c. à thé) de feuilles d'origan
4 portions de 30 g (1 oz) de biscuits
feuilletés au babeurre, réfrigérés et
prêts à cuire

Préchauffer le four à 200°C (400°F). Mélanger les 4 premiers ingrédients dans un saladier; réserver.

Abaisser chaque portion de pâte entre 2 feuilles de papier ciré de manière à former quatre cercles de 15 cm (6 po) de diamètre ; à la cuillère, déposer le quart du mélange précédent au centre de chaque abaisse. Humecter légèrement les bords de la pâte et replier chaque abaisse sur elle-même pour former 4 chaussons ; en comprimer les bords à la fourchette.

Pulvériser de l'enduit végétal antiadhérent sur une lèchefrite et y déposer les chaussons ; faire cuire pendant 10 à 12 minutes, jusqu'à ce qu'ils dorent. Servir immédiatement.

Équivalents : 3 équivalents protéines et 1 équivalent pain.

« Pizza » orientale

PLAN D'ÉCHANGES ILLIMITÉS — DONNE 1 PORTION

---

1 mini-pain pita de 30 g (1 oz), ouvert en deux et grillé
30 mL (2 c. à table) de sauce tomate
45 mL (3 c. à table) de champignons, en tranches

15 mL (1 c. à table) d'oignon, en dés
60 g (2 oz) de mozzarella, râpée
Origan
Poudre d'ail

Préchauffer le gril. Poser les demi-pains pitas grillés sur une lèchefrite et tartiner chacun avec 15 mL (1 c. à table) de sauce tomate ; y déposer la moitié des champignons et de l'oignon, puis les saupoudrer avec 30 g (1 oz) de mozzarella, 1 pincée d'origan et 1 pincée d'ail. Les faire griller pendant 1 à 2 minutes, jusqu'à ce que le fromage soit fondu.

Équivalents : 2 équivalents protéines, 1 équivalent pain et 1 équivalent légume.

Blinis au fromage et aux myrtilles (bleuets)

Blinis :
250 mL (1 tasse) de lait écrémé
175 mL (¾ tasse) de farine tout usage
2 oeufs

5 mL (1 c. à thé) de margarine non
salée, fondue

Farce :
400 mL (1 ⅔ tasse) de fromage cottage
ou de fromage blanc
1 oeuf, battu
30 mL (2 c. à table) de sucre cristallisé

125 mL (½ tasse) de myrtilles (bleuets)
0,5 mL (⅛ c. à thé) de cannelle moulue
15 mL (1 c. à table) de margarine non
salée

Sauce :
125 mL (½ tasse) de yogourt hypocalorique nature
5 mL (1 c. à thé) d'arôme artificiel de
vanille

125 mL (½ tasse) de myrtilles (bleuets)

Préparation des blinis : Au mélangeur électrique, homogénéiser le lait, la farine et les oeufs jusqu'à ce que le mélange soit onctueux, en raclant les parois du récipient avec une spatule en caoutchouc. Couvrir et réfrigérer pendant 1 heure.

Faire chauffer une poêle à crêpes ou un poêlon antiadhérent de 20 cm (8 po) ; au pinceau, y étaler le ⅛ de la margarine fondue et y verser le ⅛ de la pâte précédente (environ 75 mL (¼ tasse), en l'étalant complètement. Faire cuire jusqu'à ce que le dessous du blini commence à brunir ; le retourner délicatement avec une grande spatule et faire brunir l'autre côté. Faire glisser le blini cuit sur une assiette et recommencer 7 fois la même opération avec le reste de la pâte, en graissant la poêle à chaque fois.

Farce : À travers un chinois, passer le fromage dans un petit saladier ; ajouter l'oeuf et le sucre et les travailler ensemble jusqu'à ce que la préparation soit bien lisse. Leur incorporer les myrtilles (bleuets) et la cannelle. Déposer le ⅛ de cette farce au centre de chaque blini et enrouler la pâte autour de la farce. Faire chauffer la margarine dans un poêlon de 30 cm (12 po) ; y déposer les blinis, couture en dessous, et les faire dorer de tous les côtés.

Préparation de la sauce: Dans un bol, travailler le yogourt et la vanille en une crème bien lisse; leur incorporer les myrtilles (bleuets) et napper les blinis avec cette sauce.

Équivalents: 2 équivalents protéines, 1 équivalent pain, 1 équivalent matières grasses, ½ équivalent fruit, ½ équivalent lait et 30 calories d'équivalent facultatif.

Casserole d'asperges

PLAN D'ATTAQUE no 2 — DONNE 4 PORTIONS

20 mL (1 c. à table et 1 c. à thé) de margarine, fondue et divisée
24 pointes d'asperges, cuites
180 g (6 oz) de cheddar fort, râpé grossièrement
8 tranches de pain blanc de 15 g (½ oz), légèrement grillées et coupées en carrés de 2,5 cm (1 po)

500 mL (2 tasses) de lait écrémé
2 oeufs, légèrement battus
2 mL (½ c. à thé) de sel
1 mL (¼ c. à thé) de poivre blanc
1 mL (¼ c. à thé) de moutarde en poudre
1 pincée de poivre de Cayenne

Au pinceau, étaler 5 mL (1 c. à thé) de margarine dans un plat à gratin de 2 L (8 tasses); y disposer les pointes d'asperges en une seule couche, la saupoudrer avec 60 g (2 oz) de cheddar et recouvrir le fromage avec le tiers des carrés de pain. Recommencer deux fois l'opération en terminant par le pain.

Dans un saladier, mélanger le lait, les oeufs, l'assaisonnement et le reste de la margarine; verser ce mélange sur le dessus du plat. Couvrir et réfrigérer pendant 1 heure.

Préchauffer le four à 180°C (350°F). Faire un bain-marie en posant le plat préparé dans un autre plat plus grand et en versant de l'eau bouillante dans ce dernier jusqu'à mi-hauteur du petit plat. Faire cuire la casserole d'asperges pendant 75 minutes, jusqu'à ce que la lame d'un couteau enfoncée dans son centre en ressorte sèche. La retirer du bain-marie et la laisser refroidir pendant 10 minutes avant de la couper.

Équivalents: 2 équivalents protéines, 1 équivalent pain, 1 équivalent légume, 1 équivalent matières grasses et ½ équivalent lait.

Aubergines parmigiana

1 aubergine d'environ 480 g (1 lb), coupée en 8 tranches de 2 cm (³/₄ po) d'épaisseur

20 mL (1 c. à table et 1 c. à thé) d'huile d'olive, divisée

Sel

Poivre

30 mL (2 c. à table) d'oignon, en dés

1 gousse d'ail, écrasée

125 mL (¹/₂ tasse) de sauce tomate

1 pincée de feuilles d'origan

120 g (4 oz) de mozzarella, râpée *

10 mL (2 c. à thé) de parmesan râpé

Garniture:

15 mL (1 c. à table) de persil frais, haché

1. Au pinceau, enduire un côté de chaque tranche d'aubergine avec 1 mL (¹/₄ c. à thé) d'huile. Les déposer, face huilée vers le haut, sur une lèchefrite antiadhérente et les saupoudrer avec une pincée de sel et de poivre.

2. Les faire cuire au four à 200°C (400°F) pendant 10 minutes, jusqu'à ce qu'elles dorent. Les retourner, huiler l'autre côté de la même façon et les remettre à cuire pendant 10 minutes de plus.

3. Pendant que l'aubergine cuit, faire revenir l'oignon et l'ail dans un petit poêlon antiadhérent jusqu'à ce que l'oignon devienne translucide.

4. Étaler 45 mL (3 c. à table) de sauce tomate dans un plat à gratin de 1 L (4 tasses) et saupoudrer d'origan. Y faire chevaucher les tranches d'aubergine et les arroser avec le reste de la sauce tomate; les recouvrir d'une couche d'oignon, puis d'une couche de fromage.

5. Diminuer le four à 180°C (350°F) et les laisser cuire pendant 25 à 30 minutes de plus, jusqu'à ce que le fromage soit fondu et doré; pour servir, garnir avec le persil.

Équivalents: 2 équivalents protéines, 4 ¹/₈ équivalents légume, 2 équivalents matières grasses et 10 calories d'équivalent facultatif.

* Vous pouvez remplacer la mozzarella par du cheddar ou du gruyère.

Fettucines et asperges au parmesan

20 mL (1 c. à table et 1 c. à thé) de margarine
250 mL (1 tasse) de champignons, en tranches
1 gousse d'ail, haché finement
250 mL (1 tasse) de pointes d'asperges, coupées en morceaux et cuites à la vapeur
1 oeuf
50 mL (¼ tasse) de fromage ricotta partiellement écrémé

125 mL (½ tasse) de lait écrémé
60 g (2 oz) de parmesan râpé
1 pincée de sel
1 pincée de poivre, fraîchement moulu
500 mL (2 tasses) de fettucines cuites, chaudes
30 mL (2 c. à table) de persil frais, haché

Dans un poêlon de 30 cm (12 po), faire mousser la margarine et y faire revenir rapidement les champignons et l'ail pendant 2 minutes. Ajouter les asperges, remuer et réserver.

Dans un bol, incorporer la ricotta à l'oeuf battu ; ajouter le lait et le parmesan et bien les combiner. Saler, poivrer et transvaser dans le poêlon ; laisser mijoter pendant 2 minutes, en remuant constamment. Ajouter les fettucines et remuer après avoir parsemé de persil.

Équivalents : 1 équivalent protéines, 1 équivalent pain, 1 équivalent légume, 1 équivalent matières grasses et 10 calories d'équivalent facultatif.

177

Tarte à la citrouille et au fromage

PLAN D'ÉCHANGES ILLIMITÉS — DONNE 8 PORTIONS

Croûte:
8 biscuits Zwieback, émiettés
20 mL (1 c. à table et 1 c. à thé) de
margarine

Garniture:
2 oeufs, blancs et jaunes séparés
50 mL (¼ tasse) de cassonade, bien
tassée, divisée
250 mL (1 tasse) de fromage ricotta
partiellement écrémé
250 mL (1 tasse) de citrouille en conserve
30 mL (2 c. à table) de jus de citron
5 mL (1 c. à thé) de zeste de citron,
râpé

2 mL (½ c. à thé) de cannelle moulue
0,5 mL (⅛ c. à thé) de gingembre
moulu
0,5 mL (⅛ c. à thé) de noix muscade,
râpée
125 mL (½ tasse) de lait écrémé évaporé
30 mL (2 c. à table) de fécule de maïs
1 pincée de sel

Préparation de la croûte: Préchauffer le four à 180°C (350°F). Dans un bol, bien combiner les Zwieback émiettés et la margarine. Avec le dos d'une cuillère, étaler le mélange dans le fond et sur les bords d'un moule à tarte de 23 cm (9 po) de diamètre. Faire cuire pendant 8 à 10 minutes, jusqu'à ce que la croûte devienne dorée et croustillante. Sortir du four et laisser refroidir sur une grille métallique.

Préparation de la garniture et cuisson de la tarte: Dans un grand saladier, fouetter les jaunes d'oeufs avec 40 mL (2 c. à table et 2 c. à thé) de cassonade; ajouter le fromage, la citrouille, le jus et le zeste de citron, les épices et bien combiner le tout. Dans un bol ou une tasse à mesurer de 250 mL (8 oz), délayer la fécule dans le lait et l'incorporer au mélange précédent.

Dans un saladier moyen et avec le batteur électrique fonctionnant à grande vitesse, monter les blancs d'oeufs en neige moyennement ferme avec du sel; ajouter le reste de la cassonade et continuer de fouetter jusqu'à ce que la neige soit ferme. L'incorporer délicatement au mélange à la citrouille; verser la garniture dans la croûte refroidie et laisser cuire au four à 180°C (350°F) pendant 35 à 40 minutes, jusqu'à ce que la lame d'un couteau enfoncée dans le centre de la tarte en ressorte sèche. Sortir la tarte du four et la laisser refroidir sur une grille métallique.

Équivalents: ½ équivalent protéines, ½ équivalent pain, ¼ équivalent légume, ½ équivalent matières grasses et 65 calories d'équivalent facultatif.

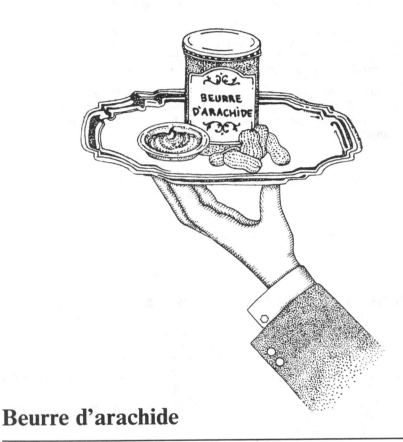

Beurre d'arachide

Il était une fois un sandwich au beurre d'arachide et à la confiture. Vous pourriez croire qu'il s'agit d'un conte de fées, mais il n'en est rien car le beurre d'arachide n'est pas un délice réservé aux enfants seulement. Nous avons tous besoin de consommer de temps à autre des aliments à la saveur attirante, aussi riches en protéines que dispensateurs d'énergie. Même les plus fins gourmets ne pourront rester insensibles à nos Haricots verts aux arachides, à notre Sauce aux arachides et au gingembre ou à nos Dattes farcies.

Sauce aux arachides et au gingembre

PLAN D'ÉCHANGES ILLIMITÉS — DONNE 4 PORTIONS DE 45 mL (3 C. À TABLE)

Cette sauce est délicieuse avec les crudités et les légumes exotiques cuits.

50 mL (¼ tasse) de vinaigre de riz
50 mL (¼ tasse) d'eau
60 mL (4 c. à table) de beurre d'arachide croquant

10 mL (2 c. à thé) de sauce soja
1 gousse d'ail, haché finement
0,5 mL (⅛ c. à thé) de gingembre moulu

Dans un bol, incorporer graduellement au fouet à main le vinaigre et l'eau au beurre d'arachide; ajouter le reste des ingrédients et bien combiner le tout.

Équivalents: 1 équivalent protéines et 1 équivalent matières grasses.

Haricots verts aux arachides

PLAN D'ÉCHANGES ILLIMITÉS — DONNE 2 PORTIONS

30 mL (2 c. à table) de beurre d'arachide croquant
30 mL (2 c. à table) de xérès
10 mL (2 c. à thé) de sauce aux huîtres
1 gousse d'ail, haché finement

2 mL (½ c. à thé) de gingembre frais, pelé et haché
500 mL (2 tasses) de haricots verts surgelés, cuits et chauds

Dans une petite casserole, mélanger le beurre d'arachide, le xérès, la sauce aux huîtres, l'ail et le gingembre et les porter à ébullition. Baisser le feu et laisser mijoter en remuant constamment pendant 1 minute, jusqu'à ce que le mélange devienne crémeux. Verser cette sauce sur les haricots verts chauds et servir immédiatement.

Équivalents: 1 équivalent protéines, 2 équivalents légume, 1 équivalent matières grasses et 25 calories d'équivalent facultatif.

Dattes farcies ◑

60 mL (4 c. à table) de beurre d'arachide crémeux

10 mL (2 c. à thé) de zeste d'orange frais, râpé

8 dattes dénoyautées, ouvertes dans le sens de la longueur

2 mL (½ c. à thé) de sucre à confiserie

Dans un bol, combiner le beurre d'arachide avec la moitié du zeste d'orange; farcir chaque datte avec le ⅛ de ce mélange. Saupoudrer chaque datte farcie avec une quantité égale de sucre tamisé, puis avec le ⅛ du zeste d'orange qui reste.

Équivalents: 1 équivalent protéines, 1 équivalent matières grasses, 1 équivalent fruit et 3 calories d'équivalent facultatif.

Carrés aux pommes et aux arachides $

175 mL (³⁄₄ tasse) de farine tout usage
5 mL (1 c. à thé) de levure chimique (poudre à pâte)
1 oeuf
40 mL (2 c. à table et 2 c. à thé) de cassonade, bien tassée
120 mL (8 c. à table) de beurre d'arachide croquant

5 mL (1 c. à thé) d'arôme artificiel de vanille
2 mL (½ c. à thé) de cannelle moulue
50 mL (¼ tasse) de lait écrémé
2 petites pommes Golden Delicious, évidées, pelées et coupées en dés

Préchauffer le four à 180°C (350°F). Au-dessus d'une feuille de papier ciré ou d'une assiette en carton, tamiser ensemble la farine et la levure; réserver.

Dans un saladier moyen, bien homogénéiser au fouet électrique l'oeuf et la cassonade; ajouter le beurre d'arachide et les épices et bien combiner. Ajouter alternativement la farine et le lait par portions d'un tiers, en fouettant après chaque addition; incorporer la pomme.

Pulvériser de l'enduit végétal antiadhérent dans un moule de 20 x 20 x 5 cm (8 x 8 x 2 po); y étaler une couche du mélange précédent et laisser cuire au four pendant 30 à 35 minutes, jusqu'à ce que le dessus devienne légèrement brun. Sortir du four et laisser refroidir sur une grille pendant 5 minutes; démouler la plaque obtenue, la faire refroidir complètement sur la grille et la découper en 16 carrés de 5 cm (2 po) de côté.

Équivalents: 1 équivalent protéines, ½ équivalent pain, 1 équivalent matières grasses et 45 calories d'équivalent facultatif.

Fudge au beurre d'arachide croquant $

150 mL (²/₃ tasse) de lait écrémé en poudre

60 mL (4 c. à table) de beurre d'arachide croquant

50 mL (¼ tasse) de raisins secs, hachés

40 mL (2 c. à table et 2 c. à thé) de concentré de jus de pomme non sucré, décongelé

30 mL (2 c. à table) d'eau glacée

20 g (³/₄ oz) de flocons de riz grillés (genre Rice Krispies)

20 mL (1 c. à table et 1 c. à thé) de noix de coco râpée, légèrement grillée

Dans un saladier, bien combiner le lait en poudre avec le beurre d'arachide; ajouter les raisins secs, le jus de pomme et l'eau. Ajouter les flocons de riz et bien mélanger. Tasser le mélange dans le fond d'un moule antiadhérent de 19 x 9 x 6 cm (7³/₈ x 3⁵/₈ x 2¼ po); y parsemer la noix de coco et, avec le dos d'une cuillère, comprimer celle-ci à la surface du mélange. Laisser durcir pendant 2 heures au réfrigérateur. Pour servir, couper le fudge en 8 carrés.

Équivalents: 1 équivalent protéines, 1 équivalent matières grasses, 1 équivalent fruit, ½ équivalent lait et 30 calories d'équivalent facultatif.

Lentilles, haricots et pois secs

Après avoir découvert ce nouveau monde de recettes aussi nutritives qu'économiques, vous ne pourrez plus dire : « Jamais de légumes secs. » Si vous enrichissez votre répertoire culinaire avec les lentilles, les haricots et les pois secs ainsi qu'avec le tofu, vous découvrirez mille manières d'amincir votre budget en même temps que votre tour de taille. Et nous vous prédisons qu'après avoir goûté notre Gratin végétarien, notre Salade de pois chiches au saumon ou notre Gâteau au tofu et aux pêches, vous n'aurez qu'une hâte : en préparer de nouveau.

Soupe aux pâtes et aux haricots $

PLAN D'ATTAQUE no 3 — DONNE 4 PORTIONS DE 375 mL (1 ½ TASSE)

Que vous soyez Italien, végétarien ou simple amateur de soupe, vous ne pourrez qu'apprécier ce repas complet dans un bol. Une salade verte combinée l'accompagnera parfaitement.

20 mL (1 c. à table et 1 c. à thé) d'huile d'olive

250 mL (1 tasse) d'oignons, en dés

125 mL (½ tasse) de céleri, en dés (environ 1 grosse tige)

1 gousse d'ail, haché finement

4 grosses tomates prunes, blanchies et hachées

1,25 L (5 tasses) d'eau

180 g (6 oz) de haricots blancs secs, rincés, mis à tremper selon le mode d'emploi de l'emballage et égouttés

250 mL (1 tasse) de courgettes, en tranches

250 mL (1 tasse) de carottes, hachées

250 mL (1 tasse) de haricots verts, coupés

125 mL (½ tasse) de poivron rouge, haché

125 mL (½ tasse) de poivron vert, haché

45 g (1 ½ oz) de petits macaronis, crus

15 mL (1 c. à table) de basilic frais, haché

15 mL (1 c. à table) de persil à larges feuilles, haché

5 mL (1 c. à thé) de sel

60 g (2 oz) de parmesan ou de fromage romano, râpé

Dans une casserole de 4 L (16 tasses), faire chauffer l'huile à feu vif; y faire revenir les oignons, le céleri et l'ail jusqu'à ce que les oignons deviennent translucides. Ajouter les tomates et les laisser cuire pendant 1 à 2 minutes en remuant constamment; ajouter l'eau et les haricots et porter à ébullition. Baisser le feu à chaleur moyenne, couvrir et laisser cuire pendant 20 à 30 minutes, jusqu'à ce que les haricots deviennent tendres.

Ajouter les courgettes, les carottes, les haricots verts, les poivrons et bien remuer; couvrir et faire cuire cette soupe pendant 15 minutes, jusqu'à ce que les haricots deviennent tendres. Ajouter alors les pâtes, le basilic, le persil et le sel; couvrir et laisser cuire les pâtes pendant 8 minutes de plus (les pâtes doivent être « al dente »). Pour servir, saupoudrer chaque portion avec 15 g (½ oz) de fromage râpé.

Équivalents: 2 ½ équivalents protéines, ½ équivalent pain, 3 ¾ équivalents légume et 1 équivalent matières grasses.

Soupe aux lentilles ⑤

Savoureuse, nourrissante et très bon marché, cette soupe se sert accompagnée d'une salade verte combinée.

90 g (3 oz) de lentilles, rincées
500 mL (2 tasses) d'eau
180 g (6 oz) de pommes de terre, pelées et coupées en dés
125 mL (½ tasse) d'oignons, en dés
125 mL (½ tasse) de céleri, en dés
125 mL (½ tasse) de carottes, en dés

2 sachets de bouillon de boeuf et assaisonnements tout préparés
30 mL (2 c. à table) de persil frais, haché
1 gousse d'ail, haché finement
1 feuille de laurier
1 pincée à 0,5 mL (⅛ c. à thé) de cumin

Dans une casserole de 2 L (8 tasses), verser les lentilles dans l'eau et porter à ébullition. Baisser le feu, couvrir et laisser mijoter pendant 20 minutes, jusqu'à ce que les lentilles soient tendres.

Ajouter les autres ingrédients et bien remuer; couvrir et laisser cuire à feu doux pendant 20 à 30 minutes, jusqu'à ce que les pommes de terre soient cuites. Ôter la feuille de laurier avant de servir.

Équivalents: 2 équivalents protéines, 1 équivalent pain, 1 ½ équivalent légume et 10 calories d'équivalent facultatif.

Soupe aux trois haricots

PLAN D'ATTAQUE no 3 — DONNE 4 PORTIONS

---

10 mL (2 c. à thé) d'huile d'olive ou autre huile végétale
50 mL (¼ tasse) d'oignon, en dés
1 gousse d'ail, haché finement
250 mL (1 tasse) de courgettes, en tranches fines
250 mL (1 tasse) de tomates en conserve
240 g (8 oz) de haricots rouges en conserve, égouttés (réserver le liquide)

120 g (4 oz) de pois chiches en conserve, égouttés
120 g (4 oz) de petits haricots blancs en conserve (réserver le liquide)
2 mL (½ c. à thé) de feuilles de basilic
0,5 mL (⅛ c. à thé) de sel
0,5 mL (⅛ c. à thé) de poivre

Dans une casserole de 2 L (8 tasses), faire chauffer l'huile à feu moyen et y faire revenir l'oignon et l'ail jusqu'à ce que l'oignon devienne translucide. Ajouter les courgettes et les faire cuire en remuant constamment pendant 5 minutes, jusqu'à ce qu'elles deviennent tendres. Ajouter les tomates, les haricots, 250 mL (1 tasse) des liquides réservés et l'assaisonnement, puis remuer et porter à ébullition. Diminuer le feu et laisser mijoter la soupe pendant 10 à 15 minutes.

Équivalents: 2 équivalents protéines, 1 ⅛ équivalent légume et ½ équivalent matières grasses.

Trempette mexicaine 🌓💲

240 g (8 oz) de haricots rouges en conserve, égouttés (réserver 45 mL (3 c. à table) du liquide)
15 mL (1 c. à table) d'oignon, haché
1 gousse d'ail moyenne, écrasée
2 mL (½ c. à thé) d'assaisonnement au chili

2 mL (½ c. à thé) de cumin
120 g (4 oz) de cheddar fort, râpé
10 mL (2 c. à thé) d'huile végétale
4 pains pitas de 30 g (1 oz), coupés en quatre

Dans le récipient du mélangeur électrique ou du robot culinaire, homogénéiser en une pâte lisse les haricots, le liquide réservé, l'oignon, l'ail et les épices.

Transvaser le mélange dans une casserole de 1 L (4 tasses); ajouter le fromage et laisser cuire à feu doux, en remuant constamment, jusqu'à ce que le fromage soit fondu. Lui incorporer l'huile et servir la trempette avec les pains pitas.

Équivalents: 2 équivalents protéines, 1 équivalent pain et ½ équivalent matières grasses.

Variante pour le Plan d'échanges illimités: Remplacer les pains pitas par 4 tacos brisés en morceaux.

Pois chiches à la vinaigrette ● Ⓢ

PLAN D'ATTAQUE no 3 — DONNE 2 PORTIONS

120 g (4 oz) de pois chiches en conserve, égouttés

125 mL (½ tasse) de céleri, haché

125 mL (½ tasse) de tomates, hachées

125 mL (½ tasse) de concombre, pelé, épépiné et haché

30 mL (2 c. à table) de vinaigre de vin

15 mL (1 c. à table) de persil frais, haché

15 mL (1 c. à table) de jus de citron, fraîchement pressé

10 mL (2 c. à thé) d'huile d'olive ou autre huile végétale

1 gousse d'ail, haché finement, ou 0,5 mL (⅛ c. à thé) de poudre d'ail

1 mL (¼ c. à thé) de moutarde brune épicée

1 pincée de sel

1 pincée de poivre

1 pincée de feuilles d'origan

Dans un saladier de 1 L (4 tasses), bien combiner tous les ingrédients; couvrir et réfrigérer, en remuant de temps à autre, jusqu'à ce que la salade soit bien refroidie.

Équivalents: 1 équivalent protéines, 1½ équivalent légume et 1 équivalent matières grasses.

Pois chiches marinés $

120 g (4 oz) de pois chiches en conserve, égouttés

15 mL (1 c. à table) d'oignon, en dés

15 mL (1 c. à table) de poivron vert, en dés

15 mL (1 c. à table) de vinaigre de vin rouge

7 mL (1 ½ c. à thé) de jus de citron

5 mL (1 c. à thé) d'huile d'olive ou d'une autre huile végétale

2 mL ($\frac{1}{2}$ c. à thé) de basilic frais, haché, ou 1 mL ($\frac{1}{4}$ c. à thé) de feuilles séchées

$\frac{1}{2}$ gousse d'ail, haché finement

0,5 mL ($\frac{1}{8}$ c. à thé) de sel

0,5 mL ($\frac{1}{8}$ c. à thé) de feuilles d'origan

1 pincée de poivre

Dans un saladier, bien mélanger les pois chiches, l'oignon et le poivron. Bien combiner les autres ingrédients dans un bol ou une tasse à mesurer. Verser cette vinaigrette sur les légumes et remuer délicatement pour bien les imprégner; couvrir et réfrigérer pendant toute la nuit ou pendant au moins 4 heures.

Équivalents: 1 équivalent protéines, $\frac{1}{8}$ équivalent légume et $\frac{1}{2}$ équivalent matières grasses.

Salade de pois chiches au saumon

PLAN D'ATTAQUE no 3 — DONNE 2 PORTIONS

120 g (4 oz) de saumon en conserve, égoutté, sans peau ni arêtes
250 mL (1 tasse) de bouquets de brocoli, cuits
60 g (2 oz) de pois chiches en conserve, égouttés
30 mL (2 c. à table) d'oignons verts, hachés

22 mL (1 c. à table et 1 ½ c. à thé) de jus de citron
10 mL (2 c. à thé) d'huile d'olive
1 mL (¼ c. à thé) de moutarde de Dijon
0,5 mL (⅛ c. à thé) de sel
0,5 mL (⅛ c. à thé) de poivre
0,5 mL (⅛ c. à thé) de feuilles de basilic

Dans un saladier, mélanger le saumon, le brocoli, les pois chiches et les oignons verts. Dans un récipient à couvercle hermétique, secouer ensemble les autres ingrédients ou bien les remuer dans un bol. Verser cette vinaigrette sur la salade et la remuer délicatement pour bien imprégner les légumes.

Équivalents : 2 ½ équivalents protéines, 1 ⅛ équivalent légume et 1 équivalent matières grasses.

Haricots et riz au four

PLAN D'ÉCHANGES ILLIMITÉS — DONNE 2 PORTIONS

120 g (4 oz) de haricots roses en conserve, égouttés
50 mL (¼ tasse) de sauce tomate
10 mL (2 c. à thé) de ketchup
5 mL (1 c. à thé) de mélasse

2 mL (½ c. à thé) de moutarde en poudre
250 mL (1 tasse) de riz à grains longs, cuit

Préchauffer le four à 180°C (350°F). Dans un plat à gratin de 500 mL (2 tasses), bien combiner les haricots avec la sauce tomate, le ketchup, la mélasse et la moutarde. Ajouter le riz en mélangeant et laisser au four pendant 15 minutes.

Équivalents : 1 équivalent protéines, 1 équivalent pain, 1 équivalent légume et 15 calories d'équivalent facultatif.

Gratin végétarien Ⓢ

PLAN D'ATTAQUE no 3 — DONNE 2 PORTIONS

10 mL (2 c. à thé) d'huile d'olive ou d'une autre huile végétale
50 mL (¼ tasse) d'oignon, en dés
1 gousse d'ail moyenne, haché finement
500 mL (2 tasses) de courgettes, en tranches fines
250 mL (1 tasse) de tomates en conserve

120 g (4 oz) de petits haricots rouges en conserve, égouttés
1 mL (¼ c. à thé) de feuilles d'origan
0,5 mL (⅛ c. à thé) de sel
0,5 mL (⅛ c. à thé) de poivre
60 g (2 oz) de fromage provolone, râpé

Préchauffer le four à 180°C (350°F). Dans un poêlon de 25 cm (10 po), faire chauffer l'huile ; y faire revenir l'oignon et l'ail jusqu'à ce que l'oignon devienne translucide. Ajouter les courgettes et les faire cuire pendant 3 minutes en remuant constamment (elles doivent rester croquantes). Ajouter les tomates, les haricots et l'assaisonnement et porter à ébullition.

Transvaser le mélange dans un plat à gratin de 1 L (4 tasses) ; parsemer avec le fromage et laisser réchauffer au four pendant 20 à 25 minutes. Régler le four à « gril » et laisser griller jusqu'à ce que le fromage devienne légèrement doré.

Équivalents : 2 équivalents protéines, 3 ¼ équivalents légume et 1 équivalent matières grasses.

Variante : Remplacer le fromage provolone par du gruyère et les petits haricots rouges par des haricots blancs.

Gâteau au tofu et aux pêches

125 mL (½ tasse) de tranches de pêche non sucrées, en conserve
90 g (3 oz) de tofu (fromage de soja)
15 mL (1 c. à table) de concentré de jus d'orange non sucré, décongelé
5 mL (1 c. à thé) de cassonade, bien tassée

5 mL (1 c. à thé) de jus de citron
1 mL (¼ c. à thé) d'arôme artificiel de vanille
4 biscuits Graham de 6 cm (2½ po)

Réserver 4 tranches de pêche pour la garniture; couper le restant en dés et réserver.

Dans le récipient du mélangeur électrique ou du robot culinaire, bien homogénéiser le tofu, les jus d'orange et de citron, la cassonade et la vanille, en raclant les parois avec une spatule en caoutchouc.

Disposer 2 biscuits Graham sur le plat de service; tartiner chacun avec la moitié du mélange au tofu et y disposer des dés de pêche. Poser les 2 autres biscuits par-dessus et tartiner le dessus et les côtés du gâteau avec le reste du mélange; décorer avec les tranches de pêche réservées. Couvrir et réfrigérer pendant au moins 10 minutes avant de servir.

Équivalents: ½ équivalent protéines, 1 équivalent pain, ½ équivalent fruit et 25 calories d'équivalent facultatif.

Volaille

Nous allons vous emmener faire un tour du monde de la volaille. Le poulet, la dinde et même le poulet de Cornouailles ont acquis une popularité et une réputation internationales grâce à leur facilité naturelle d'adaptation aux cuisines du monde entier. Nous allons «jeter l'ancre» dans des ports lointains pour vous faire découvrir l'exotisme du Poulet de Cornouailles aux mangues, du Poulet au cari, de la Fricassée de poulet à l'orientale et des Escalopes de poulet. Où que vous alliez et quoi que vous ayez choisi de préparer, nous vous souhaitons: «Bon appétit!»

194

Ragoût de poulet aux gombos

1 poivron vert moyen, épépiné et en dés
175 mL (³/₄ tasse) d'oignons, en dés
125 mL (¹/₂ tasse) de céleri, en dés
1 sachet de bouillon de poulet et assaisonnements tout préparés
1 gousse d'ail, haché finement
300 g (10 oz) de poitrines de poulet, sans peau ni os, en dés
625 mL (2 ¹/₂ tasses) de tomates entières en conserve, hachées

500 mL (2 tasses) d'eau
500 mL (2 tasses) de petits épis de maïs en conserve
300 mL (1 ¹/₄ tasse) de gombos surgelés, coupés en morceaux
7 mL (1 ¹/₂ c. à thé) de sel
2 mL (¹/₂ c. à thé) de sauce forte

Dans une marmite de 5 L (20 tasses), mélanger le poivron, les oignons, le céleri, le bouillon instantané et l'ail; faire cuire en remuant souvent, jusqu'à ce que les légumes deviennent tendres. Ajouter le poulet, les tomates et l'eau aux légumes et porter le tout à ébullition. Baisser le feu, couvrir et laisser mijoter pendant 30 minutes.

Ajouter le maïs, les gombos, le sel et la sauce forte au mélange précédent; laisser cuire sans couvercle pendant 45 minutes, en remuant souvent.

Équivalents: 2 équivalents protéines, 1 équivalent pain, 3 équivalents légume et 3 calories d'équivalent facultatif.

Soupe chinoise aigre-douce

PLAN D'ÉCHANGES ILLIMITÉS — DONNE 4 PORTIONS

4 gros champignons chinois noirs séchés

5 mL (1 c. à thé) d'huile d'arachide

120 g (4 oz) de poitrine de poulet, sans peau ni os, coupée en lanières

780 mL (3 tasses et 2 c. à table) d'eau, divisée

125 mL (½ tasse) de chou chinois, en tranches fines

125 mL (½ tasse) de pousses de bambou en conserve, égouttées et en tranches fines

3 sachets de bouillon de poulet et assaisonnements tout préparés

20 mL (1 c. à table et 1 c. à thé) de fécule de maïs

20 mL (1 c. à table et 1 c. à thé) de vinaigre de riz

10 mL (2 c. à thé) de sauce soja

90 g (3 oz) de tofu (fromage de soja), coupé en morceaux de 2,5 x 1 cm (1 x ½ po)

2 mL (½ c. à thé) de poivre blanc

Dans un saladier, faire gonfler les champignons pendant 30 minutes dans juste assez d'eau pour les recouvrir. Les égoutter et jeter les tiges. Couper les chapeaux en tranches fines et bien en exprimer l'eau; réserver.

Dans une casserole de 2 L (8 tasses), faire chauffer l'huile et y faire revenir le poulet pendant 2 minutes, jusqu'à ce que sa chair devienne blanche. Ajouter 750 mL (3 tasses) d'eau, le chou, les pousses de bambou et le bouillon instantané et porter le tout à ébullition. Baisser le feu et laisser mijoter pendant 5 minutes. Dans un bol, délayer la fécule dans les 30 mL (2 c. à table) d'eau qui restent et la mélanger au bouillon précédent; ajouter le vinaigre et la sauce soja et laisser mijoter en remuant constamment, jusqu'à ce que la préparation commence à épaissir. Ajouter le tofu et le poivre et bien remuer.

Équivalents: 1 équivalent protéines, 1 équivalent légume et 30 calories d'équivalent facultatif.

Escalopes de poulet

PLAN D'ÉCHANGES ILLIMITÉS — DONNE 2 PORTIONS

45 mL (3 c. à table) de farine tout usage, divisée
1 pincée de sel
1 pincée de poivre
45 mL (3 c. à table) de chapelure nature
1 pincée de paprika
1 pincée de poudre d'ail
2 escalopes de poulet de 120 g (4 oz), aplaties à 0,3 cm ($\frac{1}{8}$ po) d'épaisseur
1 oeuf, légèrement battu

20 mL (1 c. à table et 1 c. à thé) d'huile végétale
125 mL ($\frac{1}{2}$ tasse) d'oignon, en dés
1 petite pomme, évidée, pelée et en tranches fines
1 sachet de bouillon de poulet et assaisonnements tout préparés, délayé dans 175 mL ($\frac{3}{4}$ tasse) d'eau chaude
500 mL (2 tasses) de choucroute préparée, égouttée et rincée*
10 mL (2 c. à table) de raisins secs

Garniture:
1 citron, en tranches fines, et bouquets de persil

Sur une feuille de papier ciré ou dans une assiette en carton, mélanger 30 mL (2 c. à table) de farine avec le sel et le poivre. Sur une autre feuille de papier ou dans une autre assiette, mélanger la chapelure, le paprika et la poudre d'ail; fariner chaque morceau de poulet, les tremper dans l'oeuf battu, puis dans la chapelure.

Faire chauffer l'huile dans un poêlon antiadhérent de 30 cm (12 po); ajouter le poulet pané et le faire rapidement dorer de tous les côtés. Déposer les morceaux de poulet sur un plat et les garder au chaud.

Dans le même poêlon, mélanger l'oignon et la pomme et les faire revenir à feu moyen jusqu'à ce qu'ils deviennent tendres. Ajouter le reste de la farine en pluie, bien remuer et laisser cuire pendant 1 minute. Allonger avec du bouillon de poulet et porter à ébullition en remuant constamment. Diminuer le feu et laisser mijoter jusqu'à ce que le mélange épaississe. Ajouter la choucroute et les raisins secs, remuer et bien réchauffer le tout. Disposer la choucroute au centre du plat de service et l'entourer avec les morceaux de poulet; garnir le poulet avec des tranches de citron et des brins de persil.

Équivalents: 3 $\frac{1}{2}$ équivalents protéines, 1 équivalent pain, 2 $\frac{1}{2}$ équivalents légume, 2 équivalents matières grasses, 1 équivalent fruit et 5 calories d'équivalent facultatif.

* Il est recommandé d'utiliser la choucroute en sachets conservée au froid (semi - conserve) car elle est habituellement plus croquante et moins salée que la choucroute en conserve.

Poulet au gingembre et aux pêches

15 mL (1 c. à table) de sauce teriyaki

15 mL (1 c. à table) de concentré de jus d'orange non sucré, décongelé

15 mL (1 c. à table) d'ail frais, haché finement, divisé

10 mL (2 c. à thé) de gingembre frais, pelé et râpé

10 mL (2 c. à thé) de vin blanc sec

10 mL (2 c. à thé) d'assaisonnement au chili

300 g (10 oz) de poitrines de poulet, sans peau ni os, coupées en lanières

10 mL (2 c. à thé) d'huile d'arachide ou d'une autre huile végétale

250 mL (1 tasse) d'oignons, en tranches

5 mL (1 c. à thé) de fécule de maïs

375 mL (1 ½ tasse) de tranches de pêche, non sucrées, en conserve

250 mL (1 tasse) de pois mange-tout, décongelés

1. Dans un saladier en verre ou en acier inoxydable, mélanger la sauce teriyaki, le jus d'orange, 10 mL (2 c. à thé) d'ail, le gingembre, le vin et le chili ; ajouter le poulet et bien remuer. Couvrir et réfrigérer pendant au moins 1 heure (cette marinade peut rester au réfrigérateur pendant toute la nuit).

2. Ôter le poulet, passer et réserver la marinade, en jetant l'ail et le gingembre.

3. Faire chauffer l'huile dans un poêlon de 25 cm (10 po) et y faire revenir le reste de l'oignon et de l'ail, jusqu'à ce que l'oignon devienne translucide. Ajouter le poulet et le faire dorer de tous les côtés.

4. Bien délayer la fécule de maïs dans la marinade réservée ; verser dans le poêlon et porter à ébullition en remuant constamment. Baisser le feu et laisser mijoter jusqu'à ce que la sauce épaississe légèrement. Y ajouter la pêche et les pois mange-tout, bien remuer et réchauffer.

Équivalents : 4 équivalents protéines, 2 équivalents légume, 1 équivalent matières grasses, 1 ½ équivalent fruit et 30 calories d'équivalent facultatif.

Fricassée de poulet à l'estragon

PLAN D'ÉCHANGES ILLIMITÉS — DONNE 2 PORTIONS

10 mL (2 c. à thé) de farine tout usage
1 mL (¼ c. à thé) de sel
0,5 mL (⅛ c. à thé) de poivre
300 g (10 oz) de poitrines de poulet, sans peau ni os
10 mL (2 c. à thé) de margarine
250 mL (1 tasse) de champignons, en tranches

50 mL (¼ tasse) d'oignons verts, hachés
2 mL (½ c. à thé) de feuilles d'estragon
50 mL (¼ tasse) de vin blanc sec
50 mL (¼ tasse) d'eau

Dans un bol, mélanger la farine, le sel et le poivre; saupoudrer le poulet avec ce mélange.

Dans un poêlon de 25 cm (10 po), faire mousser la margarine puis ajouter le poulet et le faire dorer légèrement des deux côtés, en ne le retournant qu'une seule fois. Ajouter les champignons, les oignons verts et l'estragon et faire cuire jusqu'à ce que les légumes deviennent tendres; ajouter le vin, remuer et porter à ébullition. Ajouter l'eau, baisser le feu, couvrir et laisser mijoter pendant 15 minutes en ne retournant le poulet qu'une seule fois, jusqu'à ce qu'il devienne tendre.

Équivalents: 4 équivalents protéines, 1¼ équivalent légume, 1 équivalent matières grasses et 40 calories d'équivalent facultatif.

Fricassée de poulet à l'orientale

10 mL (2 c. à thé) d'huile d'arachide
5 mL (1 c. à thé) d'huile de sésame
brune
300 g (10 oz) de poitrines de poulet,
sans peau ni os, coupées en lanières
1 gousse d'ail, haché finement
1 mL (¼ c. à thé) de gingembre frais,
pelé et râpé
1 mL (¼ c. à thé) de sel
0,5 mL (⅛ c. à thé) de poivre
0,5 mL (⅛ c. à thé) de paprika
250 mL (1 tasse) d'oignons, en tranches fines

125 mL (½ tasse) de poivron rouge, en
julienne
125 mL (½ tasse) de poivron vert, en
julienne
125 mL (½ tasse) de céleri, coupé en
diagonale en tranches de 0,5 cm
(¼ po) d'épaisseur
175 mL (¾ tasse) de bouillon de poulet
en conserve, divisé
15 mL (1 c. à table) de sauce soja
10 mL (2 c. à thé) de fécule de maïs
250 mL (1 tasse) de riz à grains longs,
cuit et chaud

Faire chauffer un poêlon antiadhérent de 30 cm (12 po) ou un wok et y laisser chauffer les huiles. Ajouter le poulet, l'ail et le gingembre ; saupoudrer avec le sel, le poivre et le paprika et faire sauter pendant 1 à 2 minutes en remuant rapidement et souvent, jusqu'à ce que le poulet perde sa couleur rosée. Ajouter les légumes et la moitié du bouillon et bien remuer ; couvrir et laisser cuire pendant 1 à 2 minutes, les légumes devant rester croquants. Dans une tasse à mesurer ou dans un bol, mélanger le reste du bouillon, la sauce soja et la fécule, en remuant bien pour délayer cette dernière ; ajouter au poulet et laisser cuire en remuant constamment, jusqu'à ce que la préparation épaississe.

Pour servir, disposer le poulet au milieu d'une couronne de riz.

Équivalents : 4 équivalents protéines, 1 équivalent pain, 2½ équivalents légume, 1½ équivalent matières grasses et 25 calories d'équivalent facultatif.

Poulet « frit » aux fines herbes

PLAN D'ÉCHANGES ILLIMITÉS — DONNE 4 PORTIONS

175 mL ($^3/_4$ tasse) de chapelure à l'ail
5 mL (1 c. à thé) de feuilles d'origan
1 pincée de sel
1 pincée de poivre

1 pincée de poudre d'ail
600 g (1 $^1/_4$ lb) de poitrines de poulet, sans peau ni os, coupées en lanières de 2,5 cm (1 po) de large

Dans un bol, combiner la chapelure et l'assaisonnement ; tremper les lanières de poulet dans de l'eau puis les rouler soigneusement dans la chapelure.

Pulvériser de l'enduit végétal dans une lèchefrite antiadhérente ; y disposer le poulet en le saupoudrant avec le reste de la chapelure. Laisser cuire au four à 180°C (350°F) pendant 20 minutes, jusqu'à ce que le poulet devienne tendre.

Équivalents : 4 équivalents protéines et 1 équivalent pain.

Paupiettes de poulet

10 mL (2 c. à thé) de margarine, divisée
125 mL (¹/₂ tasse) de champignons, hachés finement
50 mL (¹/₄ tasse) d'oignon, en dés
10 mL (2 c. à thé) de vermouth sec
1 petite gousse d'ail, écrasée
2 mL (¹/₂ c. à thé) de sel

1 pincée de poivre
125 mL (¹/₂ tasse) de riz à grains longs, cuit
2 poitrines de poulet de 150 g (5 oz), aplaties à 0,3 cm (¹/₈ po) d'épaisseur
45 mL (3 c. à table) de chapelure nature
1 pincée de paprika

Garniture:
Bouquets de persil

1. Dans un petit poêlon antiadhérent, faire mousser 5 mL (1 c. à thé) de margarine; y ajouter les champignons, l'oignon, le vermouth, l'ail, le sel et le poivre et les faire revenir en remuant de temps à autre jusqu'à ce que l'oignon devienne translucide. Ôter le poêlon du feu, y ajouter le riz et mélanger.

2. Placer le poulet dans le poêlon, côté plat vers le haut, et étaler la moitié du riz au milieu de chacune des poitrines de poulet en laissant un espace libre de 1 cm (¹/₂ po) tout autour; les replier en deux dans le sens de la longueur, puis les rouler sur elles-mêmes pour y enfermer la farce. Maintenir les paupiettes fermées avec des cure-dents en bois.

3. Préchauffer le four à 180°C (350°F). Dans un petit poêlon antiadhérent, faire fondre la margarine qui reste, puis ôter du feu. Étaler la chapelure sur une feuille de papier ciré; passer chaque paupiette dans la margarine, puis dans la chapelure, en l'enrobant bien de tous les côtés.

4. Pulvériser de l'enduit végétal antiadhérent dans un plat à gratin de 18 x 14 x 8 cm (7 x 5 ¹/₂ x 3 po); y déposer les paupiettes en les saupoudrant avec la chapelure qui reste. Les saupoudrer de paprika et les laisser au four pendant 20 à 25 minutes, jusqu'à ce qu'elles deviennent tendres. Pour servir, garnir les paupiettes avec le persil et retirer les cure-dents.

Équivalents: 4 équivalents protéines, 1 équivalent pain, ³/₄ équivalent légume, 1 équivalent matières grasses et 5 calories d'équivalent facultatif.

Poulet aux mandarines

PLAN D'ÉCHANGES ILLIMITÉS — DONNE 4 PORTIONS

40 mL (2 c. à table et 2 c. à thé) de margarine hypocalorique

600 g (1 ¼ lb) de poitrines de poulet, sans peau ni os

500 mL (2 tasses) de champignons, en tranches

10 mL (2 c. à thé) de farine tout usage

150 mL (⅔ tasse) d'eau

50 mL (¼ tasse) de concentré de jus d'orange, non sucré, décongelé

2 sachets de bouillon de poulet et assaisonnements tout préparés

125 mL (½ tasse) d'oignons verts, en tranches fines

250 mL (1 tasse) de tranches de mandarine, non sucrées, en conserve, réchauffées

Dans un poêlon antiadhérent de 25 cm (10 po), faire mousser la margarine ; y ajouter le poulet et le faire dorer des deux côtés. L'ôter du poêlon et le réserver.

Dans le même poêlon, faire dégorger les champignons à feu vif en remuant de temps à autre ; les saupoudrer de farine en remuant rapidement. Allonger avec l'eau puis avec le jus d'orange, ajouter le bouillon instantané et porter le tout à ébullition en remuant constamment. Diminuer le feu, ajouter le poulet et laisser mijoter pendant 3 minutes pour allier toutes les saveurs ; pour servir, parsemer avec les oignons verts et couronner avec les tranches de mandarine.

Équivalents : 4 équivalents protéines, 1 ¼ équivalent légume, 1 équivalent matières grasses, 1 équivalent fruit et 10 calories d'équivalent facultatif.

Poulet Brunswick $

5 mL (1 c. à thé) de margarine
50 mL (¼ tasse) d'oignon, haché
360 g (12 oz) de morceaux de poulet,
sans peau
5 mL (1 c. à thé) de sauce Worcestershire
1 mL (¼ c. à thé) de moutarde en
poudre
1 pincée de poivre de Cayenne, moulu
125 mL (½ tasse) de tomates en conserve

125 mL (½ tasse) d'eau chaude
90 g (3 oz) de pommes de terre, pelées,
cuites et coupées en dés
50 mL (¼ tasse) de haricots verts frais
ou décongelés, en morceaux
0,5 mL (⅛ c. à thé) de sel
0,5 mL (⅛ c. à thé) de poivre

Dans une casserole de 2 L (8 tasses), faire mousser la margarine puis y faire revenir l'oignon jusqu'à ce qu'il devienne translucide. Ajouter le poulet et bien le faire dorer; arroser de sauce Worcestershire et saupoudrer avec la moutarde et le poivre de Cayenne. Ajouter les tomates et l'eau, mélanger et porter à ébullition. Baisser le feu, couvrir et laisser mijoter pendant 30 minutes. Ajouter les pommes de terre, les haricots verts, le sel et le poivre et laisser mijoter sans couvercle pendant 10 à 15 minutes en remuant de temps à autre, jusqu'à ce que le poulet devienne tendre.

Équivalents: 2 équivalents protéines, ½ équivalent pain, 1 équivalent légume et ½ équivalent matières grasses.

Variante pour le Plan d'échanges illimités: Remplacer les haricots verts et la pomme de terre par 50 mL (¼ tasse) de haricots de Lima ou de flageolets frais ou congelés et 50 mL (¼ tasse) de petits épis de maïs en conserve; les légumes ne comptent alors que pour ¾ équivalent.

Fricassée de poulet $

22 mL (1 c. à table et 1 ½ c. à thé) de farine tout usage, divisée
1 mL (¼ c. à thé) de sel
0,5 mL (⅛ c. à thé) de poivre
1 pincée de thym moulu
360 g (12 oz) de morceaux de poulet, sans la peau
5 mL (1 c. à thé) de margarine
125 mL (½ tasse) d'oignons, en dés

175 mL (¾ tasse) de champignons, en tranches
50 mL (¼ tasse) de céleri, en dés
175 mL (¾ tasse) d'eau
½ petite feuille de laurier
50 mL (¼ tasse) de lait écrémé

Garniture :
10 mL (2 c. à thé) de persil frais, haché

1. Sur une feuille de papier ciré ou dans une assiette en carton, mélanger la moitié de la farine avec le sel, le poivre et le thym ; fariner les morceaux de poulet avec ce mélange.

2. Dans une casserole de 2 L (8 tasses), faire mousser la margarine puis y ajouter le poulet et le faire dorer de tous les côtés en remuant souvent. Déposer le poulet sur un plat et réserver le jus de cuisson.

3. Dans la même casserole, faire revenir l'oignon dans le jus jusqu'à ce qu'il devienne translucide ; ajouter les champignons et le céleri et les faire revenir pendant 3 minutes, jusqu'à ce qu'ils deviennent tendres. Remettre le poulet dans la casserole, ajouter l'eau et le laurier et porter le tout à ébullition. Baisser le feu, couvrir et laisser mijoter pendant 30 à 35 minutes, jusqu'à ce que le poulet devienne tendre.

4. Dans une tasse à mesurer ou dans un bol, délayer la farine qui reste dans le lait ; verser dans le poulet et laisser cuire pendant 3 à 5 minutes en remuant constamment, jusqu'à ce que la sauce épaississe. Ôter et jeter la feuille de laurier et servir la fricassée en la parsemant de persil.

Équivalents : 2 équivalents protéines, 1 ½ équivalent légume, ½ équivalent matières grasses et 35 calories d'équivalent facultatif.

Escalope de poulet roulée

PLAN D'ÉCHANGES ILLIMITÉS — DONNE 4 PORTIONS

15 mL (1 c. à table) de margarine
125 mL (½ tasse) d'oignons, en dés
1 gousse d'ail, haché finement
250 mL (1 tasse) de champignons, hachés
250 mL (1 tasse) d'épinards cuits, bien égouttés et hachés
50 mL (¼ tasse) de fromage ricotta partiellement écrémé
45 mL (3 c. à table) de chapelure à l'ail

2 mL (½ c. à thé) de sel, divisé
1 mL (¼ c. à thé) de poivre, divisé
1 poitrine de poulet de 420 g (14 oz), sans peau ni os
50 mL (¼ tasse) de vin blanc sec
1 sachet de bouillon de poulet et assaisonnements tout préparés, délayé dans 250 mL (1 tasse) d'eau chaude
15 mL (1 c. à table) d'eau
5 mL (1 c. à thé) de fécule de maïs

1. Dans un poêlon de 25 cm (10 po), faire mousser la margarine et y faire revenir l'oignon et l'ail jusqu'à ce que l'oignon devienne translucide. Y ajouter les champignons et les faire dorer pendant 5 minutes ; ajouter les épinards, le fromage, la chapelure, la moitié du sel et du poivre et bien remuer. Ôter du feu, laisser refroidir et réserver.

2. Entre 2 feuilles de pellicule plastique, aplatir le poulet avec un maillet à viande jusqu'à 0,5 cm (¼ po) d'épaisseur. Décoller la feuille du dessus et saupoudrer l'escalope avec le sel et le poivre qui restent ; étaler le mélange aux épinards refroidi au milieu de l'escalope en laissant un espace libre de 2,5 cm (1 po) tout autour.

3. Préchauffer le four à 180°C (350°F). Emprisonner la farce en enroulant délicatement l'escalope sur elle-même et maintenir celle-ci enroulée avec de la ficelle fine ou des petites broches à volaille ; disposer dans un plat à gratin de 20 x 20 x 5 cm (8 x 8 x 2 po). Ajouter le vin et le bouillon ; recouvrir le plat avec du papier d'aluminium et laisser cuire pendant 40 minutes. Ôter l'aluminium et laisser cuire pendant 10 à 15 minutes de plus en arrosant avec le jus de cuisson, jusqu'à ce que le poulet devienne tendre.

4. Déposer l'escalope farcie sur le plat de service et conserver au chaud. Verser le jus de cuisson dans une petite casserole et le porter à ébullition. Délayer la fécule dans l'eau, la verser dans le jus de cuisson et la faire cuire, en remuant constamment, jusqu'à ce qu'elle épaississe légèrement. Napper l'escalope farcie avec cette sauce.

Équivalents: 3 équivalents protéines, 1 ¼ équivalent légume, ½ équivalent matières grasses et 50 calories d'équivalent facultatif.

Poulet au cari $

125 mL (½ tasse) de yogourt hypocalorique nature
2 gousses d'ail, haché finement
5 mL (1 c. à thé) de cari
5 mL (1 c. à thé) de coriandre moulue
5 mL (1 c. à thé) de gingembre moulu
5 mL (1 c. à thé) de sel

1 pincée de poivre de Cayenne, moulu
720 g (1 ½ lb) de morceaux de poulet,
sans la peau
10 mL (2 c. à thé) d'huile végétale
125 mL (½ tasse) d'oignons, hachés
250 mL (1 tasse) de tomates, hachées
1 feuille de laurier

Dans un saladier, combiner le yogourt avec les assaisonnements; ajouter les morceaux de poulet et bien les enrober de cette sauce. Laisser mariner pendant 30 minutes à la température ambiante.

Dans un poêlon de 30 cm (12 po), faire chauffer l'huile et y faire dorer l'oignon. Ajouter les tomates et le laurier et laisser mijoter le tout pendant 5 minutes; ajouter le poulet et sa marinade et bien combiner. Porter le mélange à ébullition. Baisser le feu, couvrir et laisser mijoter pendant 30 minutes en retournant une ou deux fois, jusqu'à ce que le poulet devienne tendre; ôter la feuille de laurier avant de servir.

Équivalents: 2 équivalents protéines, ¾ équivalent légume, ½ équivalent matières grasses et ¼ équivalent lait.

Ramequins au poulet $

15 mL (1 c. à table) de margarine

250 mL (1 tasse) de carottes, en tranches fines

250 mL (1 tasse) de champignons, en tranches fines

125 mL (½ tasse) d'oignons, en dés

125 mL (½ tasse) de céleri, en dés

20 mL (1 c. à table et 1 c. à thé) de farine tout usage

2 sachets de bouillon de poulet et assaisonnements tout préparés

325 mL (1 ⅓ tasse) d'eau

240 g (8 oz) de poulet cuit, sans peau ni os, en dés

0,5 mL (⅛ c. à thé) d'épices pour volaille

0,5 mL (⅛ c. à thé) de poivre

2 portions de 30 g (1 oz) de biscuits feuilletés au babeurre prêts à cuire, aplatis et coupés en 6

Préchauffer le four à 190°C (375°F). Pulvériser de l'enduit végétal antiadhérent dans 2 ramequins de 425 mL (1 ¾ tasse) et les réserver.

Dans une casserole de 1 L (4 tasses), faire mousser la margarine puis ajouter les légumes et bien remuer. Couvrir et laisser cuire à feu moyen jusqu'à ce que les légumes deviennent tendres. Les saupoudrer avec la farine, les arroser avec le bouillon instantané et remuer rapidement ; laisser cuire sans couvercle pendant 1 minute. Ajouter l'eau graduellement et porter à ébullition en remuant constamment. Diminuer le feu et laisser cuire en remuant de temps à autre, jusqu'à ce que la préparation épaississe ; ajouter le poulet et les épices et bien remuer.

Verser la moitié du mélange dans chaque ramequin ; les recouvrir avec 6 morceaux de pâte et les laisser cuire au four pendant 10 à 15 minutes, jusqu'à ce que la croûte devienne dorée.

Équivalents : 4 équivalents protéines, 1 équivalent pain, 3 équivalents légume, 1 ½ équivalent matières grasses et 30 calories d'équivalent facultatif.

Poulet à la crème 🌓 💲

30 mL (2 c. à table) de carotte, en dés
30 mL (2 c. à table) de céleri, en dés
1 sachet de bouillon de poulet et assaisonnements tout préparés
175 mL (¾ tasse) d'eau
10 mL (2 c. à thé) de margarine
10 mL (2 c. à thé) de farine tout usage

180 g (6 oz) de poulet cuit, sans peau ni
  os, en dés de 2,5 cm (1 po)
50 mL (¼ tasse) de lait écrémé
30 mL (2 c. à table) de persil frais,
  haché
0,5 mL (⅛ c. à thé) de poivre

Dans une petite casserole, mélanger la carotte, le céleri et le bouillon instantané; ajouter l'eau et porter à ébullition. Laisser cuire pendant 5 minutes.

Dans une casserole de 1 L (4 tasses), faire mousser la margarine puis ajouter la farine et laisser cuire pendant 2 minutes en remuant constamment. Ôter du feu et ajouter progressivement les légumes; remettre sur le feu et laisser mijoter pendant 5 minutes en remuant constamment. Ajouter le poulet, le lait et le persil et bien combiner. Réchauffer le poulet en le laissant mijoter pendant 5 minutes et poivrer.

Équivalents: 3 équivalents protéines, ¼ équivalent légume, 1 équivalent matières grasses et 25 calories d'équivalent facultatif.

Paella minute

720 g (1 ½ lb) de morceaux de poulet, sans peau ni os, en dés de 5 cm (2 po)
2 mL (½ c. à thé) de sel, divisé
1 mL (¼ c. à thé) de poivre blanc
15 mL (1 c. à table) d'huile d'olive
125 mL (½ tasse) d'oignons, en dés
2 gousses d'ail, haché finement
1 poivron vert moyen, épépiné et coupé en dés de 2,5 cm (1 po)
250 mL (1 tasse) de tomates en conserve
120 g (4 oz) de riz à grains longs, cru
175 mL (¾ tasse) d'eau

1 sachet de bouillon de poulet et assaisonnements tout préparés
1 mL (¼ c. à thé) de feuilles de marjolaine
0,5 mL (⅛ c. à thé) de safran (facultatif)
150 g (5 oz) de crevettes décortiquées
12 petites palourdes entières, brossées, ou 120 g (4 oz) de palourdes en conserve, égouttées et hachées finement

Saupoudrer le poulet avec la moitié du sel et le poivre blanc et réserver. Faire chauffer l'huile dans une cocotte minute de 4 L (16 tasses); y faire revenir les oignons et l'ail pendant 2 minutes. Ajouter le poulet et faire revenir le tout pendant 3 minutes de plus; ajouter le poivron, les tomates et le riz. Ajouter l'eau, le bouillon instantané, la marjolaine, le safran (s'il en est utilisé), le reste du sel et bien remuer le tout. Ajuster hermétiquement le couvercle; mettre en place la soupape mobile et faire chauffer jusqu'à ce que de la vapeur commence à s'échapper. Faire cuire pendant 5 minutes à la pression de 100 kPa (15 PSI).

Diminuer la pression interne en mettant la cocotte sous un jet d'eau froide; ôter le couvercle et, à la fourchette, mélanger les crevettes et les palourdes avec le riz. Refermer hermétiquement le couvercle et faire cuire à la pression de 100 kPa (15 PSI) pendant 3 minutes de plus. Diminuer la pression interne sous un jet d'eau froide; ôter le couvercle et, à la fourchette, égrener légèrement le riz et le mélanger avec les mollusques.

Équivalents: 4 équivalents protéines, 1 équivalent pain, 1 ½ équivalent légume, ½ équivalent matières grasses et 15 calories d'équivalent facultatif.

Poulet de Cornouailles au miel

PLAN D'ÉCHANGES ILLIMITÉS — DONNE 2 PORTIONS D'UN DEMI-POULET

30 mL (2 c. à table) de feuilles de menthe fraîche, hachées finement
10 mL (2 c. à thé) de miel, tiédi
10 mL (2 c. à thé) d'huile d'olive
1 gousse d'ail, haché finement
1 poulet de Cornouailles de 600 g (1 ¼ lb), sans la peau et coupée en deux

2 mL (½ c. à thé) de sel
30 mL (2 c. à table) de jus de citron

Garniture :
Brins de menthe fraîche

Dans un bol, bien mélanger la menthe hachée, le miel, l'huile et l'ail. Dans un plat antiadhérent de 20 x 20 x 5 cm (8 x 8 x 2 po), saler les deux côtés des 2 demi-poulets ; avec un pinceau, les enduire entièrement du mélange précédent et les arroser avec le jus de citron. Placer les demi-poulets à plat et les faire cuire au four à 200°C (400°F) pendant 25 à 30 minutes, jusqu'à ce que leur chair devienne tendre.

Sortir le plat du four et arroser la volaille avec le jus de cuisson. Régler le four à la position « gril » et faire griller la volaille à 8 cm (3 po) de la source de chaleur pendant 1 minute, jusqu'à ce qu'elle devienne dorée et croustillante. Garnir avec les brins de menthe et servir.

Équivalents : 4 équivalents protéines, 1 équivalent matières grasses et 20 calories d'équivalent facultatif.

Poulet de Cornouailles aux mangues

PLAN D'ÉCHANGES ILLIMITÉS — DONNE 4 PORTIONS D'UN DEMI-POULET ET DE 50 mL (¼ TASSE) DE SAUCE

Volaille:
2 poulets de 600 g (1 ¼ lb), coupés en deux
1 mL (¼ c. à thé) de sel
1 mL (¼ c. à thé) de poivre

Sauce:
2 petites mangues, pelées et dénoyautées

50 mL (¼ tasse) de jus de lime non sucré
50 mL (¼ tasse) d'eau
10 mL (2 c. à thé) de sucre cristallisé
0,5 mL (⅛ c. à thé) de piment de la Jamaïque
30 mL (2 c. à table) de margarine non salée, en noisettes
10 mL (2 c. à thé) de confiture d'orange

Cuisson de la volaille: Préchauffer le four à 200°C (400°F). Poser les demi-poulets sur la grille d'une lèchefrite, en décoller la peau, saler et poivrer. Remettre la peau en place et laisser cuire pendant 25 à 30 minutes, jusqu'à ce que la chair devienne tendre.

Préparation de la sauce: Dans le récipient du mélangeur électrique, homogénéiser jusqu'à consistance lisse les mangues, le jus de lime, le sucre et le piment de la Jamaïque (*allspice*). Transvaser le tout dans une petite casserole, y ajouter la margarine et la confiture et faire chauffer cette sauce à feu doux, en remuant constamment.

Service: Retirer la peau des poulets et la jeter. Poser la volaille à plat sur la grille d'une lèchefrite et la faire griller à une distance de 5 à 10 cm (2 à 4 po) de la source de chaleur pendant 1 minute, jusqu'à ce qu'elle devienne dorée et croustillante. Transférer les demi-poulets sur le plat de service et les napper avec la sauce (ou servir la sauce à part).

Équivalents: 4 équivalents protéines, 1 ½ équivalent matières grasses, 1 équivalent fruit et 20 calories d'équivalent facultatif.

Brochettes de dinde à la sauce teriyaki

PLAN D'ÉCHANGES ILLIMITÉS — DONNE 2 PORTIONS DE 2 BROCHETTES

125 mL (½ tasse) d'oignons, en dés
75 mL (⅓ tasse) de jus d'ananas non
  sucré
30 mL (2 c. à table) de sauce teriyaki
30 mL (2 c. à table) de jus de citron
10 mL (2 c. à thé) de moutarde forte
10 mL (2 c. à thé) de xérès sec
1 gousse d'ail, émincée
1 morceau de gingembre frais de 2,5 cm
  (1 po) de long, pelé et coupé en
  rondelles
300 g (10 oz) de dinde, sans peau ni os,
  coupée en dés de 2,5 cm (1 po)

½ poivron rouge moyen, épépiné et
  coupé en dés de 2,5 cm (1 po)
8 chapeaux de champignons moyens,
  d'environ 4 cm (1 ½ po) de diamètre
8 morceaux de 5 cm (2 po) d'oignons
  verts (partie blanche seulement)
15 mL (1 c. à table) d'huile
125 mL (½ tasse) d'ananas broyé, non
  sucré, en conserve
5 mL (1 c. à thé) de fécule de maïs

1. Dans un saladier en verre ou en acier inoxydable, mélanger les oignons, les jus d'ananas et de citron, la sauce teriyaki, la moutarde, le xérès et le gingembre ; ajouter la dinde et le reste des légumes à cette marinade et bien mélanger. Couvrir et réfrigérer pendant 1 heure.

2. Avec une écumoire, ôter de la marinade la dinde, le poivron, les champignons et les oignons verts. Sur 4 brochettes en bois de 20 cm (8 po) de long, enfiler alternativement le ¼ des dés de dinde et de poivron, 2 chapeaux de champignon et 2 morceaux d'oignon vert. Disposer les brochettes préparées sur un plat à gratin pouvant les contenir toutes les quatre en une seule couche ; réserver.

3. Passer la marinade, jeter l'ail et le gingembre et réserver le liquide et l'oignon. Dans un petit poêlon, faire chauffer l'huile ; y faire revenir l'oignon réservé jusqu'à ce qu'il devienne translucide. Y mélanger l'ananas broyé. Délayer la fécule de maïs dans le liquide réservé ; verser le tout dans le poêlon et porter à ébullition en remuant constamment. Diminuer le feu et laisser mijoter jusqu'à ce que la préparation épaississe. Verser cette sauce à l'ananas dans le récipient du mélangeur électrique et l'homogénéiser à basse vitesse jusqu'à ce qu'elle devienne lisse.

4. Préchauffer le gril. Avec un pinceau, badigeonner les brochettes avec la sauce à l'ananas et les mettre sous le gril pendant 5 minutes en les retournant une fois et en les badigeonnant de l'autre côté. Réchauffer le reste de la sauce et la servir en accompagnement des brochettes.

Équivalents: 4 équivalents protéines, 2 ¼ équivalents légume, 1 ½ équivalent matières grasses, 1 équivalent fruit et 10 calories d'équivalent facultatif.

Fricadelles de dinde « à la crème » $

10 mL (2 c. à thé) de margarine, divisée

30 mL (2 c. à table) d'oignon, en dés

1 gousse d'ail, haché finement

125 mL (½ tasse) de champignons, hachés

240 g (8 oz) de dinde hachée

1 oeuf

1 tranche de pain blanc, émiettée

10 mL (2 c. à thé) de persil frais, haché, divisé

1 mL (¼ c. à thé) de thym en feuilles, écrasé

0,5 mL (⅛ c. à thé) de sel

0,5 mL (⅛ c. à thé) de poivre

10 mL (2 c. à thé) de farine tout usage, divisée

1 sachet de bouillon de poulet et assaisonnements tout préparés, délayé dans 250 mL (1 tasse) d'eau chaude

50 mL (¼ tasse) de lait écrémé

Dans un petit poêlon antiadhérent, faire mousser la moitié de la margarine; y faire revenir l'oignon et l'ail pendant 2 minutes, jusqu'à ce que l'oignon devienne translucide. Ajouter les champignons et les faire revenir pendant 5 minutes, jusqu'à ce qu'ils deviennent tendres.

Transvaser dans un saladier moyen; ajouter la dinde, l'oeuf, les miettes de pain, la moitié du persil, le thym, le sel et le poivre. Confectionner 4 fricadelles de grosseur égale avec ce mélange et les saupoudrer d'une quantité égale de farine.

Dans un poêlon de 25 cm (10 po), faire mousser le reste de la margarine et y faire dorer les fricadelles des deux côtés. Ajouter le bouillon instantané et porter à ébullition. Baisser le feu, couvrir et laisser mijoter pendant 10 minutes. Dans une tasse à mesurer ou dans un bol, bien mélanger le lait avec le reste de la farine; ajouter progressivement cette préparation au jus de cuisson des fricadelles et laisser cuire à feu moyen en remuant constamment, jusqu'à ce que la sauce commence à épaissir. Pour servir, saupoudrer avec le reste du persil.

Équivalents: 3½ équivalents protéines, ½ équivalent pain, 1½ équivalent légume, 1 équivalent matières grasses et 25 calories d'équivalent facultatif.

Hamburgers à la dinde 🌓 💲

PLAN D'ÉCHANGES ILLIMITÉS — DONNE 2 PORTIONS

240 g (8 oz) de dinde hachée
20 mL (1 c. à table et 1 c. à thé) de margarine, ramollie
7 mL (1 ½ c. à thé) d'eau
1 sachet de bouillon de poulet et assaisonnements tout préparés

125 mL (½ tasse) d'oignons, en rondelles fines
20 mL (1 c. à table et 1 c. à thé) de ketchup
2 petits pains à hamburger de 60 g (2 oz), ouverts en deux et grillés

Dans un saladier, combiner la dinde, la margarine, l'eau et le bouillon instantané; confectionner 2 fricadelles de grosseur égale avec ce mélange. Pulvériser de l'enduit végétal dans un poêlon antiadhérent de 23 ou 25 cm (9 ou 10 po) et le faire chauffer à feu moyen; y faire dorer les fricadelles des deux côtés. Baisser à feu doux et ajouter les oignons; couvrir et laisser cuire le tout pendant 5 à 8 minutes, l'intérieur des fricadelles devant perdre sa couleur rose.

Servir chaque fricadelle dans un pain grillé en la recouvrant avec la moitié du ketchup et des rondelles d'oignon.

Équivalents: 3 équivalents protéines, 2 équivalents pain, ½ équivalent légume, 2 équivalents matières grasses et 15 calories d'équivalent facultatif.

Boulettes de dinde à la sauce tomate Ⓢ

Boulettes:
300 g (10 oz) de dinde hachée
60 g (2 oz) de riz cru
50 mL (¼ tasse) d'oignon, en dés
30 mL (2 c. à table) de persil frais, haché
5 mL (1 c. à thé) de sel
0,5 mL (⅛ c. à thé) de feuilles de marjolaine
0,5 mL (⅛ c. à thé) de feuilles de thym
1 pincée de poivre

Sauce:
250 mL (1 tasse) de sauce tomate
125 mL (½ tasse) de bouillon de poulet en conserve
0,5 mL (⅛ c. à thé) d'ail frais, haché

Préparation des boulettes: Préchauffer le four à 180°C (350°F). Dans un saladier moyen, bien combiner tous les ingrédients des boulettes et en confectionner 8 de grosseur égale. Pulvériser de l'enduit végétal antiadhérent dans un plat à gratin de 1 L (4 tasses) et y disposer les boulettes.

Préparation de la sauce et cuisson: Dans un bol, bien combiner tous les ingrédients de la sauce; en napper les boulettes. Couvrir le plat et laisser cuire au four pendant 1 heure en retournant les boulettes une seule fois durant la cuisson.

Équivalents: 4 équivalents protéines, 1 équivalent pain, 2¼ équivalents légume et 10 calories d'équivalent facultatif.

Pain à la dinde 💲

20 mL (1 c. à table et 1 c. à thé) de margarine

2 petites pommes Granny Smith, évidées, pelées et en dés

125 mL (½ tasse) de carottes, râpées

125 mL (½ tasse) d'oignons, en dés

125 mL (½ tasse) de céleri, en dés

125 mL (½ tasse) de poivron vert, en dés

390 g (13 oz) de dinde hachée

4 tranches de pain blanc, en dés

125 mL (½ tasse) de yogourt hypocalorique nature

2 oeufs, battus

1 mL (¼ c. à thé) d'épices pour volaille

1 mL (¼ c. à thé) de sel

Préchauffer le four à 190°C (375°F). Dans un poêlon de 20 cm (8 po), faire mousser la margarine; y faire revenir les pommes et les légumes en remuant constamment, jusqu'à ce que les pommes deviennent tendres. Retirer du feu et ajouter les autres ingrédients.

Pulvériser de l'enduit végétal antiadhérent dans un moule de 23 x 13 x 8 cm (9 x 5 x 3 po) et y verser le mélange précédent; en lisser le dessus et faire prendre au four pendant 35 à 40 minutes, jusqu'à ce que le milieu du pain à la dinde soit bien ferme. Sortir du four et laisser refroidir pendant 5 minutes; démouler sur le plat de service.

Équivalents: 3 équivalents protéines, 1 équivalent pain, 1 équivalent légume, 1 équivalent matières grasses, ½ équivalent fruit et ¼ équivalent lait.

Variante pour le Plan d'échanges illimités: Remplacer le pain blanc par 90 g (3 oz) ou 300 mL (1 ¼ tasse) de flocons de maïs émiettés.

« Muffins » à la dinde Ⓢ

2 portions de 30 g (1 oz) de biscuit feuilleté au babeurre prêt à cuire
10 mL (2 c. à thé) de margarine
125 mL (½ tasse) d'oignons, en dés
125 mL (½ tasse) de poivron vert, en dés
120 g (4 oz) de dinde cuite, sans peau ni os, en dés
60 g (2 oz) de cheddar, râpé
2 oeufs, légèrement battus

50 mL (¼ tasse) de piments forts en conserve, égouttés et hachés
5 mL (1 c. à thé) de sauce Worcestershire
2 mL (½ c. à thé) de moutarde de Dijon
1 pincée de poivre

Garniture :
Brins de persil

Séparer délicatement chaque biscuit feuilleté en quatre dans le sens de l'épaisseur. Pulvériser de l'enduit végétal antiadhérent dans 8 des 12 cavités de 6 cm (2 ½ po) d'un moule à muffins et garnir chacune avec une des abaisses ; réserver.

Préchauffer le four à 230°C (450°F). Dans un petit poêlon antiadhérent, faire mousser la margarine ; y faire revenir les oignons et le poivron jusqu'à ce que les oignons soient translucides et que le poivron soit tendre. Ôter le poêlon du feu et y ajouter les autres ingrédients, à l'exception du persil, et bien remuer. À la cuillère, remplir également chaque cavité préparée du moule avec le mélange (remplir partiellement avec de l'eau les cavités vides pour empêcher le moule de brûler ou de se déformer). Mettre au four pendant 15 à 20 minutes, jusqu'à ce que les « muffins » deviennent dorés. Prendre soin de vider l'eau bouillante du moule avant de démouler les « muffins » et les servir tièdes en les garnissant de brins de persil.

Équivalents : 2 équivalents protéines, ½ équivalent pain, ½ équivalent légume et ½ équivalent matières grasses.

* Il est recommandé de séparer les biscuits en abaisses dès leur sortie du réfrigérateur car la pâte est plus difficile à travailler lorsqu'elle est à la température ambiante.

Dinde sautée à l'orientale

PLAN D'ÉCHANGES ILLIMITÉS — DONNE 2 PORTIONS

Les restes de dinde prennent une nouvelle dimension grâce à ce plat délicieux.

15 mL (1 c. à table) d'huile d'arachide ou d'une autre huile végétale
250 mL (1 tasse) d'oignons, en dés
125 mL (½ tasse) de céleri, coupé en diagonale en morceaux de 0,5 cm (¼ po)
125 mL (½ tasse) de poivron vert, coupé en bâtonnets de 5 x 0,5 cm (2 x ¼ po)
125 mL (½ tasse) de bouquets de chou-fleur, blanchis

240 g (8 oz) de dinde cuite, sans peau ni os, coupée en fines lanières
175 mL (¾ tasse) d'eau
5 mL (1 c. à thé) de fécule de maïs
1 sachet de bouillon de poulet et assaisonnements tout préparés
5 mL (1 c. à thé) de sauce Hoisin
5 mL (1 c. à thé) de sauce teriyaki

Dans un poêlon antiadhérent de 30 cm (12 po) ou dans un wok, faire chauffer l'huile ; y faire sauter les légumes pendant 1 à 2 minutes en remuant rapidement et souvent, le céleri et le poivron devant rester croquants. Ajouter la dinde et bien remuer. Dans une tasse à mesurer ou un bol, délayer la fécule de maïs et le bouillon instantané dans l'eau ; les verser dans le poêlon et porter à ébullition en remuant constamment. Baisser le feu et laisser cuire jusqu'à ce que le mélange épaississe. Ajouter les sauces Hoisin et teriyaki, remuer et laisser cuire pendant 1 minute de plus.

Équivalents : 4 équivalents protéines, 1 ½ équivalents légume, 1 ½ équivalent matières grasses et 15 calories d'équivalent facultatif.

Veau

Lorsqu'un artiste peintre compose un tableau, il ne le conçoit que pour le plaisir des yeux; mais, lorsque nos maîtres queux conçoivent une recette, ils recherchent tout autant le plaisir des yeux que celui du palais. Depuis le Ragoût de veau jusqu'aux Piccata de veau, les chefs-d'oeuvre de notre « galerie d'art » culinaire vous feront apprécier le goût délicat de cette viande qui permet d'heureux mariages avec une multitude de sauces et d'assaisonnements.

Paupiettes de veau

Cette délicieuse recette peut vous paraître compliquée, mais elle est très facile à préparer; vos armoires de cuisine renferment certainement la plupart des ingrédients nécessaires et il ne vous faudra pas plus de 30 minutes pour cuisiner ce plat savoureux.

40 mL (2 c. à table et 2 c. à thé) de margarine

500 mL (2 tasses) d'oignons, en tranches fines

50 mL ($\frac{1}{4}$ tasse) de céleri, haché

4 gousses d'ail, haché finement, ou 5 mL (1 c. à thé) de poudre d'ail

500 mL (2 tasses) de champignons, en tranches fines

0,5 mL ($\frac{1}{8}$ c. à thé) de sel

0,5 mL ($\frac{1}{8}$ c. à thé) de poivre

250 mL (1 tasse) de riz à grains longs, cuit

50 mL ($\frac{1}{4}$ tasse) de persil frais, haché, divisé

20 mL (1 c. à table et 1 c. à thé) de parmesan râpé

8 escalopes de veau de 90 g (3 oz), aplaties à 0,5 cm ($\frac{1}{4}$ po) d'épaisseur

250 mL (1 tasse) de marsala sec

125 mL ($\frac{1}{2}$ tasse) de bouillon de poulet en conserve

Dans un poêlon antiadhérent de 30 cm (12 po), faire mousser à feu moyen la moitié de la margarine; y faire revenir les oignons, le céleri et l'ail pendant 2 minutes (*sans laisser brunir l'oignon*). Ajouter les champignons, le sel et le poivre et laisser cuire pendant 5 minutes de plus, jusqu'à ce que l'eau des champignons se soit presque entièrement évaporée. Transvaser le mélange dans un petit saladier; ajouter le riz, 30 mL (2 c. à table) de persil et le parmesan et bien remuer le tout. Étaler une quantité égale (environ 50 mL (3 c. à table combles) de ce mélange sur les escalopes et enrouler ces dernières autour de cette farce en rentrant les bords; maintenir ces paupiettes bien fermées avec des cure-dents.

Dans le même poêlon, faire mousser à feu moyen le reste de la margarine et y faire dorer les paupiettes de tous les côtés. Les déposer sur le plat de service, ôter les cure-dents et conserver les paupiettes au chaud.

Toujours dans le même poêlon, mélanger le vin et le bouillon; faire déglacer le jus de cuisson à feu vif et remuer jusqu'à ce que la sauce épaississe légèrement. En napper les paupiettes, garnir avec le persil qui reste et servir immédiatement.

Équivalents: 4 équivalents protéines, $\frac{1}{2}$ équivalent pain, 2 $\frac{1}{8}$ équivalents légume, 2 équivalents matières grasses et 75 calories d'équivalent facultatif.

Piccata de veau 🌓

PLAN D'ÉCHANGES ILLIMITÉS — DONNE 2 PORTIONS

45 mL (3 c. à table) de farine tout usage
2 mL (½ c. à thé) de sel
1 pincée de poivre
2 escalopes de veau désossées de 150 g (5 oz), coupées dans l'épaule
15 mL (1 c. à table) de margarine
250 mL (1 tasse) de champignons, en tranches fines

1 gousse d'ail, haché finement
50 mL (¼ tasse) de vin blanc sec
30 mL (2 c. à table) de persil à larges feuilles, haché
30 mL (2 c. à table) de jus de citron
1 petit citron, en tranches fines

Sur une feuille de papier ciré ou dans une assiette en carton, bien mélanger la farine, le sel et le poivre. Fariner la viande avec ce mélange et en réserver le reste.

Dans un poêlon antiadhérent de 30 cm (12 po), faire mousser la margarine ; y faire dorer la viande à feu vif des deux côtés. Transvaser dans le plat de service et réserver au chaud.

Dans le même poêlon, faire revenir les champignons et l'ail pendant 1 minute à feu moyen, en remuant constamment, jusqu'à ce que les champignons deviennent dorés. Saupoudrer avec le reste de la farine assaisonnée et remuer le tout rapidement. Ajouter le vin graduellement ; ajouter le persil, le jus de citron et porter à ébullition en remuant constamment. Baisser le feu et laisser mijoter jusqu'à ce que le mélange épaississe légèrement ; ajouter les tranches de citron et bien remuer. Pour servir, napper la viande avec cette sauce.

Équivalents : 4 équivalents protéines, ½ équivalent pain, 1 équivalent légume, 1 ½ équivalent matières grasses et 30 calories d'équivalent facultatif.

Côtelettes de veau grillées 🎨

2 côtelettes de 180 g (6 oz) de surlonge de veau
1 mL (¼ c. à thé) de feuilles de romarin, écrasées, divisées

0,5 mL (⅛ c. à thé) de poivre
10 mL (2 c. à thé) de margarine
5 mL (1 c. à thé) de jus de citron
1 mL (¼ c. à thé) de sel (facultatif)

Saupoudrer un côté de chaque côtelette avec le ¼ du romarin et du poivre; les disposer dans une lèchefrite. Déposer 2 mL (½ c. à thé) de margarine sur chacune et arroser avec le ¼ du jus de citron; les faire griller pendant 5 minutes à 15 cm (6 po) de la source de chaleur.

Retourner les côtelettes et les assaisonner de la même manière; y remettre la moitié de la margarine qui reste et laisser sous le gril pendant 4 à 5 minutes, jusqu'à ce qu'elles brunissent légèrement. Saler au goût; pour servir, arroser avec le jus de cuisson.

Équivalents: 4 équivalents protéines et 1 équivalent matières grasses.

Ragoût de veau

Les nouilles accompagnent parfaitement ce délicieux ragoût.

30 mL (2 c. à table) de farine tout usage

1 mL (¼ c. à thé) de sel

1 mL (¼ c. à thé) de poivre

600 g (1 ¼ lb) d'épaule de veau désossée, en cubes de 2,5 cm (1 po)

20 mL (1 c. à table et 1 c. à thé) de margarine

50 mL (¼ tasse) d'échalote ou d'oignon, en dés

40 mL (2 c. à table et 2 c. à thé) de vin blanc sec

250 mL (1 tasse) de champignons, en quartiers

125 mL (½ tasse) de céleri, en tranches

125 mL (½ tasse) de carottes, en tranches

7 mL (1 ½ c. à thé) de persil frais, haché

250 mL (1 tasse) d'eau

1 sachet de bouillon de poulet et assaisonnements tout préparés

1 feuille de laurier

Sur une feuille de papier ciré ou dans une assiette en carton, mélanger la farine, le sel et le poivre; bien fariner la viande avec ce mélange.

Dans une casserole de 2 L (8 tasses), faire mousser la margarine et y faire dorer la viande de tous les côtés. Faire revenir l'échalote (ou l'oignon) et le reste de farine assaisonnée jusqu'à ce qu'elle devienne translucide. Ajouter graduellement le vin et le porter à ébullition en remuant constamment. Ajouter les champignons, le céleri, les carottes et le persil et faire cuire pendant 3 minutes. Ajouter l'eau, le bouillon instantané et le laurier, remuer et porter de nouveau à ébullition. Diminuer le feu, couvrir et laisser mijoter pendant 45 à 50 minutes, jusqu'à ce que le veau soit tendre; ôter la feuille de laurier avant de servir.

Équivalents: 4 équivalents protéines, 1 ⅛ équivalent légume, 1 équivalent matières grasses et 30 calories d'équivalent facultatif.

Fricadelles de veau

PLAN D'ÉCHANGES ILLIMITÉS — DONNE 2 PORTIONS D'UNE FRICADELLE

15 mL (1 c. à table) de margarine, divisée
125 mL (½ tasse) d'oignons, en dés
1 gousse d'ail, haché finement
270 g (9 oz) de veau haché
85 mL (⅓ tasse et 2 c. à thé) de chapelure nature
1 oeuf
15 mL (1 c. à table) de persil à larges feuilles, haché

15 mL (1 c. à table) de jus de citron
2 mL (½ c. à thé) de sel
0,5 mL (⅛ c. à thé) de noix muscade, râpée
0,5 mL (⅛ c. à thé) de poivre, moulu
5 mL (1 c. à thé) de farine tout usage
1 sachet de bouillon de poulet et assaisonnements tout préparés, délayé dans 175 mL (¾ tasse) d'eau chaude

Dans un petit poêlon antiadhérent, faire mousser 5 mL (1 c. à thé) de margarine et y faire revenir les oignons et l'ail jusqu'à ce que les oignons deviennent translucides. Transvaser dans un saladier moyen; ajouter le veau, 45 mL (3 c. à table) de chapelure, l'oeuf, le persil, le jus de citron et l'assaisonnement. Bien combiner le tout et confectionner 2 fricadelles; bien les rouler dans la chapelure qui reste.

Dans le même poêlon, faire mousser le reste de la margarine; ajouter les fricadelles et les faire cuire à feu moyen en les retournant une fois, jusqu'à ce qu'elles deviennent dorées des deux côtés et cuites au goût (*ne pas les faire trop cuire*). Disposer les fricadelles sur le plat de service et garder au chaud. Ajouter la farine en pluie dans le jus de cuisson et bien remuer; ajouter graduellement le bouillon instantané et porter le tout à ébullition en remuant constamment. Diminuer le feu et laisser mijoter jusqu'à ce que la sauce épaississe; en napper les fricadelles et servir immédiatement.

Équivalents: 4 équivalents protéines, 1 équivalent pain, ½ équivalent légume, 1 ½ équivalent matières grasses et 10 calories d'équivalent facultatif.

Aubergines farcies au veau

PLAN D'ÉCHANGES ILLIMITÉS — DONNE 4 PORTIONS D'UNE DEMI-AUBERGINE

2 aubergines de 600 g (1 ¼ lb)
20 mL (1 c. à table et 1 c. à thé) d'huile d'olive ou d'une autre huile végétale
250 mL (1 tasse) d'oignons, hachés
15 mL (1 c. à table) d'ail, haché finement
500 mL (2 tasses) de champignons, en tranches
300 g (10 oz) de veau haché
250 mL (1 tasse) de tomates concassées en conserve

5 mL (1 c. à thé) de feuilles de basilic
2 mL (½ c. à thé) de sel
0,5 mL (⅛ c. à thé) de poivre, fraîchement moulu
375 mL (1 ½ tasse) de coudes (macaronis), cuits
120 g (4 oz) de mozzarella, râpée
20 mL (1 c. à table et 1 c. à thé) de parmesan râpé

1. Couper chaque aubergine en deux dans le sens de la longueur; les faire blanchir dans l'eau bouillante pendant 1 à 2 minutes, puis les égoutter et les laisser légèrement refroidir.

2. À la cuillère, ôter la pulpe des aubergines et confectionner des barquettes de 0,5 cm (¼ po) d'épaisseur avec leur peau; égoutter les barquettes à plat sur du papier absorbant et les réserver. Hacher la pulpe et la réserver.

3. Dans une casserole de 3 L (12 tasses), faire chauffer l'huile; y faire revenir les oignons et l'ail pendant 1 minute, jusqu'à ce que les oignons deviennent tendres. Régler le feu à chaleur vive, ajouter les champignons et les faire revenir en remuant constamment pendant 3 minutes, jusqu'à ce que tout le liquide se soit évaporé. Ajouter le veau et remuer pour le défaire en gros morceaux; laisser cuire en remuant constamment jusqu'à ce que la viande perde sa couleur rosée et commence à dorer. Ajouter les tomates, l'assaisonnement et la pulpe d'aubergine réservée et bien remuer. Régler le feu à chaleur douce et laisser cuire pendant 5 à 8 minutes, jusqu'à ce que le mélange commence à épaissir.

4. Préchauffer le four à 190°C (375°F). Ôter le poêlon du feu, ajouter les pâtes et bien remuer. Farcir chaque barquette réservée avec ce mélange; parsemer chacune des barquettes avec 30 g (1 oz) de mozzarella et de 5 mL (1 c. à thé) de parmesan. Mettre au four pendant 20 à 25 minutes, jusqu'à ce que le fromage commence à boursoufler.

Équivalents: 3 équivalents protéines, ½ équivalent pain, 5 équivalents légume, 1 équivalent matières grasses et 30 calories d'équivalent facultatif.

Sandwich à la saucisse de veau

PLAN D'ÉCHANGES ILLIMITÉS — DONNE 4 PORTIONS

1 pain italien croûté de 240 g (8 oz)
20 mL (1 c. à table et 1 c. à thé) d'huile
  d'olive
250 mL (1 tasse) d'oignons, en tranches
250 mL (1 tasse) de poivrons verts, en
  tranches

250 mL (1 tasse) de poivrons rouges,
  en tranches
1 gousse d'ail, haché finement
450 g (15 oz) de saucisse de veau
60 g (2 oz) de mozzarella, râpée

1. Couper le pain en deux dans le sens de la longueur et poser une des deux tranches ainsi obtenues sur du papier d'aluminium; réserver.

2. Dans un poêlon antiadhérent de 30 cm (12 po), faire chauffer 10 mL (2 c. à thé) d'huile; y faire revenir l'oignon, le poivron et l'ail en remuant de temps à autre, jusqu'à ce que les oignons deviennent légèrement dorés. Ôter les légumes du poêlon et les réserver.

3. Dans le même poêlon, faire chauffer l'huile qui reste; y faire cuire la saucisse en remuant souvent, jusqu'à ce qu'elle devienne dorée de tous les côtés. L'ôter du poêlon, la couper diagonalement en tranches, puis la mélanger avec les légumes.

4. Préchauffer le gril. À la cuillère, étaler le mélange précédent sur la tranche de pain préparée; la parsemer généreusement de mozzarella et la faire griller pendant 1 minute, jusqu'à ce que le fromage soit fondu. Sortir du gril et poser l'autre tranche par-dessus la première, de manière à obtenir un sandwich; pour servir, couper en 4 portions égales.

Équivalents: 3 ½ équivalents protéines, 2 équivalents pain, 1 ½ équivalent légume et 1 équivalent matières grasses.

Boulettes de veau à la bière

PLAN D'ÉCHANGES ILLIMITÉS — DONNE 4 PORTIONS DE 4 BOULETTES

4 tranches de pain blanc, en petits morceaux
250 mL (1 tasse) de bière, divisée
125 mL (½ tasse) d'eau
10 mL (2 c. à thé) de miel
30 mL (2 c. à table) de margarine, divisée

250 mL (1 tasse) d'oignons, en dés
1 gousse d'ail, haché finement
570 g (1 lb 3 oz) de veau haché
1 oeuf
15 mL (1 c. à table) de persil, haché
2 mL (½ c. à thé) de sel
1 pincée de poivre

Dans un saladier, mélanger le pain avec 50 mL (¼ tasse) de bière ; laisser tremper et réserver. Dans un bol, bien mélanger le reste de la bière avec l'eau et le miel et réserver.

Dans un poêlon antiadhérent de 30 cm (12 po), faire mousser 5 mL (1 c. à thé) de margarine et y faire revenir les oignons et l'ail jusqu'à ce que les oignons deviennent translucides. Mélanger les oignons avec le pain trempé ; ajouter le veau, l'oeuf, le persil, le sel et le poivre et bien combiner le tout. Confectionner 16 boulettes de 5 cm (2 po) de diamètre.

Dans le même poêlon, faire mousser à feu moyen le reste de la margarine ; ajouter les boulettes une à une et les faire dorer de tous les côtés (*ne pas les laisser brûler ; si nécessaire, baisser un peu le feu*). Ajouter le reste du mélange au miel et porter à ébullition. Régler le feu à chaleur douce et laisser mijoter pendant 1 minute.

Équivalents : 4 équivalents protéines, 1 équivalent pain, ½ équivalent légume, 1 ½ équivalent matières grasses et 35 calories d'équivalent facultatif.

Ragoût de veau à la mexicaine

PLAN D'ÉCHANGES ILLIMITÉS — DONNE 4 PORTIONS DE 300 mL (1 ¼ TASSE)

20 mL (1 c. à table et 1 c. à thé) d'huile d'olive ou d'une autre huile végétale
250 mL (1 tasse) d'oignons, en dés
250 mL (1 tasse) de poivrons verts, en dés
4 gousses d'ail, haché finement
360 g (12 oz) de veau haché
625 mL (2 ½ tasses) de tomates en conserve, égouttées et hachées grossièrement (réserver le liquide)
50 mL (¼ tasse) de pâte de tomates

5 mL (1 c. à thé) d'assaisonnement au chili
5 mL (1 c. à thé) de poivre de Cayenne, broyé (ou au goût)
2 mL (½ c. à thé) de sel
1 mL (¼ c. à thé) de poivre
50 mL (¼ tasse) de farine de maïs crue
240 g (8 oz) de haricots rouges en conserve, égouttés
90 g (3 oz) de cheddar extra-fort, râpé
2 tacos, brisés en gros morceaux

Dans une casserole de 4 L (16 tasses), faire chauffer l'huile et y faire revenir l'oignon, le poivron et l'ail jusqu'à ce que l'oignon devienne translucide. Ajouter le veau et le laisser cuire pendant 3 à 5 minutes en remuant constamment, jusqu'à ce qu'il perde sa couleur rosée ; ajouter les tomates, le liquide réservé, la pâte de tomates et l'assaisonnement, remuer et porter le tout à ébullition. Baisser le feu, couvrir et laisser mijoter pendant 20 minutes en remuant de temps à autre.

Ajouter la farine de maïs et bien la mélanger ; couvrir la casserole et laisser mijoter pendant 5 minutes de plus. Ajouter les haricots et bien les réchauffer. Pour servir, transvaser le mélange dans un saladier de 1,5 L (6 tasses) ; parsemer de fromage et disposer les morceaux de tacos tout autour du plat.

Équivalents : 4 équivalents protéines, 1 équivalent pain, 2 ½ équivalents légume et 1 équivalent matières grasses.

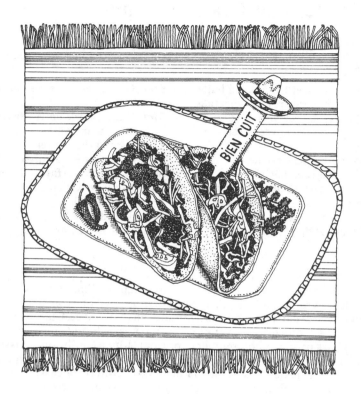

Viandes

Pour certains, il n'est pas de vrai repas sans viande. Si vous l'aimez «saignante», essayez notre Bifteck à la provençale et si vous la préférez «bien cuite», goûtez à notre Ragoût d'agneau aux aubergines.

Vous ne devez pas vous «saigner à blanc» ni «racler» votre compte en banque «jusqu'à l'os» pour préparer des délices carnés. En tranches, sautées, marinées, bouillies ou hachées, les viandes s'accommodent à toutes les sauces pour satisfaire vos besoins alimentaires sans ruiner vos finances.

Sauté de boeuf teriyaki

PLAN D'ÉCHANGES ILLIMITÉS — DONNE 2 PORTIONS

1 tranche de 300 g (10 oz) de bifteck de haut ou de bas de ronde
30 mL (2 c. à table) de sauce teriyaki
30 mL (2 c. à table) de xérès sec
15 mL (1 c. à table) de sauce Hoisin
5 mL (1 c. à thé) de gingembre frais, pelé et haché
1 gousse d'ail, écrasé

10 mL (2 c. à thé) d'huile d'arachide ou d'une autre huile végétale
250 mL (1 tasse) de carottes, râpées
250 mL (1 tasse) de chou vert, râpé
250 mL (1 tasse) d'oignons, en tranches fines

1. Faire durcir la viande au congélateur pendant 10 à 15 minutes pour pouvoir la couper plus facilement. La découper à contre-fil en tranches de 0,5 cm (¼ po) d'épaisseur. Dans un saladier, bien mélanger les sauces teriyaki et Hoisin, le xérès, le gingembre et l'ail ; ajouter le boeuf et bien remuer. Laisser mariner à température ambiante pendant 1 heure.

2. Dans un poêlon antiadhérent de 25 cm (10 po), faire chauffer l'huile ; y faire revenir les légumes en remuant constamment, jusqu'à ce que les carottes deviennent tendres.

3. Préchauffer le gril. Sortir la viande de la marinade et conserver cette marinade. Enfiler les tranches de viande sur 8 brochettes en bois de 20 cm (8 po) ; les poser sur la grille de la lèchefrite et les faire griller au goût.

4. Pendant que les brochettes cuisent, mélanger la marinade réservée avec les légumes sautés et faire réchauffer. Transvaser les légumes dans le plat de service et disposer les brochettes par-dessus.

Équivalents : 4 équivalents protéines, 3 équivalents légume, 1 équivalent matières grasses et 30 calories d'équivalent facultatif.

Rôti de boeuf à l'italienne

Nous vous suggérons de préparer ce rôti lorsque vous aurez le temps de cuisiner et d'en congeler des portions. Le jour où vous serez pressé, vous n'aurez plus qu'à réchauffer le rôti et à faire cuire les spaghettis et — en quelques minutes — vous pourrez déguster un délicieux repas.

1,5 kg (3 lb 2 oz) de rôti de croupe de boeuf, désossé

25 mL (1 c. à table et 2 c. à thé) d'huile végétale

500 mL (2 tasses) d'oignons, hachés

500 mL (2 tasses) de poivrons rouges ou verts, hachés

2 gousses d'ail, haché finement

250 mL (1 tasse) de sauce tomate

250 mL (1 tasse) de bourgogne rouge

30 mL (2 c. à table) de basilic frais, haché

30 mL (2 c. à table) de persil à larges feuilles, haché

5 mL (1 c. à thé) de sel

2 mL (½ c. à thé) de feuilles d'origan

2 mL (½ c. à thé) de poivre, moulu

1 L (4 tasses) de carottes, râpées

1,25 L (5 tasses) de spaghettis, cuits et chauds

Préchauffer le four à 160°C (325°F). Faire cuire le rôti sur la grille de la lèchefrite pendant 1 heure, la viande devant rester saignante.

Dans une grosse marmite de 5 L (20 tasses), faire chauffer l'huile à feu moyen ; ajouter la viande, l'oignon, le poivron et l'ail et faire dorer le rôti de tous les côtés, en remuant bien les légumes pour les empêcher de brûler. Ajouter les autres ingrédients, sauf les carottes et les spaghettis, et bien mélanger le tout. Régler le feu à chaleur douce, couvrir et laisser mijoter pendant 1 heure en retournant le rôti de temps à autre. Ajouter les carottes, couvrir et laisser cuire pendant 30 minutes de plus, jusqu'à ce que la viande devienne tendre. Sortir la viande de la marmite et la conserver au chaud.

Enlever la moitié du liquide et des légumes de la marmite ; dans le récipient du mélangeur électrique, homogénéiser le liquide et les légumes jusqu'à ce qu'ils deviennent lisses, par portion de 500 mL (2 tasses) à la fois. Combiner ce mélange avec ce qu'il reste dans la marmite, en réchauffant si nécessaire. Couper le rôti en tranches et les napper avec de la sauce ; servir chaque portion accompagnée de 125 mL (½ tasse) de spaghettis cuits et chauds.

Équivalents: 4 équivalents protéines, 1 équivalent pain, 2 équivalents légume, ½ équivalent matières grasses et 25 calories d'équivalent facultatif.

Remarque: Si vous désirez congeler ce plat, le service sera facilité si vous coupez la viande en tranches et la partagez en 10 portions; ajouter un volume égal de sauce dans les récipients de congélation. Les étiqueter et les congeler pour une utilisation ultérieure. Réchauffer le nombre de portions nécessaires avant de servir.

Biftecks à la provençale

PLAN D'ÉCHANGES ILLIMITÉS — DONNE 4 PORTIONS

4 biftecks de 150 g (5 oz) de longe de boeuf
20 mL (1 c. à table et 1 c. à thé) de margarine
125 mL (½ tasse) d'oignons verts, hachés finement

1 gousse d'ail, haché finement
30 mL (2 c. à table) de vermouth sec
2 tomates moyennes, coupées en tranches de 0,5 cm (¼ po) d'épaisseur
15 mL (1 c. à table) de basilic frais, haché

Préchauffer le gril. Sur la grille de la lèchefrite, faire griller les biftecks pendant 5 minutes de chaque côté, ou au goût.

Pendant que la viande grille, faire mousser la margarine dans un poêlon antiadhérent de 20 cm (8 po); y faire revenir les oignons verts et l'ail pendant 1 à 2 minutes, jusqu'à ce que les oignons deviennent tendres. Ajouter le vermouth et faire cuire pendant 1 minute en remuant constamment; ajouter les tomates et le basilic et les faire réchauffer, en remuant délicatement. Pour servir, napper les biftecks grillés de sauce aux tomates.

Équivalents: 4 équivalents protéines, 1 ¼ équivalent légume, 1 équivalent matières grasses et 10 calories d'équivalent facultatif.

Boeuf « à la crème » et aux champignons

PLAN D'ÉCHANGES ILLIMITÉS — DONNE 2 PORTIONS

300 g (10 oz) de filet de boeuf, en tranches de 2,5 cm (1 po) d'épaisseur
15 mL (1 c. à table) de margarine
30 mL (2 c. à table) d'oignon, haché finement
½ gousse d'ail, haché finement
250 mL (1 tasse) de champignons, en tranches fines
15 mL (1 c. à table) de farine tout usage
175 mL (¾ tasse) de bouillon de boeuf en conserve
10 mL (2 c. à thé) de pâte de tomates
125 mL (1 tasse) de yogourt hypocalorique nature
1 pincée de poivre, fraîchement moulu
15 mL (1 c. à table) de persil, haché
250 mL (1 tasse) de nouilles, cuites et chaudes, ou de riz à grains longs, cuit et chaud

Sur la grille de la lèchefrite, faire griller la viande à une distance de 5 à 10 cm (2 à 4 po) de la source de chaleur, en la retournant une fois et en veillant à ce qu'elle demeure saignante.

Pendant que la viande grille, faire mousser la margarine dans un poêlon de 23 cm (9 po); y faire revenir l'oignon et l'ail pendant 2 minutes, jusqu'à ce que l'oignon soit translucide. Ajouter les champignons et les faire cuire pendant 3 minutes, en remuant de temps à autre. Ajouter la farine en pluie sur les légumes et remuer le tout rapidement; ajouter progressivement le bouillon et bien remuer. Ajouter la pâte de tomates et laisser cuire en remuant constamment, jusqu'à ce que le mélange épaississe légèrement.

Ôter le poêlon du feu, puis ajouter le yogourt, le poivre et le persil et bien remuer; ajouter la viande et bien réchauffer (*sans laisser bouillir*). Servir sur un lit de pâtes ou de riz.

Équivalents: 4 équivalents protéines, 1 équivalent pain, 1 ⅛ équivalent légume, 1 ½ équivalent matières grasses, ½ équivalent lait et 35 calories d'équivalent facultatif.

Boeuf Hoisin aux légumes

PLAN D'ÉCHANGES ILLIMITÉS — DONNE 2 PORTIONS

10 mL (2 c. à thé) d'huile d'arachide ou d'une autre huile végétale

250 mL (1 tasse) d'oignons, en tranches fines

250 mL (1 tasse) de poivrons rouges, en tranches fines

2 gousses d'ail, haché finement

2 mL (½ c. à thé) de gingembre frais, pelé et haché

175 mL (¾ tasse) d'eau

15 mL (1 c. à table) de sauce Hoisin

5 mL (1 c. à thé) de fécule de maïs

1 sachet de bouillon de boeuf et assaisonnements tout préparés

250 mL (1 tasse) de bouquets de brocoli, blanchis

300 g (10 oz) de filet de boeuf ou de bifteck de surlonge

Dans un poêlon de 25 cm (10 po), faire chauffer l'huile ; y faire revenir l'oignon, le poivron, l'ail et le gingembre à feu moyen pendant 4 minutes, jusqu'à ce que les légumes deviennent croquants. Dans un bol, mélanger l'eau, la sauce Hoisin et la fécule et remuer jusqu'à ce que celle-ci soit bien délayée ; ajouter cette préparation et le bouillon instantané aux légumes et porter le tout à ébullition en remuant constamment. Continuer à cuire sans cesser de remuer et laisser épaissir ; ajouter le brocoli et bien combiner le tout. Baisser le feu au minimum de manière à conserver la sauce au chaud pendant que la viande grille.

Sur la grille de la lèchefrite, faire griller le boeuf pendant 4 à 5 minutes de chaque côté, selon l'épaisseur de la viande ; ôter la viande de la grille et la couper à contre-fil en tranches fines. Transvaser les légumes dans le plat de service et disposer le boeuf par-dessus.

Équivalents : 4 équivalents protéines, 3 équivalents légume, 1 équivalent matières grasses et 25 calories d'équivalent facultatif.

Gratin de macaronis au boeuf $

270 g (9 oz) de boeuf haché
10 mL (2 c. à thé) d'huile végétale ou d'huile d'olive
125 mL (½ tasse) d'oignons, en dés
2 gousses d'ail, haché finement
250 mL (1 tasse) de champignons, en tranches
15 mL (1 c. à table) de persil frais, haché
500 mL (2 tasses) de tomates concassées en conserve

1 mL (¼ c. à thé) de feuilles de basilic
1 mL (¼ c. à thé) de sel
1 mL (¼ c. à thé) de poivre
0,5 mL (⅛ c. à thé) de feuilles d'origan
250 mL (1 tasse) de zitis (gros macaronis), cuits
30 g (1 oz) de provolone en tranches fines, coupé en lanières

1. Confectionner une fricadelle avec le boeuf haché; sur la grille de la lèchefrite, la faire griller pendant 7 minutes en la retournant une fois. Bien émietter la viande et réserver.

2. Dans une casserole de 1,5 L (6 tasses), faire chauffer l'huile et y faire revenir les oignons et l'ail jusqu'à ce que les oignons deviennent tendres. Ajouter les champignons, le persil et le boeuf et faire revenir le tout pendant 5 minutes; ajouter les tomates, assaisonner et laisser mijoter pendant 15 minutes, en remuant de temps à autre.

3. Préchauffer le four à 180°C (350°F). Mélanger la viande et les pâtes et transvaser le tout dans un plat à gratin de 1 L (4 tasses); recouvrir de lamelles de fromage et réchauffer au four pendant 20 à 25 minutes.

4. Placer la commande du four sur « gril » et faire griller pendant 2 minutes, jusqu'à ce que le fromage devienne légèrement doré.

Équivalents: 4 équivalents protéines, 1 équivalent pain, 3½ équivalents légume et 1 équivalent matières grasses.

Hamburgers de luxe ❶❺

2 mL (½ c. à thé) d'huile végétale
50 mL (¼ tasse) d'oignon, en dés
300 g (10 oz) de haut-côté de boeuf, haché
15 mL (1 c. à table) de persil, haché
15 mL (1 c. à table) de yogourt hypocalorique nature
1 mL (¼ c. à thé) de sauce Worcestershire
1 pincée de sel

1 pincée de poivre
1 pincée de thym moulu
30 g (1 oz) de cheddar ou de fromage américain, en tranches
2 pains à hamburger de 60 g (2 oz)
2 feuilles de laitue Iceberg
½ tomate moyenne, en tranches
½ cornichon à l'aneth, en tranches

Dans un petit poêlon antiadhérent, faire chauffer l'huile et y faire revenir l'oignon jusqu'à ce qu'il devienne doré. Transvaser dans un petit saladier et ajouter la viande, le persil, le yogourt, la sauce Worcestershire et l'assaisonnement; bien combiner le tout. Confectionner deux galettes de viande et les faire griller pendant 7 à 10 minutes ou jusqu'à cuisson au goût sur la grille de la lèchefrite en ne les retournant qu'une seule fois. Les recouvrir de la moitié du fromage et les remettre à griller jusqu'à ce que le fromage soit fondu.

Pour servir, étaler une feuille de laitue sur chaque tranche de pain, y ajouter la tomate et le cornichon, y poser une galette de viande au fromage et recouvrir avec l'autre tranche de pain.

Équivalents: 4 ½ équivalents protéines, 2 équivalents pain, 1 ½ équivalent légume et 15 calories d'équivalent facultatif.

Fricassée de boeuf épicée 🌓💲

Votre cuisine contient probablement tous les ingrédients de cette recette — avec lesquels vous pourrez préparer ce plat succulent en 30 minutes.

300 g (10 oz) de boeuf haché
5 mL (1 c. à thé) de margarine
125 mL (½ tasse) d'oignons, en dés
1 gousse d'ail, haché finement
125 mL (½ tasse) de champignons, en tranches
250 mL (1 tasse) de sauce tomate
15 mL (1 c. à table) de persil, haché

2 mL (½ c. à thé) de moutarde de Dijon
1 mL (¼ c. à thé) de feuilles d'origan
1 mL (¼ c. à thé) de sauce Worcestershire
0,5 mL (⅛ c. à thé) de sel
1 filet de sauce forte
250 mL (1 tasse) de riz à grains longs, cuit et chaud

Confectionner deux fricadelles avec le boeuf et les faire griller pendant 5 minutes sur la grille de la lèchefrite en ne les retournant qu'une seule fois. Les laisser légèrement refroidir, puis bien les émietter.

Dans un poêlon de 23 ou 25 cm (9 ou 10 po), faire mousser la margarine ; y faire revenir les oignons et l'ail jusqu'à ce que les oignons soient tendres. Ajouter la viande et les champignons et faire revenir le tout pendant 5 minutes ; ajouter la sauce tomate, la moitié du persil, la moutarde, l'origan, la sauce Worcestershire, le sel et la sauce forte. Couvrir et laisser mijoter le tout pendant 10 à 15 minutes. Servir sur un lit de riz et saupoudrer avec le reste du persil.

Équivalents : 4 équivalents protéines, 1 équivalent pain, 2 équivalents légume, ½ équivalent matières grasses et 25 calories d'équivalent facultatif.

Pâté chinois à la crème $

600 g (1 ¼ lb) de boeuf haché
30 mL (2 c. à table) de margarine, divisée
500 mL (2 tasses) de carottes, en tranches fines
500 mL (2 tasses) de champignons, en tranches fines
250 mL (1 tasse) d'oignons, en dés

2 sachets de bouillon de boeuf et assaisonnements tout préparés
10 mL (2 c. à thé) de farine tout usage
375 mL (1 ½ tasse) de lait écrémé, divisé
360 g (12 oz) de pommes de terre, pelées, cuites et coupées en dés
2 mL (½ c. à thé) de paprika

Préchauffer le gril. Confectionner 4 fricadelles avec le boeuf et les faire griller pendant 5 minutes sur la grille de la lèchefrite en ne les retournant qu'une seule fois et en veillant à ce qu'elles demeurent saignantes. Sortir du gril et réserver.

Pulvériser de l'enduit végétal antiadhérent dans un plat à gratin de 2L (8 tasses) et réserver. Dans un poêlon antiadhérent de 30 cm (12 po), faire mousser la moitié de la margarine ; y faire revenir les carottes, les champignons et les oignons jusqu'à ce que les oignons soient translucides. Saupoudrer les légumes de bouillon instantané et de farine et remuer rapidement ; faire cuire pendant 1 minute en remuant constamment. Ajouter graduellement 250 mL (1 tasse) de lait et porter à ébullition en remuant constamment. Diminuer le feu et laisser mijoter jusqu'à ce que le mélange épaississe. Bien émietter le boeuf et le mélanger avec les légumes ; transvaser dans le plat à gratin préparé et réserver.

Préchauffer le four à 190°C (375°F). Dans une petite casserole, mélanger les pommes de terre avec le reste du lait et de la margarine ; porter à ébullition en remuant jusqu'à ce que la margarine soit fondue. Ôter du feu et, au mélangeur électrique, homogénéiser jusqu'à ce que la préparation soit bien lisse. Étaler la purée réalisée sur la viande, saupoudrer de paprika et faire réchauffer au four pendant 10 à 15 minutes. Régler le four à la position «gril» et faire griller pendant 1 à 2 minutes, jusqu'à ce que les pommes de terre deviennent dorées.

Équivalents : 4 équivalents protéines, 1 équivalent pain, 2½ équivalents légume, 1½ équivalent matières grasses, ¼ équivalent lait et 20 calories d'équivalent facultatif.

Pain de viande $

125 mL ($^1/_2$ tasse) de babeurre
1 oeuf
4 tranches de pain de blé entier, en dés
5 mL (1 c. à thé) d'huile végétale
125 mL ($^1/_2$ tasse) d'oignons, en dés
125 mL ($^1/_2$ tasse) de céleri, en dés
125 mL ($^1/_2$ tasse) de poivron rouge, en dés
125 mL ($^1/_2$ tasse) de carottes, râpées
1 gousse d'ail, haché finement
570 g (1 lb 3 oz) de haut-côté de boeuf, haché

2 mL ($^1/_2$ c. à thé) de sel
0,5 mL ($^1/_8$ c. à thé) de poivre
0,5 mL ($^1/_8$ c. à thé) de feuilles d'origan
0,5 mL ($^1/_8$ c. à thé) de feuilles de basilic
0,5 mL ($^1/_8$ c. à thé) de feuilles de thym, écrasées
45 mL (3 c. à table) d'assaisonnement au chili
12 mL (2 $^1/_2$ c. à thé) de cassonade, bien tassée
2 mL ($^1/_2$ c. à thé) de moutarde en poudre

1. Dans un saladier, mélanger le babeurre et l'oeuf; ajouter les dés de pain, remuer et réserver.

2. Dans un poêlon antiadhérent de 20 cm (8 po), faire chauffer l'huile; y faire revenir les légumes et l'ail en remuant constamment, jusqu'à ce que les légumes deviennent tendres. Ajouter les légumes au pain trempé, puis ajouter la viande, le sel, le poivre et les fines herbes et bien combiner le tout.

3. Dans un bol, bien mélanger le chili, la cassonade et la moutarde et réserver.

4. Préchauffer le four à 180°C (350°F). Pulvériser de l'enduit végétal antiadhérent sur la grille de la lèchefrite; y disposer le mélange à la viande en forme de couronne. Poser la grille sur la lèchefrite et laisser cuire pendant 35 à 40 minutes, jusqu'à ce que la viande soit dorée.

5. Au pinceau, étaler le mélange au chili sur toute la surface de la couronne et laisser cuire pendant 15 minutes de plus.

Équivalents: 4 équivalents protéines, 1 équivalent pain, 1 équivalent légume et 50 calories d'équivalent facultatif.

Suggestion de service: Disposer artistiquement 500 mL (2 tasses) de brocoli et 500 mL (2 tasses) de chou-fleur au centre et tout autour de la couronne; les légumes doivent alors être comptés pour 3 équivalents.

Tourte mexicaine $

Voici une recette aussi économique qu'originale qui vous fournira un repas complet instantané. Une salade combinée complètera parfaitement votre menu.

20 mL (1 c. à table et 1 c. à thé) de margarine

250 mL (1 tasse) d'oignons, hachés

125 mL (½ tasse) de poivron rouge, haché

1 gousse d'ail, haché finement

240 g (8 oz) de boeuf haché cuit, émietté

2 piments verts en conserve, hachés

20 mL (1 c. à table et 1 c. à thé) de pâte de tomates

5 mL (1 c. à thé) d'assaisonnement au chili

1 pincée de sel

1 pincée de poivre, fraîchement moulu

60 g (2 oz) de cheddar, râpé

175 mL (¾ tasse) de farine tout usage

125 mL (½ tasse) de babeurre

2 gros oeufs

1 mL (¼ c. à thé) de bicarbonate de soude (soda à pâte)

Préchauffer le four à 220°C (425°F). Dans un poêlon antiadhérent de 20 cm (8 po), faire mousser à feu moyen 5 mL (1 c. à thé) de margarine; y faire revenir les oignons, le poivron et l'ail pendant 3 minutes, jusqu'à ce que le poivron soit tendre. Ajouter la viande, les piments, la pâte de tomates, l'assaisonnement au chili, 2 mL (½ c. à thé) de sel et le poivre; faire cuire le tout pendant 5 minutes, en remuant de temps à autre pour que les saveurs se combinent. Transvaser le mélange dans un moule à tarte de 23 cm (9 po) et saupoudrer avec le fromage.

Dans le récipient du mélangeur électrique, travailler en pâte bien lisse la margarine qui reste avec la farine, le babeurre, les oeufs, le bicarbonate et une pincée de sel. Verser cette pâte sur la préparation de viande et laisser cuire au four pendant 30 minutes, jusqu'à ce que la croûte de la tourte devienne dorée.

Équivalents: 3 équivalents protéines, 1 équivalent pain, 1 équivalent légume, 1 équivalent matières grasses et 20 calories d'équivalent facultatif.

Salade mexicaine

Cette recette n'est pas qu'une manière originale d'accommoder les restes: elle constitue un plat parfait par une chaude soirée d'été. Vous pouvez en préparer les ingrédients dès le matin, les réfrigérer, puis les mélanger juste avant de servir au souper.

120 g (4 oz) de boeuf haché, cuit, émietté et réfrigéré
60 g (2 oz) de haricots rouges en conserve, égouttés
1 tomate moyenne très mûre, en dés
45 mL (3 c. à table) de jus de citron
30 mL (2 c. à table) d'oignon, haché
10 mL (2 c. à thé) d'huile d'olive

0,5 mL ($\frac{1}{8}$ c. à thé) de sel
0,5 mL ($\frac{1}{8}$ c. à thé) d'assaisonnement au chili
0,5 mL ($\frac{1}{8}$ c. à thé) de cumin moulu
1 à 2 gouttes de sauce forte
4 feuilles de laitue Iceberg
30 g (1 oz) de cheddar, râpé
2 tacos, brisés en morceaux

Dans un saladier de 1 L (4 tasses), combiner tous les ingrédients sauf la laitue, le fromage et les tacos; couvrir et réfrigérer jusqu'au moment de servir (ou pendant au moins 30 minutes).

Réfrigérer deux assiettes creuses. Les garnir avec 2 feuilles de laitue; déposer la moitié de la viande sur chaque lit de laitue et parsemer avec la moitié du cheddar râpé. Disposer la moitié des morceaux de tacos tout autour de chaque portion et servir.

Équivalents: 3 équivalents protéines, 1 équivalent pain, 1 $\frac{1}{2}$ équivalent légume et 1 équivalent matières grasses.

Spaghettis à la sauce italienne $

PLAN D'ÉCHANGES ILLIMITÉS — DONNE 4 PORTIONS

20 mL (1 c. à table et 1 c. à thé) d'huile d'olive ou d'une autre huile végétale
250 mL (1 tasse) d'oignons, en dés
250 mL (1 tasse) de poivrons rouges ou verts, en dés
2 gousses d'ail, haché finement
1 L (4 tasses) de tomates en conserve, réduites en purée au mélangeur électrique
480 g (1 lb) de bifteck haché, grillé et émietté
50 mL ($\frac{1}{4}$ tasse) de vin rouge sec

30 mL (2 c. à table) de persil à larges feuilles, haché
30 mL (2 c. à table) de pâte de tomates
1 feuille de laurier
1 mL ($\frac{1}{4}$ c. à thé) de feuilles d'origan
1 mL ($\frac{1}{4}$ c. à thé) de graines d'anis
1 mL ($\frac{1}{4}$ c. à thé) de sel
1 mL ($\frac{1}{4}$ c. à thé) de poivre
1 L (4 tasses) de spaghettis, cuits et chauds
40 mL (2 c. à table et 2 c. à thé) de parmesan râpé

Dans un poêlon antiadhérent de 30 cm (12 po) ou dans une casserole de 4 L (16 tasses), faire chauffer l'huile à feu moyen; y faire revenir les oignons, les poivrons et l'ail jusqu'à ce que les oignons deviennent translucides. Ajouter le reste des ingrédients, sauf les pâtes et le fromage, et bien remuer. Baisser le feu et laisser mijoter en remuant de temps à autre pendant 1 $\frac{1}{2}$ à 2 heures, jusqu'à ce que la sauce épaississe. Ôter et jeter la feuille de laurier avant de servir. Pour servir, napper 250 mL (1 tasse) de spaghettis avec le quart de la sauce et les saupoudrer avec 10 mL (2 c. à thé) de parmesan.

Équivalents: 4 équivalents protéines, 2 équivalents pain, 3 $\frac{1}{8}$ équivalents légume, 1 équivalent matières grasses et 35 calories d'équivalent facultatif.

Variantes:
1. Remplacer le boeuf haché par 480 g (1 lb) de petits cubes de viande de boeuf, passés sous le gril.
2. Remplacer le boeuf par 600 g (1 $\frac{1}{4}$ lb) de petits cubes de poitrine de poulet, sans peau ni os. Faire revenir les légumes comme précédemment, puis les ôter du poêlon et y faire dorer le poulet; remettre les légumes et continuer selon la recette originale.

Brochettes d'agneau mariné

125 mL (½ tasse) de jus de citron
15 mL (1 c. à table) d'eau
10 mL (2 c. à thé) de ketchup
5 mL (1 c. à thé) de miel
1 gousse d'ail, haché finement
2 mL (½ c. à thé) de flocons d'oignon
2 mL (½ c. à thé) de zeste de citron, râpé
2 mL (½ c. à thé) de feuilles d'origan

1 mL (¼ c. à thé) de menthe séchée
0,5 mL (⅛ c. à thé) de sel
300 g (10 oz) d'agneau, en cubes de 2,5 cm (1 po)
500 mL (2 tasses) d'aubergines, blanchies et en dés de 2,5 cm (1 po)
1 poivron vert moyen, épépiné et en dés de 2,5 cm (1 po)

Dans le récipient du mélangeur électrique, mélanger le jus de citron, l'eau, le ketchup, le miel et les assaisonnements et homogénéiser jusqu'à ce que cette préparation soit lisse; transvaser dans un saladier. Ajouter l'agneau et les aubergines et remuer pour bien les imprégner de marinade. Couvrir et réfrigérer pendant au moins 1 heure, en remuant de temps à autre.

Laisser tremper 4 brochettes de bambou pendant 10 minutes dans de l'eau. Préchauffer le gril. Enfiler sur chaque brochette, en les faisant alterner, le ¼ de l'agneau, des aubergines et du poivron; réserver la marinade. Déposer les brochettes sur la grille de la lèchefrite et les laisser sous le gril pendant 8 minutes en les arrosant de temps à autre avec de la marinade réservée, jusqu'à ce que la viande soit cuite au goût et que les légumes soient devenus tendres.

Équivalents: 4 équivalents protéines, 3 équivalents légume et 15 calories d'équivalent facultatif.

Gigot d'agneau à l'abricot ⬤

PLAN D'ÉCHANGES ILLIMITÉS — DONNE 2 PORTIONS

**20 mL (1 c. à table et 1 c. à thé) de
    tartinade hypocalorique à l'abricot
    (15 calories par 10 mL (2 c. à thé)
5 mL (1 c. à thé) de moutarde de Dijon
5 mL (1 c. à thé) de miel**

**5 mL (1 c. à thé) de sauce teriyaki
½ gousse d'ail, bien écrasée en purée
360 g (12 oz) de tranches de gigot
    d'agneau**

Dans un bol, bien combiner tous les ingrédients sauf l'agneau. Sur la grille de la lèchefrite, faire griller la viande pendant 1 à 2 minutes à une distance de 5 à 13 cm (2 à 5 po) de la source de chaleur (la distance variant selon l'épaisseur de la viande, des tranches épaisses seront placées plus près); étaler la moitié du mélange à la tartinade sur la viande et laisser sous le gril pendant 5 à 7 minutes de plus. Retourner la viande et la faire griller pendant 1 à 2 minutes de l'autre côté; y étaler le reste de la tartinade et la conserver au four pendant 5 à 7 minutes de plus (ou au goût).

Équivalents: 4 équivalents protéines et 25 calories d'équivalent facultatif.

Agneau « Primavera »

360 g (12 oz) de tranches de gigot d'agneau

10 mL (2 c. à thé) d'huile d'olive ou d'une autre huile végétale

125 mL (½ tasse) d'oignons, en tranches

2 gousses d'ail, haché finement

125 mL (½ tasse) de champignons, en morceaux

2 tomates moyennes, ébouillantées, pelées, épépinées et hachées

175 mL (¾ tasse) d'eau

10 mL (2 c. à thé) de pâte de tomates

1 sachet de bouillon de poulet et assaisonnements tout préparés

2 mL (½ c. à thé) de feuilles de romarin, écrasées avec 2 mL (½ c. à thé) de sel

125 mL (½ tasse) de petits pois, décongelés

125 mL (½ tasse) d'asperges, cuites et coupées en morceaux

50 mL (¼ tasse) de vin rosé

Sur la grille de la lèchefrite, faire griller l'agneau pendant 6 à 8 minutes de chaque côté, ou selon l'épaisseur de la viande.

Pendant que la viande grille, faire chauffer l'huile dans un poêlon de 25 cm (10 po); y faire revenir les oignons et l'ail jusqu'à ce que les oignons deviennent translucides. Ajouter les champignons et les faire cuire pendant 3 minutes en remuant de temps à autre, jusqu'à ce qu'ils deviennent tendres; ajouter les tomates, l'eau, la pâte de tomates, le bouillon instantané et le romarin écrasé et laisser cuire à feu moyen pendant 5 minutes en remuant de temps à autre, jusqu'à ce que le mélange épaississe. Ajouter les petits pois, les asperges et le vin et réchauffer pendant 3 minutes.

Disposer l'agneau sur l'assiette de service et l'entourer avec les légumes.

Équivalents: 4 équivalents protéines, ½ équivalent pain, 3½ équivalents légume, 1 équivalent matières grasses et 40 calories d'équivalent facultatif.

Ragoût d'agneau aux aubergines

300 g (10 oz) de gigot d'agneau, dés-
osé et coupé en cubes de 2,5 cm
(1 po)
10 mL (2 c. à thé) d'huile végétale
125 mL (½ tasse) d'oignons, hachés
2 gousses d'ail, haché finement
250 mL (1 tasse) de tomates en conserve, égouttées et hachées

175 mL (¾ tasse) d'eau
1 mL (¼ c. à thé) de sel
1 mL (¼ c. à thé) de cumin moulu
0,5 mL (⅛ c. à thé) de poivre
500 mL (2 tasses) d'aubergines, en dés
de 2,5 cm (1 po)
10 mL (2 c. à thé) de persil, haché

Sur la grille de la lèchefrite, faire griller la viande à une distance de 5 à 10 cm (2 à 4 po) de la source de chaleur, en la retournant jusqu'à ce qu'elle devienne dorée de tous les côtés ; réserver.

Dans une casserole de 2 L (8 tasses), faire chauffer l'huile et y faire revenir les oignons et l'ail jusqu'à ce que les oignons soient légèrement bruns. Ajouter l'agneau, les tomates, l'eau, le sel, le cumin et le poivre et porter à ébullition. Baisser le feu, couvrir et laisser mijoter pendant 50 minutes à 1 heure, jusqu'à ce que la viande se défasse facilement à la fourchette.

Ajouter les aubergines, couvrir et laisser cuire pendant 20 minutes, jusqu'à ce que les aubergines soient tendres. Pour servir, parsemer de persil.

Équivalents : 4 équivalents protéines, 3 ½ équivalents légume et 1 équivalent matières grasses.

Fricadelles d'agneau à la grecque

10 mL (2 c. à thé) d'huile d'olive
125 mL (½ tasse) d'oignons, hachés finement
1 gousse d'ail, haché finement
250 mL (1 tasse) de tomates en conserve
250 mL (1 tasse) de coeurs d'artichauts, décongelés

50 mL (¼ tasse) d'eau
2 mL (½ c. à thé) de sel, divisé
1 mL (¼ c. à thé) de poivre, divisé
1 mL (¼ c. à thé) de feuilles d'origan
300 g (10 oz) d'agneau haché
4 olives noires, dénoyautées et en tranches

Dans un poêlon de 25 cm (10 po), faire chauffer l'huile et y faire revenir les oignons et l'ail jusqu'à ce que les oignons soient translucides. Ajouter les tomates, les artichauts, la moitié du sel, l'eau et du poivre, ainsi que l'origan; couvrir et laisser mijoter pendant 15 minutes en remuant de temps à autre.

Dans un saladier moyen, mélanger la viande avec le reste du sel et du poivre pendant que la sauce mijote; former 4 fricadelles égales avec cette préparation. Les laisser griller pendant 7 minutes sur la grille de la lèchefrite, en les retournant une fois. Ajouter les fricadelles et les olives dans le poêlon, couvrir et laisser mijoter le tout pendant 5 minutes.

Équivalents: 4 équivalents protéines, 2½ équivalents légumes, 1 équivalent matières grasses et 10 calories d'équivalent facultatif.

Côtelettes d'agneau à l'abricot

2 « côtelettes » d'agneau de 180 g (6 oz), coupées dans l'épaule
10 mL (2 c. à thé) d'huile végétale
30 mL (2 c. à table) d'oignon, en dés
1 gousse d'ail, haché finement
20 mL (1 c. à table et 1 c. à thé) de tartinade hypocalorique à l'abricot (15 calories par 10 mL (2 c. à thé)

5 mL (1 c. à thé) de gingembre frais, haché
5 mL (1 c. à thé) de sauce soja
1 pincée de sel
1 pincée de poivre
125 mL (½ tasse) d'eau

Sur la grille de la lèchefrite, faire griller l'agneau pendant au moins 3 minutes de chaque côté, en veillant à ce qu'il demeure saignant; réserver.

Dans un poêlon de 25 cm (10 po), faire chauffer l'huile et y faire revenir l'oignon et l'ail jusqu'à ce que l'oignon soit tendre. Ajouter la tartinade, le gingembre et la sauce soja et porter le tout à ébullition. Saler et poivrer; ajouter la viande et l'eau à la sauce à l'abricot. Baisser le feu, couvrir et laisser mijoter pendant 30 minutes, en retournant la viande une fois, jusqu'à ce qu'elle se défasse facilement à la fourchette.

Équivalents: 4 équivalents protéines, $\frac{1}{8}$ équivalent légume, 1 équivalent matières grasses et 15 calories d'aliments diététiques.

Fricadelle d'agneau teriyaki

PLAN D'ATTAQUE no 1 — DONNE 1 PORTION

30 mL (2 c. à table) d'oignon, en dés
150 g (5 oz) d'agneau haché
15 mL (1 c. à table) de persil frais, haché

5 mL (1 c. à thé) de sauce Worcestershire
2 mL ($\frac{1}{2}$ c. à thé) de sauce teriyaki
0,5 mL ($\frac{1}{8}$ c. à thé) de poivre

Faire chauffer un petit poêlon antiadhérent et y faire légèrement brunir l'oignon en remuant constamment. Dans un bol, mélanger l'oignon avec les autres ingrédients et en confectionner une fricadelle. Sur la grille de la lèchefrite, faire griller la fricadelle en la retournant une fois, pendant 7 minutes ou jusqu'à cuisson au goût.

Équivalents: 4 équivalents protéines et $\frac{1}{4}$ équivalent légume.

Salade de porc 🕒 $

PLAN D'ATTAQUE no 1 — DONNE 1 PORTION

90 g (3 oz) de porc, désossé, cuit et coupé en lanières de 2,5 cm (1 po)
50 mL (¼ tasse) de céleri, en dés
50 mL (¼ tasse) de poivron rouge, en dés
15 mL (1 c. à table) d'oignons verts, hachés
30 mL (2 c. à table) de vinaigre de riz

5 mL (1 c. à thé) de mayonnaise
2 mL (½ c. à thé) de moutarde de Dijon
1 petite gousse d'ail, haché finement
1 mL (¼ c. à thé) de sel
0,5 mL (⅛ c. à thé) de poivre
2 feuilles de laitue romaine, Iceberg ou d'une autre laitue à feuilles détachées

Dans un bol, mélanger le porc, le céleri, le poivron et les oignons verts. Dans un autre bol, bien combiner le vinaigre, la mayonnaise, la moutarde, l'ail, le sel et le poivre ; verser cette vinaigrette sur la viande et bien mélanger. Servir sur un lit de laitue.

Équivalents : 3 équivalents protéines, 1 ½ équivalent légume et 1 équivalent matières grasses.

Rôti de porc aux fruits

PLAN D'ÉCHANGES ILLIMITÉS — DONNE 6 PORTIONS

1,1 kg (2 ¼ lb) de rôti de surlonge de porc
1 pincée de sel
15 mL (1 c. à table) d'huile végétale
2 gousses d'ail, haché finement
3 pêches moyennes, ébouillantées, pelées, dénoyautées et coupées en tranches

175 mL (¾ tasse) de xérès sec
50 mL (¼ tasse) de tartinade hypocalorique à l'abricot (15 calories par 10 mL (2 c. à thé)
15 mL (1 c. à table) de sucre cristallisé
15 mL (1 c. à table) de sauce teriyaki

Poser le rôti sur la grille de la lèchefrite et le saler. Y enfoncer le thermomètre à viande en veillant à ce qu'il ne touche pas l'os. Faire rôtir à 160 °C (325 °F) pendant 1 ½ heure, jusqu'à ce que le thermomètre indique 75 °C (170 °F). Sortir la lèchefrite du four.

Dans une casserole de 1 L (4 tasses), faire chauffer l'huile et y faire revenir l'ail à feu vif. Ajouter le reste des ingrédients et porter le tout à ébullition. Baisser le feu et laisser mijoter pendant 5 minutes, jusqu'à ce que la sauce soit légèrement épaissie. En napper le rôti et le replacer dans le four; le laisser cuire pendant 5 minutes de plus, jusqu'à ce que la sauce se caramélise légèrement.

Équivalents: 4 équivalents protéines, ½ équivalent matières grasses, ½ équivalent fruit et 55 calories d'équivalent facultatif.

Côtelettes de porc aux pommes Ⓢ

PLAN D'ATTAQUE no 2 — DONNE 4 PORTIONS

4 côtelettes de porc de 150 g (5 oz) chacune
2 mL (½ c. à thé) de sel
1 mL (¼ c. à thé) de poivre
1 mL (¼ c. à thé) de sauge moulue
10 mL (2 c. à thé) d'huile végétale
125 mL (½ tasse) d'oignons, en dés

360 g (12 oz) d'ignames, ébouillantées, pelées et en tranches de 0,5 cm (¼ po) d'épaisseur
2 petites pommes, évidées, pelées et coupées en tranches de 0,5 cm (¼ po) d'épaisseur
125 mL (½ tasse) d'eau

Sur la grille de la lèchefrite, faire griller les côtelettes en les retournant une fois et en veillant à ce qu'elles demeurent saignantes. Les saupoudrer avec la moitié du sel et du poivre et avec toute la sauge; réserver.
Préchauffer le four à 180°C (350°F). Dans un petit poêlon, faire chauffer l'huile et y faire revenir les oignons jusqu'à ce qu'ils deviennent translucides. Étaler les oignons au fond d'un plat à gratin de 2 L (8 tasses); les recouvrir avec les tranches d'igname et saupoudrer avec le reste du sel et du poivre. Étaler les tranches de pomme par-dessus, puis les recouvrir avec les côtelettes; ajouter l'eau et couvrir le plat. Faire cuire au four pendant 45 minutes. Enlever le couvercle et laisser cuire pendant 15 minutes de plus, jusqu'à ce que la viande se défasse facilement à la fourchette.

Équivalents: 3 équivalents protéines, 1 équivalent pain, ¼ équivalent légume, ½ équivalent matières grasses et ½ équivalent fruit.

Côtelettes de porc à l'oignon et aux pommes

PLAN D'ATTAQUE no 1 — DONNE 2 PORTIONS D'UNE CÔTELETTE

2 côtelettes de longe de porc de 180 g (6 oz) chacune

10 mL (2 c. à thé) de moutarde brune épicée

10 mL (2 c. à thé) de margarine

1 petite pomme, évidée, pelée et coupée en tranches fines

125 mL ($\frac{1}{2}$ tasse) d'oignons, en tranches

2 mL ($\frac{1}{2}$ c. à thé) de sarriette moulue

Garniture:
Brins de persil

Préchauffer le gril. Étaler la moutarde des deux côtés des côtelettes; les poser sur la grille de la lèchefrite et les faire griller au goût, en les retournant une fois.

Pendant que les côtelettes cuisent, faire mousser à feu moyen la margarine dans un petit poêlon antiadhérent; y faire revenir la pomme et les oignons jusqu'à ce que les oignons brunissent légèrement. Réduire le feu à chaleur douce et saupoudrer avec la sarriette; couvrir et laisser cuire, en remuant de temps à autre, jusqu'à ce que les pommes deviennent tendres.

Pour servir, déposer la viande sur des assiettes réchauffées, la napper de sauce aux pommes et garnir avec le persil.

Équivalents: 4 équivalents protéines, $\frac{1}{2}$ équivalent légume, 1 équivalent matières grasses et $\frac{1}{2}$ équivalent fruit.

Côtelettes de porc à la bordelaise

PLAN D'ÉCHANGES ILLIMITÉS — DONNE 2 PORTIONS

5 mL (1 c. à thé) d'huile végétale
50 mL (¼ tasse) d'oignon, en tranches
50 mL (¼ tasse) de céleri, en dés
1 gousse d'ail, haché finement
2 côtelettes de surlonge de porc de 180 g (6 oz), grillées mais encore saignantes
250 mL (1 tasse) de champignons, en tranches
50 mL (¼ tasse) de vin blanc sec
1 mL (¼ c. à thé) de feuilles de basilic

1 mL (¼ c. à thé) de sel
0,5 mL (⅛ c. à thé) de poivre
280 mL (1 tasse et 2 c. à table) d'eau, divisée
1 tomate moyenne, ébouillantée, pelée, épépinée et hachée
1 sachet de bouillon de poulet et assaisonnements tout préparés
5 mL (1 c. à thé) de fécule de maïs
10 mL (2 c. à thé) de persil, haché

Préchauffer le four à 160°C (325°F). Dans un poêlon antiadhérent de 25 cm (10 po) pouvant aller au four ou muni d'une poignée amovible, faire chauffer l'huile ; y faire revenir l'oignon, le céleri et l'ail jusqu'à ce que l'oignon devienne translucide. Ajouter la viande, les champignons, le vin, le basilic, le sel et le poivre et laisser bouillir pendant 2 minutes. Ajouter 250 mL (1 tasse) d'eau, la tomate et le bouillon instantané, remuer et porter de nouveau à ébullition. Ôter le poêlon du feu, le couvrir et le mettre au four pendant 45 à 50 minutes.

Dans un bol, délayer la fécule dans les 30 mL (2 c. à table) d'eau qui restent. Replacer le poêlon sur le feu, y verser la fécule et bien remuer ; porter à ébullition en remuant constamment et laisser cuire jusqu'à ce que le mélange épaississe. Pour servir, parsemer de persil.

Équivalents : 4 équivalents protéines, 2½ équivalents légume, ½ équivalent matières grasses et 40 calories d'équivalent facultatif.

Riz « frit » au porc 🌓 ⑤

Une délicieuse manière de transformer des restes en régal oriental.

10 mL (2 c. à thé) d'huile d'arachide ou d'une autre huile végétale
250 mL (1 tasse) de riz à grains longs, cuit
15 mL (1 c. à table) de sauce soja

50 mL (¼ tasse) d'oignons verts, en tranches
180 g (6 oz) de porc cuit, en dés
1 oeuf, battu

Dans un petit poêlon antiadhérent, faire chauffer l'huile et y faire réchauffer le riz et la sauce soja en remuant constamment. Ajouter les oignons verts et les faire revenir jusqu'à ce qu'ils soient tendres; ajouter la viande et bien laisser réchauffer le mélange. Ajouter graduellement l'oeuf et laisser cuire en remuant jusqu'à ce qu'il prenne; servir immédiatement.

Équivalents: 3½ équivalents protéines, 1 équivalent pain, ¼ équivalent légumes et 1 équivalent matières grasses.

Variante: Remplacer le porc par des dés de boeuf ou de poulet, ou par des crevettes cuites, décortiquées et déveinées (ou 180 g (6 oz) d'un mélange de ces derniers).

Porc aigre-doux à l'ananas

PLAN D'ÉCHANGES ILLIMITÉS — DONNE 2 PORTIONS

10 mL (2 c. à thé) d'huile d'arachide
125 mL (½ tasse) de poivron vert, en lanières
50 mL (¼ tasse) de carottes, en tranches fines
50 mL (¼ tasse) d'oignons verts, en tranches fines
2 gousses d'ail, haché finement
240 g (8 oz) de porc cuit, désossé et coupé en dés de 2,5 cm (1 po)
125 mL (½ tasse) de bouillon de poulet en conserve

10 mL (2 c. à thé) de vinaigre de vin rouge
10 mL (2 c. à thé) de sauce soja
5 mL (1 c. à thé) de cassonade, bien tassée
15 mL (1 c. à table) d'eau
10 mL (2 c. à thé) de fécule de maïs
125 mL (½ tasse) de morceaux d'ananas, non sucrés, en conserve

Dans un poêlon de 25 cm (10 po), faire chauffer l'huile ; y faire revenir le poivron, les carottes, les oignons verts et l'ail pendant 5 minutes, jusqu'à ce que les légumes soient tendres mais encore croquants. Ajouter la viande, le bouillon de poulet, le vinaigre, la sauce soja et la cassonade, puis remuer et porter le tout à ébullition. Baisser le feu et laisser mijoter pendant 5 minutes. Dans un bol, bien délayer la fécule dans l'eau ; l'ajouter dans le poêlon avec l'ananas et laisser cuire en remuant constamment jusqu'à ce que le mélange épaississe légèrement.

Équivalents : 4 équivalents protéines, 1 équivalent légume, 1 équivalent matières grasses, ½ équivalent fruit et 30 calories d'équivalent facultatif.

Fricassée de porc « à la crème » et aux pommes ⬤ $

PLAN D'ÉCHANGES ILLIMITÉS — DONNE 2 PORTIONS

10 mL (2 c. à thé) de margarine
50 mL (¼ tasse) d'oignon, en dés
1 petite pomme, évidée, pelée et coupée en tranches de 0,5 cm (¼ po) d'épaisseur
5 mL (1 c. à thé) de cassonade
10 mL (2 c. à thé) de farine tout usage
75 mL (⅓ tasse) de jus de pomme non sucré

50 mL (¼ tasse) de xérès sec
240 g (8 oz) de porc cuit, désossé et coupé en lanières
1 mL (¼ c. à thé) de sel
0,5 mL (⅛ c. à thé) de poivre blanc
50 mL (¼ tasse) de yogourt hypocalorique nature

Dans un poêlon antiadhérent de 23 ou 25 cm (9 ou 10 po), faire mousser la margarine et y faire revenir l'oignon jusqu'à ce qu'il devienne translucide. Ajouter la pomme et la cassonade et bien mélanger le tout ; verser la farine en pluie et remuer rapidement. Cuire pendant 2 minutes en remuant constamment ; ajouter progressivement le jus de pomme et bien mélanger le tout. Ajouter le xérès et porter à ébullition. Ajouter la viande, le sel et le poivre et laisser cuire à feu moyen en remuant constamment, jusqu'à ce que le mélange épaississe. Ajouter le yogourt et bien réchauffer (*mais sans laisser bouillir*).

Équivalents : 4 équivalents protéines, ¼ équivalent légume, 1 équivalent matières grasses, ¼ équivalent lait et 50 calories d'équivalent facultatif.

Boulettes de porc aux tomates $

125 mL (½ tasse) d'oignons, en dés
1 ½ gousse d'ail, haché finement
300 g (10 oz) de porc haché
1 tranche de pain blanc, coupée en dés
30 mL (2 c. à table) de yogourt hypocalorique nature
15 mL (1 c. à table) de persil frais, haché
1 mL (¼ c. à thé) de sel

1 mL (¼ c. à thé) de feuilles de romarin, écrasées
0,5 mL (⅛ c. à thé) de poivre
5 mL (1 c. à thé) d'huile végétale
250 mL (1 tasse) de tomates concassées en conserve
5 mL (1 c. à thé) de sauce Worcestershire

Dans un petit poêlon antiadhérent, mélanger la moitié des oignons et 1 mL (¼ c. à thé) d'ail ; les faire revenir en remuant constamment jusqu'à ce que les oignons deviennent translucides. Transvaser dans un saladier moyen et ajouter la viande, le pain, le yogourt, le persil, le sel, le romarin et le poivre ; bien mélanger le tout. Confectionner 8 boulettes de 6 cm (2 ½ po) et les faire griller, à 15 cm (6 po) de la source de chaleur, sur la grille de la lèchefrite, en les retournant une fois, jusqu'à ce qu'elles deviennent dorées.

Dans un poêlon de 25 cm (10 po), faire chauffer l'huile et y faire revenir le reste des oignons et de l'ail, jusqu'à ce que les oignons deviennent tendres. Ajouter les boulettes et bien les mélanger avec les oignons ; ajouter les tomates et la sauce Worcestershire et bien remuer. Couvrir et laisser mijoter pendant 30 minutes, en retournant les boulettes une fois.

Équivalents : 4 équivalents protéines, ½ équivalent pain, 1 ½ équivalent légume, ½ équivalent matières grasses et 10 calories d'équivalent facultatif.

257

Melon au prosciutto ⦿

Pour réaliser un agréable buffet, disposez en étoile 8 à 10 portions de la recette suivante sur un plat, en faisant alterner le prosciutto et le melon; garnissez le centre du plat d'un demi-citron et laissez vos invités se servir.

2 tranches de melon Honeydew de 5 cm (2 po) d'épaisseur
2 quartiers de citron

60 g (2 oz) de prosciutto, coupé en 4 tranches d'épaisseur égale

Avec un couteau bien affûté, ôter l'écorce du melon en laissant sa pulpe intacte. Couper la tranche de pulpe en deux dans le sens de la longueur, puis dans le sens de la largeur, et en replacer les morceaux sur l'écorce. Avec des cure-dents de fantaisie, piquer un quartier de citron au milieu de la tranche d'écorce, perpendiculairement à la pulpe. Enrouler serré chaque tranche de prosciutto sur elle-même; piquer le prosciutto de part et d'autre du citron. Recouvrir de pellicule plastique et réfrigérer jusqu'au moment de servir.

Équivalents: 1 équivalent protéines et 1 équivalent fruit.

Fricadelles de jambon à l'orange ⦿

240 g (8 oz) de fricadelles de jambon fumé toutes préparées
10 mL (2 c. à thé) de margarine
125 mL (½ tasse) d'oignons, en dés
5 mL (1 c. à thé) de farine tout usage
125 mL (½ tasse) de jus d'orange non sucré
10 mL (2 c. à thé) de moutarde de Dijon

125 mL (½ tasse) de quartiers de mandarine, non sucrés, en conserve

Garniture:
Brins de persil

Dans un poêlon antiadhérent de 30 cm (12 po), faire dorer les deux côtés des fricadelles à feu moyen; les ôter du poêlon et les réserver au chaud.

Dans le même poêlon, faire mousser la margarine et y faire revenir les oignons jusqu'à ce qu'ils dorent légèrement. Ajouter la farine en pluie et faire cuire pendant 1 minute en remuant constamment; ajouter graduellement le jus d'orange et porter à ébullition sans cesser de remuer. Diminuer le feu et laisser mijoter en remuant constamment, jusqu'à ce que le mélange épaississe; ajouter la moutarde et bien remuer. Ajouter les fricadelles et la mandarine et les laisser cuire; déposer les fricadelles sur le plat de service, napper de sauce et garnir de persil.

Équivalents: 4 équivalents protéines, ½ équivalent légume, 1 équivalent matières grasses, 1 équivalent fruit et 5 calories d'équivalent facultatif.

Omelette aux courgettes et au jambon

PLAN D'ATTAQUE no 2 — DONNE 4 PORTIONS

4 oeufs
50 mL (¼ tasse) d'eau
1 pincée de poivre
1 pincée de poudre d'ail
20 mL (1 c. à table et 1 c. à thé) de margarine
125 mL (½ tasse) d'oignons, hachés

250 mL (1 tasse) de courgettes, en tranches de 0,5 cm (¼ po) d'épaisseur
60 g (2 oz) de prosciutto ou de jambon fumé cuit, haché
60 g (2 oz) de mozzarella ou de fontina, râpé

Dans un bol, battre les oeufs en omelette avec l'eau et l'assaisonnement; réserver.

Dans un poêlon antiadhérent de 23 cm (9 po) muni d'une poignée détachable ou en métal, faire mousser la margarine et y faire revenir les oignons jusqu'à ce qu'ils deviennent translucides. Ajouter les courgettes et les faire revenir pendant 5 à 7 minutes, jusqu'à ce qu'elles se défassent facilement à la fourchette; ajouter la viande et faire cuire à feu moyen pendant 2 minutes, en remuant de temps à autre. Verser les oeufs battus sur les courgettes et remuer rapidement le tout avant que l'omelette ait eu le temps de prendre; parsemer de fromage et faire cuire en veillant à ce que le dessus de l'omelette reste baveux.

Placer le poêlon sous le gril et laisser cuire jusqu'à ce que l'omelette commence à gonfler et à dorer; faire glisser l'omelette sur le plat de service réchauffé et servir immédiatement.

Équivalents: 2 équivalents protéines, ¾ équivalent légume et 1 équivalent matières grasses.

Tartinade ou trempette au jambon

PLAN D'ATTAQUE no 2 — DONNE 4 PORTIONS

150 mL (²/₃ tasse) de fromage cottage
20 mL (1 c. à table et 1 c. à thé) de margarine
180 g (6 oz) de jambon cuit, haché

30 mL (2 c. à table) d'oignons verts, hachés
15 mL (1 c. à table) de moutarde brune épicée

Dans le récipient du mélangeur électrique, bien liquéfier le fromage et la margarine ; ajouter les autres ingrédients et homogénéiser de nouveau le tout.

Équivalents : 2 équivalents protéines et 1 équivalent matières grasses.

Suggestions de service :
1. Vous pouvez étaler une quantité égale de tartinade sur 16 toasts Melba et garnir chacun avec un brin de persil. Compter alors 1 équivalent pain de plus.
2. Vous pouvez utiliser la recette précédente comme une trempette accompagnant des légumes crus en bâtonnets. Il faut alors ajouter les légumes à vos équivalents de la journée.

Escalope de jambon caramélisée

PLAN D'ÉCHANGES ILLIMITÉS — DONNE 4 PORTIONS

30 mL (2 c. à table) de confiture d'ananas
30 mL (2 c. à table) de vermouth sec
5 mL (1 c. à thé) de cassonade, bien tassée

5 mL (1 c. à thé) de moutarde de Dijon
480 g (1 lb) de steak de jambon, désossé et cuit
12 clous de girofle

Dans une petite casserole, bien combiner la confiture, le vermouth, la cassonade et la moutarde ; faire chauffer le mélange à feu doux jusqu'à ce que le sucre soit fondu.

Préchauffer le gril. Avec un couteau pointu, entailler en croix un des côtés du jambon et y piquer les clous de girofle; le mettre dans un plat à gratin juste assez grand pour le contenir à plat. Napper toute sa surface avec le mélange précédent et le faire griller pendant 3 minutes, jusqu'à ce que mélange soit caramélisé.

Équivalents: 4 équivalents protéines et 40 calories d'équivalent facultatif.

Sandwich au bacon à la russe

PLAN D'ÉCHANGES ILLIMITÉS — DONNE 4 PORTIONS D'UN SANDWICH

Sauce:
40 mL (2 c. à table et 2 c. à thé) de mayonnaise
40 mL (2 c. à table et 2 c. à thé) de ketchup
20 mL (1 c. à table et 1 c. à thé) de moutarde brune épicée

Sandwich:
360 g (12 oz) de bacon de dos, en tranches
8 tranches de pain de blé entier, grillées
2 tomates moyennes, en tranches fines
8 feuilles de laitue Iceberg

Préparation de la sauce: Dans un bol, bien combiner la mayonnaise, le ketchup et la moutarde; couvrir et réfrigérer.

Préparation du sandwich: Dans un poêlon antiadhérent de 30 cm (12 po), faire dorer le bacon. En déposer une quantité égale sur 4 tranches de pain grillées; ajouter des quantités égales de tomate et de laitue et recouvrir le tout avec 1 autre tranche de pain. Couper chaque sandwich en quatre et servir les portions avec de la sauce refroidie.

Équivalents: 3 équivalents protéines, 2 équivalents pain, 1 ½ équivalent légume, 2 équivalents matières grasses et 10 calories d'équivalent facultatif.

Choucroute garnie « express »

PLAN D'ÉCHANGES ILLIMITÉS — DONNE 2 PORTIONS

Nous vous conseillons d'utiliser de préférence de la choucroute réfrigérée en sac de plastique (semi-conserve) car elle est habituellement plus croquante et moins salée que la choucroute en conserve.

10 mL (2 c. à thé) de margarine
50 mL (¼ tasse) de céleri, en dés
50 mL (¼ tasse) d'oignon, en dés
50 mL (¼ tasse) de poivron vert, en dés
180 g (6 oz) de saucisses de Francfort, coupées en diagonale en morceaux de 1 cm (½ po)
75 mL (⅓ tasse) d'eau

10 mL (2 c. à thé) de vinaigre de vin blanc
5 mL (1 c. à thé) de sucre cristallisé
5 mL (1 c. à thé) de fécule de maïs
1 pincée de poivre
250 mL (1 tasse) de choucroute, égouttée

Dans un poêlon antiadhérent de 25 cm (10 po), faire mousser la margarine ; y faire revenir le céleri, l'oignon et le poivron jusqu'à ce qu'ils deviennent tendres et légèrement dorés. Transvaser dans un plat et réserver.

Dans le même poêlon, faire revenir les saucisses jusqu'à ce qu'elles soient dorées ; les transvaser dans le même plat que les légumes.

Dans une tasse à mesurer ou un bol, mélanger l'eau, le vinaigre, le sucre, la fécule et le poivre en remuant bien pour délayer la fécule ; verser dans le poêlon, ajouter la choucroute et porter le tout à ébullition. Diminuer le feu et laisser mijoter en remuant constamment, jusqu'à ce que la sauce épaississe ; y ajouter les légumes et la saucisse et bien faire réchauffer le tout en remuant.

Équivalents : 3 équivalents protéines, 1¾ équivalent légume, 1 équivalent matières grasses et 15 calories d'équivalent facultatif.

Fricassée de rognons de veau au bacon

PLAN D'ÉCHANGES ILLIMITÉS — DONNE 4 PORTIONS

540 g (1 lb 2 oz) de rognons de veau, parés, dégraissés, ouverts en deux dans le sens de la longueur, mis à dégorger pendant 1 heure dans de l'eau puis égouttés
10 mL (2 c. à thé) d'huile végétale
250 mL (1 tasse) d'oignons, en dés
1 gousse d'ail, haché finement
60 g (2 oz) de bacon de dos, en dés
15 mL (1 c. à table) de farine tout usage

125 mL (½ tasse) de vin blanc sec
125 mL (½ tasse) de bouillon de boeuf en conserve
30 mL (2 c. à table) de persil frais, haché
1 pincée de sel
1 pincée de poivre
500 mL (2 tasses) de riz à grains longs, cuit et chaud

Hacher grossièrement les rognons égouttés et réserver. Dans un poêlon anti-adhérent de 25 cm (10 po), faire chauffer l'huile et y faire revenir l'oignon et l'ail jusqu'à ce que l'oignon soit translucide. Ajouter le bacon et laisser dorer le tout. Transvaser ensuite dans un bol et réserver.

Dans le même poêlon, faire dorer les rognons; remettre l'oignon et le bacon dans le poêlon et bien mélanger le tout. Saupoudrer le mélange de farine et remuer rapidement pour mélanger; cuire pendant 1 minute en remuant constamment. Ajouter le vin progressivement, puis le bouillon, et porter le tout à ébullition sans cesser de remuer. Baisser le feu, couvrir et laisser mijoter pendant 30 à 35 minutes, jusqu'à ce que les rognons soient tendres. Ajouter le persil, le sel et le poivre, mélanger et servir sur un lit de riz chaud.

Équivalents: 4 équivalents protéines, 1 équivalent pain, ½ équivalent légume, ½ équivalent matières grasses et 45 calories d'équivalent facultatif.

Langue au raifort ⊙ ⑤

PLAN D'ÉCHANGES ILLIMITÉS — DONNE 2 PORTIONS

125 mL (½ tasse) de yogourt hypocalorique nature
15 mL (1 c. à table) de persil frais,
haché
15 mL (1 c. à table) de raifort
10 mL (2 c. à thé) de moutarde de
Dijon

5 mL (1 c. à thé) d'oignons verts,
hachés
1 mL (1 c. à thé) de sucre cristallisé
240 g (8 oz) de langue fraîche, cuite, en
tranches et réfrigérée

Dans un bol, mélanger tous les ingrédients sauf la langue. Disposer les tranches
de langue sur le plat de service et servir accompagné de sauce.

Équivalents: 4 équivalents protéines, ½ équivalent lait et 3 calories d'équivalent
facultatif.

Salade de langue

PLAN D'ÉCHANGES ILLIMITÉS — DONNE 4 PORTIONS

1 aubergine d'environ 480 g (1 lb), coupée en rondelles de 1 cm (½ po)
d'épaisseur
360 g (12 oz) de langue marinée,
émincée
2 tomates moyennes, ébouillantées,
pelées, épépinées et hachées grossièrement
250 mL (1 tasse) de poivrons rouges,
en tranches fines
50 mL (¼ tasse) d'oignons verts,
hachés

30 mL (2 c. à table) de vinaigre de vin
rouge
30 mL (2 c. à table) de jus de citron
20 mL (1 c. à table et 1 c. à thé) d'huile
d'olive
1 gousse d'ail, haché finement
1 mL (¼ c. à thé) de poivre
0,5 mL (⅛ c. à thé) de sel
15 mL (1 c. à table) de persil frais,
haché

Pulvériser de l'enduit végétal antiadhérent sur une plaque à biscuits; y disposer
les tranches d'aubergine et les faire cuire au four à 180°C (350°F) pendant 30
minutes en les retournant une fois, jusqu'à ce qu'elles deviennent tendres. Les
couper en dés de 1 cm (½ po).

Dans un saladier, mélanger l'aubergine, la langue, les tomates, les poivrons et les oignons verts; dans un bol, bien combiner le reste des ingrédients, sauf le persil. Verser la sauce ainsi obtenue sur la salade et bien remuer; couvrir et refrigérer. Remuer de nouveau au moment de servir et parsemer de persil.

Équivalents: 3 équivalents protéines, 3 $\frac{1}{8}$ équivalents légume et 1 équivalent matières grasses.

Foie

Le foie devrait occuper une place importante dans la composition de vos menus car il présente l'avantage d'être à la fois économique sur le plan financier et très riche sur le plan nutritif.Que la « roue de la Fortune » s'arrête sur le Pâté de foies de poulet ou sur le Rumaki, vous décrocherez certainement le « gros lot ».

N'hésitez pas à « tenter votre chance » avec les recettes qui suivent car elles vous prouveront qu'en perdant du poids, on peut aussi gagner en se débarrassant de vieux préjugés sur le foie: on gagne ainsi à tout coup.

Pâté de foies de poulet $

PLAN D'ÉCHANGES ILLIMITÉS — DONNE 2 PORTIONS

300 g (10 oz) de foies de poulet
1 sachet de bouillon de poulet et assaisonnements tout préparés
20 mL (1 c. à table et 1 c. à thé) de vermouth sec
180 g (6 oz) de pommes de terre, cuites, pelées et coupées en dés
50 mL (¼ tasse) d'oignon, haché

50 mL (¼ tasse) de lait écrémé évaporé
10 mL (2 c. à thé) de margarine
2 mL (½ c. à thé) de moutarde de Dijon
1 mL (¼ c. à thé) de sel
1 mL (¼ c. à thé) de noix muscade, râpée
1 pincée de poivre

Dans un poêlon antiadhérent de 23 cm (9 po), mélanger les foies et le bouillon instantané; faire dorer pendant 5 minutes en remuant souvent, l'intérieur des foies devant rester rosé. Ajouter le vermouth et réserver.

Dans le récipient du robot culinaire, travailler ensemble les autres ingrédients jusqu'à ce qu'ils soient réduits en purée; ajouter les foies et leur jus de cuisson et mélanger légèrement le tout. En raclant bien les parois avec une spatule en caoutchouc, transvaser le mélange dans un moule à pain antiadhérent de 19 x 9 x 6 cm (7⅜ x 3⅝ x 2¼ po); couvrir et réfrigérer pendant toute la nuit ou pendant au moins 3 heures.

Pour servir, démouler le pâté sur le plat de service après en avoir décollé les bords avec une lame de couteau ou une spatule.

Équivalents: 4 équivalents protéines, 1 équivalent pain, ¼ équivalent légume, 1 équivalent matières grasses, ¼ équivalent lait et 15 calories d'équivalent facultatif.

Foies de poulet « à la crème » aux champignons 🎨 💲

10 mL (2 c. à thé) de margarine
300 g (10 oz) de foies de poulet
500 mL (2 tasses) de champignons, en tranches
1 sachet de soupe à l'oignon et assaisonnements tout préparés
1 mL ($\frac{1}{4}$ c. à thé) de paprika
1 mL ($\frac{1}{4}$ c. à thé) de sel
1 pincée de poivre
15 mL (1 c. à table) d'eau

5 mL (1 c. à thé) de farine tout usage
30 mL (2 c. à table) de yogourt hypocalorique nature
2 tranches de pain blanc, grillées et coupées en triangles

Garniture:
30 mL (2 c. à table) de persil frais, haché

Dans un petit poêlon, faire mousser la margarine. Ajouter les foies, les champignons, la soupe instantanée, le paprika, le sel et le poivre; couvrir et laisser cuire le tout pendant 5 minutes, en remuant de temps à autre.

Dans un bol, bien délayer la farine dans l'eau et l'ajouter dans le poêlon. Cuire à feu moyen en remuant constamment jusqu'à ce que le mélange épaississe. Ôter le poêlon du feu et incorporer le yogourt.

Disposer 4 triangles de pain grillé sur deux assiettes et étaler la moitié du foie sur chaque portion de pain; parsemer chacune de 15 mL (1 c. à table) de persil avant de servir.

Équivalents: 4 équivalents protéines, 1 équivalent pain, 2 équivalents légume, 1 équivalent matières grasses et 20 calories d'équivalent facultatif.

Rumaki

120 g (4 oz) de bacon de dos
150 g (5 oz) de foies de poulet, coupés en gros morceaux
45 g (1 $\frac{1}{2}$ oz) de châtaignes d'eau en conserve, égouttées
50 mL ($\frac{1}{4}$ tasse) de sauce teriyaki

5 mL (1 c. à thé) d'huile végétale
2 mL ($\frac{1}{2}$ c. à thé) de cassonade, bien tassée
1 morceau de 2,5 cm (1 po) de gingembre frais, pelé et coupé en tranches

Couper le bacon en bandes de 8 x 2,5 x 0,3 cm (3 x 1 x ⅛ po) ; comme vous avez besoin d'autant de bandes de bacon que de morceaux de foie et de châtaignes d'eau, couper ces dernières en deux, au besoin.

Déposer 1 morceau de foie et 1 châtaigne d'eau sur chaque bande de bacon ; enrouler le bacon autour et fixer le tout avec un cure-dents. Les déposer au fond d'un saladier peu profond. Dans un bol, bien mélanger la sauce teriyaki, l'huile, la cassonade et le gingembre ; verser ce mélange sur le bacon et remuer. Couvrir et réfrigérer pendant 1 heure, en remuant de temps à autre.

Préchauffer le gril. Disposer les rouleaux sur une lèchefrite antiadhérente et réserver leur marinade. Les faire griller en les retournant fréquemment et en les badigeonnant de marinade, jusqu'à ce que l'intérieur des foies perde sa couleur rosée. Déposer sur le plat de service et servir très chaud.

Équivalents : 2 équivalents protéines et 25 calories d'équivalent facultatif.

Fricassée de foies aux légumes

PLAN D'ATTAQUE no 1 — DONNE 2 PORTIONS

---

10 mL (2 c. à thé) de margarine
125 mL (½ tasse) d'oignons, en dés
1 gousse d'ail, haché finement
300 g (10 oz) de foies de poulet
125 mL (½ tasse) de poivrons verts, en tranches

1 tomate moyenne, coupée en 8 quartiers
1 pincée de sel

Dans un poêlon de 23 cm (9 po), faire mousser la margarine et y faire revenir les oignons et l'ail jusqu'à ce qu'ils soient tendres. Ajouter les foies et les faire sauter à feu moyen pendant 3 minutes ; ajouter les poivrons et faire revenir pendant 2 minutes de plus. Ajouter la tomate et retirer du feu dès qu'elle est chaude ; saler et servir.

Équivalents : 4 équivalents protéines, 2 équivalents légume et 1 équivalent matières grasses.

Foie aux fines herbes

PLAN D'ÉCHANGES ILLIMITÉS — DONNE 2 PORTIONS

10 mL (2 c. à thé) d'huile végétale
250 mL (1 tasse) de champignons, en tranches
125 mL (½ tasse) de carottes, en julienne
125 mL (½ tasse) de poivrons verts, en fines lanières
1 gousse d'ail, haché finement
300 g (10 oz) de foie de veau, en bandes de 2,5 cm (1 po) de large
125 mL (½ tasse) de bouillon de poulet en conserve, divisé

10 mL (2 c. à thé) de farine tout usage
2 tomates moyennes, ébouillantées, pelées, épépinées et hachées
1 mL (¼ c. à thé) de feuilles de romarin, écrasées
1 pincée de sel
1 pincée de poivre

Garniture :
15 mL (1 c. à table) de persil frais, haché

Dans un poêlon de 23 cm (9 po), faire chauffer l'huile ; y faire revenir les champignons, les carottes, les poivrons et l'ail pendant 5 minutes, jusqu'à ce que les légumes soient tendres mais encore croquants. Ajouter le foie et le faire revenir rapidement pendant 5 minutes, jusqu'à ce que sa couleur rosée ait disparu. Dans un bol, délayer la farine dans 15 mL (1 c. à table) de bouillon ; ajouter les légumes, le foie et le reste des ingrédients, sauf le persil. Laisser cuire en remuant constamment, jusqu'à ce que la sauce épaississe ; servir en parsemant de persil.

Équivalents : 4 équivalents protéines, 4 équivalents légume, 1 équivalent matières grasses et 20 calories d'équivalent facultatif.

Foie de boeuf ou de veau au vin

PLAN D'ÉCHANGES ILLIMITÉS — DONNE 2 PORTIONS

Ce plat est tout aussi délicieux avec des foies de poulet.

10 mL (2 c. à thé) de margarine
125 mL (½ tasse) d'oignons, hachés
1 petite gousse d'ail, haché finement
300 g (10 oz) de foie de boeuf ou de veau, en tranches fines
40 mL (2 c. à table et 2 c. à thé) de vin blanc

0,5 mL (⅛ c. à thé) de poudre de thym
2 tranches de pain blanc, grillées et coupées diagonalement en deux
10 mL (2 c. à thé) de persil frais, haché

Dans un poêlon de 23 ou 25 cm (9 ou 10 po), faire mousser la margarine; y faire revenir les oignons et l'ail jusqu'à ce que les oignons soient tendres. Ajouter le foie et le faire cuire pendant 5 à 7 minutes en le retournant une fois, jusqu'à ce qu'il soit ferme; ajouter le vin et le thym et laisser cuire pendant 2 minutes de plus. Disposer 2 triangles de pain sur 2 assiettes; étaler la moitié du foie sur chaque portion de pain et parsemer chacune de 5 mL (1 c. à thé) de persil.

Équivalents: 4 équivalents protéines, 1 équivalent pain, ½ équivalent légume, 1 équivalent matières grasses et 20 calories d'équivalent facultatif.

Foie de veau à la diable

PLAN D'ÉCHANGES ILLIMITÉS — DONNE 2 PORTIONS

125 mL (½ tasse) de yogourt hypocalorique nature
2 mL (½ c. à thé) de moutarde de Dijon
1 mL (¼ c. à thé) de sauce Worcestershire
10 mL (2 c. à thé) de margarine
125 mL (½ tasse) d'oignons, en dés

300 g (10 oz) de foie de boeuf, coupé en lanières de 1 cm (½ po) de large
10 mL (2 c. à thé) de farine tout usage
0,5 mL (⅛ c. à thé) de feuilles de thym
1 pincée de sel
1 pincée de poivre

Dans un bol, mélanger le yogourt, la moutarde et la sauce Worcestershire; réserver.

Dans un poêlon de 23 cm (9 po), faire mousser la margarine et y faire revenir les oignons jusqu'à ce qu'ils soient tendres. Ajouter le foie et saupoudrer de farine; ajouter le thym et le poivre et faire revenir à feu moyen pendant 5 minutes, jusqu'à ce que le foie soit cuit mais reste rosé à l'intérieur. Réduire le feu à chaleur moyenne, ajouter le yogourt et bien remuer; réchauffer (*sans laisser bouillir*). Saler.

Équivalents: 4 équivalents protéines, ½ équivalent légume, 1 équivalent matières grasses, ½ équivalent lait et 10 calories d'équivalent facultatif.

Sauté de foie 🌓 💲

10 mL (2 c. à thé) de margarine
300 g (10 oz) de foie de boeuf, en tranches de 8 x 2,5 cm (3 x 1 po)
250 mL (1 tasse) d'oignons, en tranches fines
2 tomates moyennes, ébouillantées, pelées et en quartiers

5 mL (1 c. à thé) de sel
1 mL (¼ c. à thé) de poivre

Garniture:
Persil frais, haché

Dans un poêlon antiadhérent de 30 cm (12 po), faire mousser la margarine à feu moyen. Augmenter le feu, y faire revenir le foie et les oignons pendant 5 minutes en remuant de temps à autre, jusqu'à ce que le foie soit doré et les oignons tendres. Réduire le feu et ajouter les tomates, le sel et le poivre; bien réchauffer, en remuant de temps à autre. Pour servir, garnir avec le persil.

Équivalents: 4 équivalents protéines, 3 équivalents légume et 1 équivalent matières grasses.

Poissons

Il n'est pas nécessaire d'être un amateur de « grand large » pour savourer les délices du poisson et « pêcher » dans cet ouvrage de délicieux repas économiques qui vous vaudront des compliments. Ces produits de la mer « flottent » à leur aise parmi les autres ingrédients de nos Paupiettes de sole et nos Crevettes à l'orientale «nagent» aussi bien toutes seules dans leur sauce au miel.

Souvenez-vous que ce sont la fraîcheur et la cuisson exacte des recettes de poisson qui en feront d'inoubliables « trésors » du fond des mers.

273

Filets de morue à la portugaise 🌓

15 mL (1 c. à table) d'huile d'olive, divisée

50 mL (¼ tasse) d'oignon, en dés

1 gousse d'ail, haché finement

125 mL (½ tasse) de poivrons verts, en dés

175 mL (¾ tasse) de tomates en conserve

30 mL (2 c. à table) de vin blanc

4 olives noires, dénoyautées et en tranches

300 g (10 oz) de filets de morue

1 pincée de sel

1 pincée de poivre

Garniture:

10 mL (2 c. à thé) de persil frais, haché

Dans une casserole de 1 L (4 tasses), faire chauffer 5 mL (1 c. à thé) d'huile et y faire revenir l'oignon et l'ail jusqu'à ce que l'oignon soit tendre. Ajouter les poivrons et faire revenir pendant 3 minutes de plus. Ajouter les tomates, le vin et les olives; couvrir et laisser mijoter pendant 10 minutes, en remuant de temps à autre.

Saler et poivrer les deux côtés des filets. Dans un poêlon de 23 cm (9 po), faire chauffer l'huile qui reste, soit 10 mL (2 c. à thé); ajouter le poisson et le faire cuire pendant 3 à 4 minutes. Retourner le poisson, le recouvrir avec les légumes et le laisser mijoter pendant 3 minutes, jusqu'à ce que sa chair se défasse facilement à la fourchette et que les légumes soient bien réchauffés. Disposer sur un plat et servir.

Équivalents: 4 équivalents protéines, 1 ½ équivalent légume, 1 ½ équivalent matières grasses et 25 calories d'équivalent facultatif.

Sole à la florentine

50 mL (¼ tasse) d'oignon, haché
1 gousse d'ail, haché finement
250 mL (1 tasse) de champignons, en
  tranches
175 mL (¾ tasse) d'épinards, cuits et
  hachés
1 pincée de sel
1 pincée de poivre

2 filets de 150 g (5 oz) de sole ou d'un
  autre poisson plat
10 mL (2 c. à thé) de mayonnaise
5 mL (1 c. à thé) de moutarde de Dijon
15 mL (1 c. à table) de jus de citron
15 mL (1 c. à table) de persil frais,
  haché

1. Dans un poêlon antiadhérent de 25 cm (10 po), mélanger l'oignon et l'ail; couvrir et laisser cuire jusqu'à ce que l'oignon soit tendre. Ajouter les champignons et les faire cuire jusqu'à ce que toute leur eau se soit évaporée; ajouter les épinards, le sel et le poivre et bien mélanger le tout.

2. Préchauffer le four à 200°C (400°F). Déposer la moitié du mélange précédent sur chaque filet de poisson; enrouler les filets autour de leur farce et les déposer dans un plat à gratin de 1 L (4 tasses).

3. Dans un bol, bien combiner la mayonnaise et la moutarde; étendre également ce mélange sur les roulades de poisson et arroser de jus de citron.

4. Laisser cuire au four pendant 15 à 20 minutes, jusqu'à ce que le poisson devienne légèrement doré. Pour servir, parsemer de persil.

Équivalents: 4 équivalents protéines, 2 équivalents légume et 1 équivalent matières grasses.

Variante pour le Plan d'échanges illimités: Ajouter 10 mL (2 c. à thé) de parmesan râpé à la mayonnaise et continuer la même recette; ajouter 10 calories d'équivalent facultatif à la liste ci-dessus.

Paupiettes de sole

10 mL (2 c. à thé) d'huile d'olive, divisée

125 mL (½ tasse) d'oignons verts, hachés

1 gousse d'ail, haché finement

250 mL (1 tasse) de champignons, hachés

5 mL (1 c. à thé) de sel, divisé

0,5 mL (⅛ c. à thé) de poivre

0,5 mL (⅛ c. à thé) de poudre de thym

2 filets de 150 g (5 oz) de sole

5 mL (1 c. à thé) de jus de citron

5 mL (1 c. à thé) de persil frais, haché

2 mL (½ c. à thé) de zeste de citron, râpé

Dans un petit poêlon, faire chauffer la moitié de l'huile, soit 5 mL (1 c. à thé), et y faire revenir les oignons verts et l'ail jusqu'à ce que les oignons soient tendres. Ajouter les champignons, le quart du sel, soit 1 mL (¼ c. à thé), le poivre et le thym et les faire revenir pendant 5 minutes.

Préchauffer le four à 200°C (400°F). Arroser le poisson avec le jus de citron et le saupoudrer avec le reste du sel. Déposer la moitié des champignons au centre de chaque filet. Enrouler les filets en paupiettes et les fixer avec des cure-dents. Placer les paupiettes dans un plat à gratin de 1 L (4 tasses); parsemer chaque paupiette de la moitié du persil et de 1 mL (¼ c. à thé) de zeste de citron et les arroser avec l'huile qui reste. Faire cuire au four pendant 15 minutes, jusqu'à ce que le poisson se sépare facilement à la fourchette. Transvaser délicatement les paupiettes dans le plat de service et ôter les cure-dents avant de servir.

Équivalents: 4 équivalents protéines, 1 ½ équivalent légume et 1 équivalent matières grasses.

Variante pour le Plan d'échanges illimités: Mélanger 22 mL (1 c. à table et 1 ½ c. à thé) de chapelure nature avec les champignons sautés; enrouler les filets comme dans la recette originale. Mélanger le zeste de citron et le persil avec 22 mL (1 c. à table et 1 ½ c. à thé) de chapelure, en parsemer le poisson, l'arroser d'huile et le faire cuire au four comme dans la recette originale. Ajouter alors ½ équivalent pain à vos équivalents de la journée.

Salade moulée au saumon et au fromage

250 mL (1 tasse) de fromage cottage, passé au chinois

150 g (5 oz) de saumon en conserve, émietté

30 mL (2 c. à table) d'oignons verts, hachés finement

30 mL (2 c. à table) de jus de citron

20 mL (1 c. à table et 1 c. à thé) de mayonnaise

10 mL (2 c. à thé) de raifort

10 mL (2 c. à thé) de moutarde de Dijon

8 feuilles de laitue romaine, Iceberg ou autre laitue à feuilles détachées

1 tomate moyenne, en tranches fines

30 mL (2 c. à table) d'aneth frais, haché (facultatif)

Dans un petit saladier, bien mélanger le fromage, le saumon, les oignons verts, le jus de citron, la mayonnaise, le raifort et la moutarde. Transvaser le tout dans une tasse à mesurer de 500 mL (2 tasses) et réfrigérer pendant au moins 2 heures.

Pour servir, tapisser le plat de service avec la laitue et disposer les tranches de tomate tout autour; y renverser la tasse à mesurer dont le contenu formera un dôme sur les tomates. Ajouter enfin l'aneth, si désiré.

Équivalents: 2 équivalents protéines, 1 équivalent légume et 1 équivalent matières grasses.

Cabillaud à la florentine 🌓$

Si vous employez du poisson surgelé, utilisez seulement 1 mL (¼ c. à thé) de sel.

300 g (10 oz) de filets de cabillaud
2 mL (½ c. à thé) de sel, divisé
5 mL (1 c. à thé) de margarine
½ gousse d'ail, haché finement

250 mL (1 tasse) d'épinards cuits, bien
 égouttés et hachés
15 mL (1 c. à table) de jus de citron
1 pincée de poivre

Préchauffer le four à 180°C (350°F). Pulvérisez de l'enduit végétal antiadhérent dans un plat à gratin de 1 L (4 tasses); disposer les filets dans le plat et les saupoudrer avec la moitié du sel. Faire cuire pendant 10 à 12 minutes, jusqu'à ce que le poisson s'émiette facilement à la fourchette.

Pendant que le poisson cuit, faire mousser la margarine dans un petit poêlon antiadhérent et y faire revenir rapidement l'ail (*sans laisser brunir*). Ajouter les épinards, le jus de citron, le poivre et le sel qui reste; faire cuire pendant 2 à 3 minutes.

Lorsque le poisson est cuit, déposer les épinards sur les filets; remettre au four et bien réchauffer pendant 3 à 5 minutes.

Équivalents: 4 équivalents protéines, 1 équivalent légume et ½ équivalent matières grasses.

Variante pour le Plan d'échanges illimités: Ajouter 20 mL (1 c. à table et 1 c. à thé) de vin blanc aux épinards et aux autres ingrédients; continuer comme dans la recette originale. Ajouter 10 calories d'équivalent facultatif à la liste ci-dessus.

Vivaneau aux coeurs d'artichauts

15 mL (1 c. à table) d'huile végétale
175 mL (³⁄₄ tasse) d'oignons verts, hachés finement
375 mL (1 ½ tasse) de coeurs d'artichauts, décongelés et hachés
3 tranches de pain blanc, grillées et moulues en chapelure
50 mL (¼ tasse) de persil frais, haché

50 mL (¼ tasse) de jus de citron
5 mL (1 c. à thé) de sel
2 mL (½ c. à thé) de poivre
1 vivaneau de 1,4 kg (3 lb), vidé et paré mais en prenant soin de laisser la tête et la queue*
250 mL (1 tasse) de cocktail de jus de légumes en conserve

Préchauffer le four à 180°C (350°F). Dans un poêlon de 23 cm (9 po), faire chauffer l'huile et y faire revenir les oignons jusqu'à ce qu'ils soient translucides. Ajouter les coeurs d'artichauts et les faire revenir pendant 3 minutes de plus. Ajouter la chapelure, le persil, le jus de citron, le sel et le poivre et bien remuer; ôter du feu et laisser légèrement refroidir.

Farcir le poisson avec ce mélange et le maintenir fermé avec des cure-dents en bois. Pulvériser de l'enduit végétal antiadhérent dans un plat à gratin pouvant contenir entièrement le poisson; y déposer le poisson farci et l'arroser de jus de légumes. Cuire au four pendant 40 à 50 minutes en arrosant souvent avec le jus de cuisson, jusqu'à ce que la chair se défasse facilement à la fourchette.

Équivalents: 4 équivalents protéines, ½ équivalent pain, ¾ équivalent légume, ½ équivalent matières grasses et 10 calories d'équivalent facultatif.

* Un vivaneau cru de 1,4 kg (3 lb) donne environ 720 g (1 ½ lb) de chair cuite.

Filets de sole à la diable

10 mL (2 c. à thé) de margarine
5 mL (1 c. à thé) de farine tout usage
50 mL (¼ tasse) d'eau
30 mL (2 c. à table) de vin blanc sec
5 mL (1 c. à thé) de moutarde de Dijon
5 mL (1 c. à thé) de câpres, égouttées
2 mL (½ c. à thé) de zeste de citron, râpé
0,5 mL (⅛ c. à thé) de poivre blanc, divisé

2 filets de sole de 150 g (5 oz) chacun
5 mL (1 c. à thé) de jus de citron
0,5 mL (⅛ c. à thé) de sel

Garniture :
2 fines tranches de citron, persil frais haché et brins de persil

Dans une petite casserole, faire mousser la margarine. Ajouter la farine en pluie et la manier rapidement ; la faire cuire pendant 1 minute en remuant constamment. Ôter du feu ; ajouter l'eau, le vin et la moutarde et bien combiner le tout. Remettre sur le feu et porter à ébullition ; diminuer le feu et laisser mijoter en remuant constamment, jusqu'à ce que la sauce épaississe. Ajouter et mélanger les câpres, le zeste de citron et une pincée de poivre ; ôter du feu et conserver au chaud.

Arroser les filets avec le jus de citron et les saupoudrer avec le poivre qui reste. Pulvériser de l'enduit végétal antiadhérent sur la grille de la lèchefrite ; y déposer le poisson et le faire griller pendant 5 minutes, jusqu'à ce que sa chair se défasse facilement à la fourchette. Saler et disposer sur le plat de service. Pour servir, napper de sauce et garnir avec le citron et le persil.

Équivalents : 4 équivalents protéines, 1 équivalent matières grasses et 20 calories d'équivalent facultatif.

Aspic de thon au cheddar $

Voici une intéressante recette pour l'été, à déguster sur la véranda ou dans le jardin. Tous les préparatifs peuvent se faire d'avance et il ne vous restera plus qu'à tout rassembler avant de servir.

Aspic:
1 sachet de 4 portions de 125 mL
(½ tasse) de gélatine hypocalorique
au citron (8 calories par 125 mL
(½ tasse)
250 mL (1 tasse) d'eau bouillante
250 mL (1 tasse) de tomates en conserve
125 mL (½ tasse) de poivrons verts, en
dés
30 mL (2 c. à table) d'oignon, haché
finement
2 mL (½ c. à thé) de sel
1 mL (¼ c. à thé) de sauce Worcestershire
3 gouttes de sauce forte

Salade:
240 g (8 oz) de thon nature en conserve,
émietté
30 mL (2 c. à table) d'oignon, en dés
30 mL (2 c. à table) de céleri, en dés
30 mL (2 c. à table) de mayonnaise
1 pincée de sel
1 pincée de poivre
250 mL (1 tasse) de feuilles de laitue
Iceberg, déchiquetées
120 g (4 oz) de cheddar, coupé en 4
carrés de 30 g (1 oz)

Préparation de l'aspic: Pulvériser de l'enduit végétal antiadhérent dans un moule en couronne de 750 mL (3 tasses) et réserver. Dans un saladier moyen résistant à la chaleur, bien délayer la gélatine dans l'eau bouillante; ajouter les autres ingrédients de l'aspic et bien les mélanger. Verser dans le moule préparé, recouvrir de pellicule plastique et laisser prendre au réfrigérateur pendant au moins 3 heures.

Préparation de la salade et service: Dans un petit saladier, bien mélanger le thon, l'oignon, le céleri, la mayonnaise, le sel et le poivre. Démouler la couronne d'aspic sur un grand plat de service et en garnir le centre avec le mélange précédent; disposer la laitue tout autour. Couper les carrés de cheddar en diagonale, de manière à obtenir 8 triangles, et en décorer la laitue.

Équivalents: 3 équivalents protéines, 1½ équivalent légume, 1½ équivalent matières grasses et 8 calories d'aliments diététiques.

Variantes:
1. Remplacer le thon par 240 g (8 oz) de poulet cuit, sans la peau et haché, ou par la même quantité de crevettes cuites, décortiquées, déveinées et hachées.
2. Pour obtenir un aspic moins sucré, remplacer le sachet de gélatine au citron par de la gélatine nature; ajouter 30 mL (2 c. à table) de jus de citron et 5 mL (1 c. à thé) de sel aux autres ingrédients. Ne pas compter alors les calories d'aliments diététiques parmi les équivalents ci-dessus.

281

Salade de thon à la vinaigrette au citron

2 tomates moyennes, hachées
8 feuilles de laitue romaine, déchiquetées en morceaux de 1 cm (½ po)
120 g (4 oz) de thon en conserve, émietté
15 mL (1 c. à table) d'oignons verts,
hachés
10 mL (2 c. à thé) d'huile d'olive

2 mL (½ c. à thé) de moutarde de Dijon
15 mL (1 c. à table) de jus de citron
7 mL (1 ½ c. à thé) de vinaigre de vin
rouge
7 mL (1 ½ c. à thé) d'eau
0,5 mL (⅛ c. à thé) de sel
0,5 mL (⅛ c. à thé) de poivre
10 mL (2 c. à thé) de persil frais, haché

Dans un saladier, mélanger les tomates, la laitue, le thon et les oignons verts.
Dans un bol, fouetter l'huile et la moutarde jusqu'à ce qu'elles deviennent
crémeuses; ajouter le jus de citron, le vinaigre, l'eau, le sel et le poivre et bien
combiner le tout. Verser cette sauce sur la salade de thon et bien remuer;
parsemer de persil haché.

Équivalents: 2 équivalents protéines, 3 équivalents légume et 1 équivalent matières
grasses.

Variante pour le Plan d'échanges illimités: Remplacer la laitue par 2 endives de
90 g (3 oz), coupées en tranches de 1 cm (½ po) d'épaisseur.

Tacos au thon 🎨 💲

20 mL (1 c. à table et 1 c. à thé) d'huile végétale

250 mL (1 tasse) d'oignons, en tranches

3 gousses d'ail, haché finement

250 mL (1 tasse) de tomates, hachées

250 mL (1 tasse) de sauce tomate

0,5 mL (⅛ c. à thé) de feuilles d'origan

0,5 mL (⅛ c. à thé) de sel

0,5 mL (⅛ c. à thé) de poivre

1 filet de sauce forte

240 g (8 oz) de thon en conserve, égoutté et émietté

4 tacos

120 g (4 oz) de cheddar, râpé

250 mL (1 tasse) de laitue, hachée

Dans un poêlon de 25 cm (10 po), faire chauffer l'huile et y faire revenir les oignons et l'ail pendant 5 minutes, jusqu'à ce que les oignons soient translucides. Ajouter les tomates, la sauce tomate et les assaisonnements; faire cuire pendant 5 minutes, en remuant de temps à autre. Ajouter le thon, remuer et bien réchauffer.

Farcir chaque taco avec le ¼ de ce mélange; parsemer chaque portion de 30 g (1 oz) de cheddar et garnir avec la laitue.

Équivalents: 3 équivalents protéines, 1 équivalent pain, 2½ équivalents légume et 1 équivalent matières grasses.

Variante: Juste avant de servir, déposer 15 mL (1 c. à table) de yogourt hypocalorique sur chaque taco; ajouter alors 10 calories d'équivalent facultatif aux équivalents ci-dessus.

283

Thon à la provençale

1 L (4 tasses) d'aubergines, pelées et coupées en dés de 1 cm (½ po)
5 mL (1 c. à thé) de sel
20 mL (1 c. à table et 1 c. à thé) d'huile d'olive
500 mL (2 tasses) d'oignons, en tranches
2 gousses d'ail, haché finement
1 L (4 tasses) de tomates en conserve
500 mL (2 tasses) de poivrons verts, en tranches fines

500 mL (2 tasses) d'eau
5 mL (1 c. à thé) de feuilles de basilic
2 mL (½ c. à thé) de feuilles d'origan
1 mL (¼ c. à thé) de poivre
480 g (1 lb) de thon en conserve, égoutté et émietté
15 mL (1 c. à table) de persil frais, haché

Sur du papier absorbant, étaler les aubergines en une seule couche et saler; laisser dégorger pendant 30 minutes, essuyer et réserver.

Dans une casserole de 4 L (16 tasses), faire chauffer l'huile et y faire revenir les oignons et l'ail jusqu'à ce que les oignons soient translucides. Ajouter les aubergines, les tomates, les poivrons, l'eau, le basilic, l'origan et le poivre; couvrir et laisser mijoter le tout pendant 35 minutes, en remuant de temps à autre. Ajouter le thon, remuer et laisser mijoter pendant 5 minutes de plus. Pour servir, parsemer avec le persil.

Équivalents: 4 équivalents protéines, 6 équivalents légume et 1 équivalent matières grasses.

Coquilles Saint-Jacques 🌓 💲

PLAN D'ÉCHANGES ILLIMITÉS — DONNE 4 PORTIONS

120 g (4 oz) de palourdes en conserve, égouttées et hachées
85 mL (⅓ tasse et 2 c. à thé) de chapelure à l'ail
30 mL (2 c. à table) d'oignon, en dés
15 mL (1 c. à table) d'huile d'olive ou d'une autre huile végétale
15 mL (1 c. à table) de jus de citron
0,5 mL (⅛ c. à thé) de poudre d'ail
0,5 mL (⅛ c. à thé) de feuilles de thym

1 pincée de sel
1 pincée de poivre
15 mL (1 c. à table) de persil frais, haché, ou 2 mL (½ c. à thé) de flocons de persil
1 mL (¼ c. à thé) de paprika

Garniture :
Quartiers de citron et brins de persil

Dans un bol, bien mélanger tous les ingrédients sauf le persil, le paprika et la garniture ; déposer le ¼ de ce mélange dans 4 coquilles Saint-Jacques.

Préchauffer le gril. Parsemer chaque portion de mélange aux palourdes avec une quantité égale de persil frais haché (ou de flocons de persil) et les saupoudrer de paprika ; déposer les coquilles dans la lèchefrite et laisser sous le gril pendant 3 à 5 minutes, jusqu'à ce que le dessus du mélange soit doré. Disposer les coquilles sur un plat, ajouter la garniture et servir immédiatement 1 coquille par portion.

Équivalents : 1 équivalent protéines, ½ équivalent pain, ½ équivalent matières grasses et 10 calories d'équivalent facultatif.

Variante : Remplacer les palourdes par 120 g (4 oz) de thon blanc en conserve, émietté.

Poivrons farcis au crabe

2 poivrons verts moyens, coupés en deux dans le sens de la longueur, épépinés et blanchis
120 g (4 oz) de chair de crabe, décongelée, égouttée et émiettée
90 g (3 oz) de cheddar, râpé, divisé
250 mL (1 tasse) d'oignons, en dés et cuits à la vapeur
250 mL (1 tasse) de lait écrémé

150 mL (²/₃ tasse) de flocons de pomme de terre
1 oeuf, battu
10 mL (2 c. à thé) de margarine, fondue

Garniture :
Brins de persil

1. Disposer les poivrons sur du papier absorbant et laisser refroidir.

2. Dans un petit saladier, bien mélanger le crabe, 30 g (1 oz) de cheddar et le reste des ingrédients, sauf le persil; laisser reposer pendant 5 minutes.

3. Préchauffer le four à 190°C (375°F). Farcir également chaque demi-poivron avec le mélange précédent; parsemer chacun de 15 g (½ oz) de cheddar râpé.

4. Pulvériser de l'enduit végétal antiadhérent dans un plat à gratin de 2 L (8 tasses); y déposer les poivrons et les laisser cuire au four pendant 25 à 30 minutes, jusqu'à ce que la farce soit ferme et que le fromage soit fondu. Pour servir, garnir avec les brins de persil.

Équivalents : 4 équivalents protéines, 1 équivalent pain, 3 équivalents légume, 1 équivalent matières grasses et ½ équivalent lait.

Crabe à la diable

30 mL (2 c. à table) de margarine, divisée

30 mL (2 c. à table) d'oignon, en dés

30 mL (2 c. à table) de poivron rouge, en dés

5 mL (1 c. à thé) de farine tout usage

250 mL (1 tasse) de lait écrémé

330 g (11 oz) de chair de crabe, décongelée et égouttée

1 oeuf, battu

45 mL (3 c. à table) de jus de citron, divisé

15 mL (1 c. à table) de persil frais, haché

10 mL (2 c. à thé) de moutarde de Dijon

4 gouttes de sauce forte

85 mL (⅓ tasse et 2 c. à thé) de chapelure nature

Garniture:

Citrons « en dents de loup » et bouquets d'aneth

1. Dans un poêlon antiadhérent de 25 cm (10 po), faire mousser 10 mL (2 c. à thé) de margarine et y faire revenir l'oignon et le poivron jusqu'à ce que l'oignon soit doré. Saupoudrer les légumes de farine et remuer le tout rapidement; cuire pendant 1 minute en remuant constamment. Ajouter graduellement le lait et porter à ébullition sans cesser de remuer. Diminuer le feu et laisser mijoter en mélangeant de temps à autre, jusqu'à ce que la préparation épaississe; ajouter et mélanger le crabe et ôter le poêlon du feu.

2. Dans un bol, battre l'oeuf avec 30 mL (2 c. à table) de jus de citron, le persil, la moutarde et la sauce forte; ajouter 50 mL (¼ tasse) de crabe chaud à l'oeuf battu et bien remuer. Verser le tout dans le poêlon contenant le reste du crabe et faire cuire à feu doux en remuant constamment (*sans laisser bouillir*), jusqu'à ce que le mélange soit bien chaud; ôter du feu.

3. Préchauffer le gril. Pulvériser de l'enduit végétal antiadhérent dans 16 petites ou 4 grosses coquilles Saint-Jacques; déposer une quantité égale de crabe dans chacune.

4. Dans un bol, combiner le reste de la margarine, soit 20 mL (1 c. à table et 1 c. à thé), avec la chapelure et le reste du jus de citron, soit 15 mL (1 c. à table); déposer une quantité égale de chapelure sur le pourtour de chaque coquille et laisser sous le gril pendant 1 à 2 minutes, jusqu'à ce que la chapelure soit dorée et que le crabe soit bien réchauffé. Pour servir, garnir avec le citron et l'aneth.

Équivalents: 3 équivalents protéines, ½ équivalent pain, ⅛ équivalent légume, 1 ½ équivalent matières grasses, ¼ équivalent lait et 3 calories d'équivalent facultatif.

Pétoncles en coquilles

PLAN D'ATTAQUE no 1 — DONNE 4 PORTIONS

**600 g (1 ¼ lb) de pétoncles, coupés en
morceaux de 2,5 cm (1 po)
50 mL (¼ tasse) de jus de citron
40 mL (2 c. à table et 2 c. à thé) de
margarine, fondue
2 mL (½ c. à thé) de paprika
2 mL (½ c. à thé) de poivre**

**Garniture:
4 quartiers de citron et 4 brins de persil**

Préchauffer le gril. Dans 4 ramequins individuels*, disposer une couche de 150 g
(5 oz) de pétoncles; verser le ¼ du jus de citron et le ¼ de la margarine dans
chaque ramequin et mélanger. Saupoudrer également chaque portion avec les
épices et passer sous le gril pendant 2 minutes, jusqu'à ce que le contenu des
ramequins soit doré. Pour servir, garnir avec le citron et le persil.

Équivalents: 4 équivalents protéines et 2 équivalents matières grasses.

* Un plat à gratin de 4 L (16 tasses) fait tout aussi bien l'affaire.

288

Brochettes de pétoncles

PLAN D'ÉCHANGES ILLIMITÉS — DONNE 2 PORTIONS DE 3 BROCHETTES CHACUNE

Ces brochettes se servent sur un lit de riz.

300 g (10 oz) de pétoncles, coupés en morceaux de 2,5 cm (1 po)
50 mL (¼ tasse) de vin blanc sec
12 petits chapeaux de champignons de 2,5 cm (1 po) de diamètre
½ poivron rouge moyen, épépiné et en dés de 2,5 cm (1 po)
½ poivron vert moyen, épépiné et en dés de 2,5 cm (1 po)

10 mL (2 c. à thé) de margarine, fondue
1 mL (¼ c. à thé) de paprika

Garniture:
Tranches de citron et brins de persil

Dans un saladier en verre ou en acier inoxydable de 1 L (4 tasses), laisser tremper les pétoncles dans le vin pendant 30 minutes; les égoutter et réserver le vin.

Sur chacune des 6 brochettes en bois de 20 ou 23 cm (8 ou 9 po), enfiler alternativement le ⅙ des champignons, des pétoncles et des poivrons en commençant et en terminant chaque fois par un chapeau de champignon.

Préchauffer le gril. Disposer les brochettes en une seule couche dans un plat à gratin de 33 x 23 x 5 cm (13 x 9 x 2 po) et les arroser avec le vin réservé; asperger les pétoncles seulement de margarine fondue. Saupoudrer les brochettes de paprika et passer sous le gril pendant 4 à 5 minutes, jusqu'à ce que les pétoncles deviennent opaques; servir immédiatement en accompagnant avec le jus de cuisson et en garnissant de citron et de persil.

Équivalents: 4 équivalents protéines, 1¾ équivalent légume, 1 équivalent matières grasses et 30 calories d'équivalent facultatif.

Crevettes gaspacho

125 mL (½ tasse) de poivron vert, haché

125 mL (½ tasse) de concombre, pelé, épépiné et haché

½ tomate moyenne, ébouillantée, pelé, épépinée et hachée

40 mL (2 c. à table et 2 c. à thé) de sauce chili

30 mL (2 c. à table) d'oignon, haché

20 mL (1 c. à table et 1 c. à thé) de ketchup

15 mL (1 c. à table) d'huile d'olive ou d'une autre huile végétale

10 mL (2 c. à thé) de raifort

5 mL (1 c. à thé) de vinaigre de cidre

1 mL (¼ c. à thé) de sauce Worcestershire

1 petite gousse d'ail, écrasé

12 petites feuilles de laitue romaine ou Iceberg

240 g (8 oz) de crevettes cuites, décortiquées, déveinées et refroidies

Dans le récipient du mélangeur électrique ou du robot culinaire, mélanger tous les ingrédients sauf la laitue et les crevettes et hacher les légumes très finement (*mais sans les réduire en purée*); transvaser dans un autre récipient, couvrir et bien réfrigérer.

Refroidir 4 verres à cocktail. Tapisser chaque verre avec 3 feuilles de laitue et décorer avec 60 g (2 oz) de crevettes accrochées au bord. Remuer le mélange précédent et en déposer le ¼ dans le fond de chaque verre.

Équivalents: 2 équivalents protéines, 1 ½ équivalent légume, ½ équivalent matières grasses et 25 calories d'équivalent facultatif.

Scampi 🌓

600 g (1 ¼ lb) de crevettes moyennes, décortiquées et déveinées
45 mL (3 c. à table) de jus de citron
20 mL (1 c. à table et 1 c. à thé) de margarine, fondue
2 grosses ou 4 petites gousses d'ail, en purée

2 mL (½ c. à thé) de sel
2 mL (½ c. à thé) de poivre
2 mL (½ c. à thé) de paprika

Garniture:
Brins de persil

Préchauffer le gril. Dans 4 petits ramequins individuels*, déposer 150 g (5 oz) de crevettes. Dans un bol, combiner tous les autres ingrédients sauf le persil ; verser le ¼ de ce mélange sur chaque portion et bien remuer. Passer sous le gril pendant 1 à 2 minutes à une distance de 8 à 10 cm (3 à 4 po) de la source de chaleur, jusqu'à ce que les crevettes soient dorées. Pour servir, garnir avec le persil.

Équivalents: 4 équivalents protéines et 1 équivalent matières grasses.

* Un plat à gratin de 2 L (8 tasses) fait tout aussi bien l'affaire.

Crevettes à l'orientale

PLAN D'ÉCHANGES ILLIMITÉS — DONNE 2 PORTIONS

Crevettes:

360 g (12 oz) de crevettes géantes (moins de 10)

22 mL (1 c. à table et 1 ½ c. à thé) de farine tout usage

15 mL (1 c. à table) de farine de maïs blanche

10 mL (2 c. à thé) de fécule de maïs

5 mL (1 c. à thé) de levure chimique (poudre à pâte)

50 mL (¼ tasse) de lait écrémé

20 mL (1 c. à table et 1 c. à thé) d'huile végétale

Sauce:

30 mL (2 c. à table) de sauce teriyaki

10 mL (2 c. à thé) de xérès sec

5 mL (1 c. à thé) de miel

½ petite gousse d'ail, en purée

Garniture:

Oignons verts « en palmier »

Préparation des crevettes: Décortiquer et déveiner les crevettes en conservant intacte l'extrémité des queues. Les fendre en deux dans le sens de la longueur en les coupant le plus profondément possible sans les couper complètement, les ouvrir et les faire reposer à plat.

Dans un bol, mélanger les farines, la fécule et la levure ; ajouter le lait et bien combiner le tout. Y ajouter les crevettes et bien les imprégner de ce mélange.

Dans un poêlon antiadhérent de 23 ou 25 cm (9 ou 10 po), faire chauffer l'huile à feu moyen ; y disposer les crevettes en une seule couche et les faire dorer d'un seul côté. Diminuer légèrement le feu, retourner les crevettes et les faire dorer de l'autre côté. Les déposer sur le plat de service et conserver au chaud.

Préparation de la sauce et service: Dans une petite casserole, mélanger tous les ingrédients de la sauce et les porter à ébullition. Diminuer le feu et laisser mijoter pendant 2 à 3 minutes ; passer la sauce dans un bol à travers un chinois et la servir en accompagnement des crevettes. Garnir avec les oignons verts.

Équivalents: 4 équivalents protéines, ½ équivalent pain, 2 équivalents matières grasses et 35 calories d'équivalent facultatif.

Sauté de crevettes

20 mL (1 c. à table et 1 c. à thé) d'huile végétale

20 mL (1 c. à table et 1 c. à thé) de margarine

250 mL (1 tasse) de céleri, en dés

250 mL (1 tasse) d'oignons, en dés

250 mL (1 tasse) de poivrons verts, en dés

4 petites gousses d'ail, en purée

1 L (4 tasses) de tomates en conserve

360 g (12 oz) de crevettes cuites, décortiquées et déveinées

500 mL (2 tasses) de riz à grains longs, cuit

120 g (4 oz) de jambon cuit à l'eau, en dés

2 feuilles de laurier

2 mL (½ c. à thé) d'assaisonnement au chili

2 mL (½ c. à thé) de poivre

2 mL (½ c. à thé) de poudre de thym

Dans un poêlon antiadhérent de 30 cm (12 po), mélanger l'huile et la margarine et les faire mousser ; y faire revenir les légumes et l'ail à feu moyen jusqu'à ce que les légumes deviennent tendres. Diminuer le feu à chaleur douce, ajouter le reste des ingrédients et laisser mijoter en remuant de temps à autre, jusqu'à ce que la préparation soit bien chaude. Ôter le laurier avant de servir.

Équivalents : 4 équivalents protéines, 1 équivalent pain, 3 ½ équivalents légume et 2 équivalents matières grasses.

Salade de calmars

720 g (1½ lb) de calmars, parés et lavés*
½ citron
250 mL (1 tasse) de céleri, en dés
125 mL (½ tasse) d'oignons rouges, en tranches fines
45 mL (3 c. à table) de jus de citron
30 mL (2 c. à table) de câpres, égouttées
30 mL (2 c. à table) de persil frais, haché

15 mL (1 c. à table) d'huile d'olive
1 gousse d'ail, haché finement
2 mL (½ c. à thé) de feuilles d'origan
2 mL (½ c. à thé) de sel
1 pincée de poivre, fraîchement moulu

Garniture:
2 quartiers de citron

Couper les tentacules des calmars et les réserver; fendre leur corps, le retourner comme un gant, bien laver l'intérieur et le retourner de nouveau dans sa position première. Couper les corps en dés; mettre les tentacules réservés et les dés de calmar dans une petite casserole. Ajouter le demi-citron et recouvrir d'eau; porter le tout à ébullition. Baisser le feu, couvrir et laisser mijoter pendant 20 minutes, jusqu'à ce que les calmars soient tendres; égoutter, couvrir et mettre au réfrigérateur.

Pour servir, mélanger le reste des ingrédients, sauf la garniture, dans un saladier. Peser 240 g (8 oz) des calmars refroidis, les ajouter à la sauce et bien mélanger le tout. Pour servir, garnir avec les quartiers de citron.

Équivalents: 4 équivalents protéines, 1½ équivalent légume et 1½ équivalent matières grasses.

* 720 g (1½ lb) de calmars nettoyés donnent environ 240 à 360 g (8 à 12 oz) de chair cuite.

Les équivalents facultatifs

N'avez-vous jamais suivi de régime amaigrissant dont vous auriez aimé rompre la triste monotonie d'un coup de baguette magique? Les «tours de passe-passe» deviennent maintenant inutiles grâce à nos divers Plans d'alimentation: vous n'aurez qu'à jongler avec les calories des équivalents facultatifs pour pouvoir déguster un «Spritzer» au vin ou une Tarte aux kiwis. Vous pourrez même retrouver le goût du sucre, du xérès, du vin, du miel et de la sauce chili sans avoir besoin de vous regarder dans un miroir «amincissant» pour apprécier la nouvelle sveltesse de votre taille.

☐ Précisions sur les équivalents facultatifs

☐ Les équivalents facultatifs ont été spécialement mis au point pour vous permettre de mieux apprécier la variété de notre régime alimentaire. Ces ingrédients aromatiques transformeront votre lutte contre les calories en une véritable aventure culinaire.

Femmes, hommes et adolescents

	PLANS D'ATTAQUE nos 1 et 2	PLAN D'ATTAQUE no 3	PLAN D'ÉCHANGES ILLIMITÉS
Par jour :	Jusqu'à 10 calories d'aliments diététiques	Jusqu'à 20 calories d'aliments diététiques	Jusqu'à 50 calories
Deux fois par semaine :			Jusqu'à 100 calories supplémentaires
Total par semaine :	Jusqu'à 70 calories d'aliments diététiques	Jusqu'à 140 calories d'aliments diététiques	Jusqu'à 550 calories

☐ Les équivalents facultatifs comprennent plusieurs groupes : les Aliments 10 calories, les Aliments 50 calories, les Aliments 100 calories et les Aliments facultatifs supplémentaires (Boissons gazeuses et Assaisonnements et condiments). Quand vous suivez les Plans d'attaque nos 1 ou 2, votre consommation quotidienne doit être limitée à 10 calories d'aliments diététiques et elle doit l'être à 20 calories pendant le Plan d'attaque no 3. (Nous vous expliquerons dans un instant en quoi consistent les aliments diététiques.) Vous pouvez consommer aussi toutes les Boissons gazeuses et tous les Assaisonnements et condiments quand vous suivez les Plans d'attaque.

☐ Dans les indications qui suivent les recettes, le nombre de calories des équivalents facultatifs a été arrondi au plus proche multiple entier de 5 (7,5 ou 8 calories ont été, par exemple, arrondies à 10 ; 11 ou 12 ont été arrondies à 10; 12,5 ou 13 à 15, etc.). Dans ces indications, de plus, les équivalents fruit, pain et matières grasses sont exprimés en équivalents entiers ou en demi-équivalents ($\frac{1}{2}$); les équivalents lait sont exprimés aussi en quart ($\frac{1}{4}$) d'équivalent alors que les équivalents légume le sont aussi en huitième ($\frac{1}{8}$) d'équivalent. Lorsque la fraction mathématiquement exacte des équivalents d'une recette différait de celles qui sont indiquées ci-dessus, les équivalents en question ont été convertis en calories d'équivalent facultatif comme suit :

Équivalents	*Équivalent calories par équivalent facultatif*
Fruit	50
Lait	90
Pain	80
Matières grasses	40
Protéines	70
Légume	30

Si une portion de recette fournit :	*Comptez :*
$\frac{1}{8}$ équivalent pain	80 calories par équivalent pain $\div 8 = 10$ calories d'équivalent facultatif
$\frac{1}{4}$ équivalent matières grasses	40 calories par équivalent matières grasses $\div 4 = 10$ calories d'équivalent facultatif
$\frac{1}{4}$ équivalent fruit	50 calories par équivalent fruit $\div 4 = 15$ calories d'équivalent facultatif (le nombre exact 12,5 est arrondi à 15)

☐ Les *bouillons et les assaisonnements en cubes tout préparés* ne doivent pas contenir plus de 12 calories par portion.

☐ Vous pouvez *les préparer vous-mêmes* en faisant bouillir de la viande, du poisson, de la volaille ou du gibier nettoyés, avec ou sans légumes ; réfrigérez le liquide de cuisson jusqu'à ce que la graisse se fige à sa surface ; cette graisse doit être jetée, sauf lorsqu'il s'agit de poisson.

☐ Toutes les variétés de *farine et de fécule* sont autorisées, même si elles ne sont pas enrichies.

☐ Lisez très attentivement les étiquettes des *aliments diététiques* pour déterminer le nombre de calories qu'ils contiennent; n'utilisez pas de produits dont l'étiquette ne mentionne pas ce nombre. Tous les aliments énumérés ci-dessous sont autorisés si leur étiquette précise qu'ils sont «hypocaloriques», «faibles en calories», «diététiques», «de régime», «sans sucre» ou «non sucrés»:

    boissons, gazéifiées ou non;
    confiseries et bonbons à la menthe;
    gélatine, nature ou parfumée;
    ketchups;
    sauces pour salade et vinaigrettes;
    sauces préparées;
    sirops, glaces et garnitures;
    tartinades, gelées ou confitures de fruits ou aux fruits.

Vous pouvez consommer les aliments diététiques contenant des sucres comme le saccharose ou le fructose, ou contenant du sorbitol, à condition qu'ils répondent à l'une de nos recommandations préalables.

☐ Les *cafés· et les thés* ne doivent comporter que des ingrédients autorisés (arômes, extraits, saveurs, etc.).

☐ Il est recommandé de boire au moins 6 à 8 verres d'*eau ou d'eau minérale* par jour.

☐ Tous les *assaisonnements et condiments* sont autorisés. Vous pouvez utiliser tous les flocons de légumes déshydratés, sauf les flocons de pomme de terre qui comptent pour des équivalents pain.

TABLE D'ÉQUIVALENCE
DES ÉQUIVALENTS FACULTATIFS

Aliments 10 calories

Produits	Quantités
Anchois	5 mL (1 c. à thé) de purée ou 2 filets
Arrow-root	5 mL (1 c. à thé)
Blanc d'oeuf	½
Bouillons	1 cube
Bouillons, consommés ou fumets en conserve ou faits à la maison	50 mL (¼ tasse)
Bouillons instantanés et assaisonnements tout préparés	1 sachet
Cacao, non sucré	10 mL (2 c. à thé)
Caroube en poudre, non sucrée	10 mL (2 c. à thé)
Chapelure, nature ou à l'ail	5 mL (1 c. à thé)
Chewing-gums	1 tablette
Extrait de levure	5 mL (1 c. à thé)
Farine	5 mL (1 c. à thé)
Farine à pain azyme	5 mL (1 c. à thé)
Fécule de maïs	5 mL (1 c. à thé)
Fécule de pomme de terre	5 mL (1 c. à thé)
Fromages :	
Cottage	10 mL (2 c. à thé)
À pâte sèche, râpé	5 mL (1 c. à thé)
Ricotta, écrémée	5 mL (1 c. à thé)
Fructose	2 mL (½ c. à thé)
Germe de blé	5 mL (1 c. à thé)
Graines de : carvi, citrouille, pavot, sésame, tournesol	2 mL (½ c. à thé)
Jus de palourdes	50 mL (¼ tasse)
Ketchup	10 mL (2 c. à thé)
Mélasse	2 mL (½ c. à thé)
Miel	2 mL (½ c. à thé)
Miso (pâte de soja fermentée)	5 mL (1 c. à thé)
Nappages et garnitures	2 mL (½ c. à thé)
Noix de coco, râpée (sucrée ou non)	5 mL (1 c. à thé)
Olives, de toutes sortes et de toutes tailles	2
Relish aux cornichons	5 mL (1 c. à thé)
Relish sucrée	5 mL (1 c. à thé)
Sauce d'huîtres	5 mL (1 c. à thé)
Sauce Hoisin	5 mL (1 c. à thé)
Similibacon, en miettes	5 mL (1 c. à thé)

299

Sirops de: canne à sucre, chocolat, érable, maïs, sorgho, etc.	2 mL (½ c. à thé)
Succédané de café ou boisson de céréales instantanés	5 mL (1 c. à thé)
Succédané de lait (en poudre ou liquide)	5 mL (1 c. à thé)
Sucre, toutes variétés	2 mL (½ c. à thé)
Tapioca, cru	5 mL (1 c. à thé)
Vin, toutes variétés	10 mL (2 c. à thé)

Aliments 50 calories

Produits	*Quantités*
Aliments diététiques	50 calories
Confitures et gelées	15 mL (1 c. à table)
Fruit	1 équivalent
Lait	½ équivalent
Matières grasses	1 équivalent
Pain	½ équivalent
Pâte de tomates	50 mL (¼ tasse)
Protéines	1 équivalent
Sauces préparées: au chili, barbecue, orientale au chili, pour bifteck, pour poissons et fruits de mer	45 mL (3 c. à table)
Sauce tomate ou purée de tomates	125 mL (½ tasse)
Succédanés de crème fouettée, à base de lait ou non (sous pression, en poudre ou congelés)	50 mL (¼ tasse)

Aliments 100 calories

Produits	*Quantités*
Avocat	¼ (60 g (2 oz) avec la peau)
Bière	250 mL (1 tasse)
Bière légère	375 mL (1 ½ tasse)
Gélatine aux fruits	125 mL (½ tasse) liquide
Lait entier	125 mL (½ tasse)
Salade de chou	125 mL (½ tasse)
Vins ou champagnes	125 mL (½ tasse)
Vins peu alcoolisés (légers)	175 mL (¾ tasse)

Aliments facultatifs supplémentaires

Vous pouvez consommer des quantités raisonnables des produits suivants; n'utilisez l'enduit végétal antiadhérent qu'avec modération.

Boissons

Café

Eau

Eau minérale

Soda nature (club soda)

Thé

Assaisonnements et condiments

Algues comestibles

Amers

Arômes et aromatisants

Assaisonnements

Bicarbonate de soude (soda à pâte)

Câpres

Crème de tartre

Épices

Extraits

Fines herbes

Gélatine nature

Jus de citron

Jus de lime non sucré

Légumes déshydratés

Levure

Levure chimique (poudre à pâte)

Moutarde

Pectine

Poivre

Présure

Raifort

Sauce à brunir

Sauce forte (au piment)

Sauce piquante

Sauce soja

Sauce teriyaki

Sauce Worcestershire

Sel

Succédanés de sucre

Tamari

Vinaigre

Crème de tomate

PLAN D'ÉCHANGES ILLIMITÉS — DONNE 4 PORTIONS

15 mL (1 c. à table) de margarine
125 mL (½ tasse) d'oignons, hachés
15 mL (1 c. à table) de farine tout usage
500 mL (2 tasses) de jus de tomate
½ feuille de laurier

250 mL (1 tasse) de lait écrémé évaporé
2 mL (½ c. à thé) de sauce Worcestershire
0,5 mL (⅛ c. à thé) de sel
0,5 mL (⅛ c. à thé) de poivre

Dans une casserole de 2 L (8 tasses), faire mousser la margarine et y faire revenir les oignons jusqu'à ce qu'ils soient tendres. Ajouter la farine en pluie, la manier rapidement et la faire cuire pendant 2 minutes en remuant constamment. Incorporer graduellement le jus de tomate; ajouter le laurier et porter le tout à ébullition sans cesser de remuer. Diminuer le feu et laisser mijoter pendant 5 minutes; ôter du feu et laisser légèrement refroidir.

Ôter le laurier. Verser la préparation dans le récipient du mélangeur électrique ou du robot culinaire et homogénéiser à basse vitesse jusqu'à ce qu'elle devienne crémeuse. Transvaser dans la casserole et incorporer graduellement le lait; ajouter la sauce Worcestershire, le sel et le poivre et réchauffer à feu doux, en remuant de temps à autre (*sans laisser bouillir*).

Équivalents: ¼ équivalent légume, ½ équivalent matières grasses, ½ équivalent lait et 45 calories d'équivalent facultatif.

« Crème sure »

PLAN D'ÉCHANGES ILLIMITÉS — DONNE 2 PORTIONS

Cette crème est délicieuse avec les pommes de terre au four ou dans une salade combinée.

30 mL (2 c. à table) de ricotta partiellement écrémée
15 mL (1 c. à table) de babeurre

10 mL (2 c. à thé) de jus de citron
1 pincée de sel
1 pincée de poivre blanc

Dans le récipient du mélangeur électrique ou du robot culinaire, homogénéiser tous les ingrédients à basse vitesse jusqu'à ce que la crème soit bien lisse.

Équivalents: 35 calories d'équivalent facultatif.

Variante: Ajouter un filet de sauce Worcestershire avant d'homogénéiser; mettre le moteur en marche, puis incorporer 15 mL (1 c. à table) de ciboulette hachée.

Vinaigrette aigre-douce

PLAN D'ÉCHANGES ILLIMITÉS — DONNE 4 PORTIONS DE 50 mL (¼ TASSE)

Cette vinaigrette constitue aussi une délicieuse marinade pour des légumes cuits comme le brocoli, le chou-fleur ou les haricots verts.

15 mL (1 c. à table) de fécule de maïs
250 mL (1 tasse) d'eau
30 mL (2 c. à table) de jus de citron
30 mL (2 c. à table) de vinaigre de riz
15 mL (1 c. à table) de persil frais, haché finement
10 mL (2 c. à thé) de sauce chili

5 mL (1 c. à thé) de miel
5 mL (1 c. à thé) de sauce Worcestershire
1 gousse d'ail, finement haché
1 pincée de succédané de sucre
1 pincée de sel
1 pincée de poivre

Dans une petite casserole, bien délayer la fécule dans l'eau et porter à ébullition en remuant constamment; faire cuire pendant 1 minute de plus, sans cesser de remuer. Transvaser dans un saladier résistant à la chaleur et ajouter le reste des ingrédients; bien combiner le tout. Couvrir et réfrigérer. Remuer de nouveau juste avant de servir.

Équivalents: 15 calories d'équivalent facultatif.

Guacamole

PLAN D'ÉCHANGES ILLIMITÉS — DONNE 8 PORTIONS DE 50 mL (¼ TASSE)

Ce plat se sert accompagné de morceaux de tacos.

1 avocat bien mûr de 240 g (8 oz), pelé et dénoyauté

45 mL (3 c. à table) de jus de citron

120 g (4 oz) de bacon de dos, frit et en dés

1 tomate moyenne, ébouillantée, pelée, épépinée et hachée

30 mL (2 c. à table) d'oignon, haché

30 mL (2 c. à table) de poivron vert en conserve, égoutté et haché

15 mL (1 c. à table) de persil italien à larges feuilles, haché, ou 5 mL (1 c. à thé) de flocons de persil

15 mL (1 c. à table) de coriandre fraîche, hachée, ou 2 mL (½ c. à thé) de coriandre moulue

1 petite gousse d'ail, en purée

1 pincée de poivre

Dans un saladier moyen, écraser à la fourchette la chair de l'avocat avec le jus de citron; incorporer le reste des ingrédients. Recouvrir de pellicule plastique et réfrigérer pendant au moins 1 heure.

Équivalents: ½ équivalent protéines, ¼ équivalent légume et 50 calories d'équivalent facultatif.

Biscuits à la cuiller $

PLAN D'ÉCHANGES ILLIMITÉS — DONNE 8 PORTIONS DE 2 BISCUITS

75 mL (⅓ tasse) de farine à gâteau tamisée

2 mL (½ c. à thé) de levure chimique (poudre à pâte)

2 oeufs, blanc et jaune séparés

15 mL (1 c. à table) de sucre cristallisé

1 mL (¼ c. à thé) de zeste de citron, râpé

1 mL (¼ c. à thé) d'arôme artificiel de vanille

0,5 mL (⅛ c. à thé) de crème de tartre

1. Préchauffer le four à 180°C (350°F). Au-dessus d'une feuille de papier ciré ou d'une assiette en carton, tamiser ensemble la farine et la levure; réserver.

2. Dans un saladier moyen, mélanger les jaunes d'oeufs, le sucre, le zeste de citron et la vanille; au batteur électrique, fouetter le tout pendant 3 minutes, jusqu'à ce que le mélange ait épaissi et pris une couleur jaune citron; y incorporer la moitié de la farine.

3. Dans un autre saladier et avec des fouets propres, monter les blancs d'oeufs en neige ferme avec la crème de tartre; les incorporer graduellement au mélange précédent, en les faisant alterner avec le reste de la farine.

4. Pulvériser de l'enduit végétal antiadhérent sur une plaque à biscuits. Fixer un bec no 6 de 1 cm (½ po) de diamètre sur une poche à douille; remplir celle-ci avec la pâte précédente et en extraire 16 doigts de 8 cm (3 po) de long et de 2,5 cm (1 po) de large. Faire cuire au four pendant 10 à 12 minutes.

5. Avec une spatule, décoller immédiatement les biscuits et les déposer sur une grille; les laisser refroidir.

Équivalents: 45 calories d'équivalent facultatif.

Tarte aux kiwis

Croûte:
175 mL (¾ tasse) de farine tout usage
1 mL (¼ c. à thé) de sel
40 mL (2 c. à table et 2 c. à thé) de margarine
50 mL (¼ tasse) de yogourt hypocalorique nature

Décoration:
1 fine tranche de citron

Garniture:
1 sachet de 4 portions de 125 mL (½ tasse) chacune de gélatine hypocalorique au citron (8 calories par portion)
250 mL (1 tasse) d'eau bouillante
250 mL (1 tasse) d'eau froide
250 mL (1 tasse) de succédané de crème fouettée, décongelé
2 blancs d'oeufs, à la température ambiante
0,5 mL (⅛ c. à thé) de crème de tartre
1 kiwi moyen, épluché et en tranches fines

Préparation de la croûte: Dans un bol, mélanger la farine et le sel; avec les crochets pétrisseurs du batteur électrique ou avec 2 lames de couteau maniées en ciseaux, bien y triturer la margarine. Ajouter le yogourt et bien travailler le tout en pâte; rouler celle-ci en boule, l'envelopper de pellicule plastique et la réfrigérer pendant au moins 1 heure (cette pâte peut se conserver au réfrigérateur pendant 3 jours).

Préchauffer le four à 200°C (400°F). Entre 2 feuilles de papier ciré, abaisser la pâte en un cercle de 25 cm (10 po) de diamètre et de 0,3 cm (⅛ po) d'épaisseur; décoller délicatement le papier et foncer un moule à tarte de 20 cm (8 po) avec l'abaisse de pâte. Replier tout excédent de pâte et en former le bord. À la fourchette, piquer le fond et les bords de la croûte de tarte réalisée; cuire au four pendant 15 à 20 minutes, jusqu'à ce que la croûte soit dorée. Sortir le moule du four et laisser refroidir sur une grille métallique. Préparer la garniture pendant que la croûte refroidit.

Préparation de la garniture: Dans un bol à l'épreuve de la chaleur, saupoudrer l'eau bouillante de gélatine jusqu'à dissolution; laisser refroidir un peu. Ajouter l'eau froide et le succédané en mélangeant jusqu'à ce que le tout soit homogène. Couvrir et réfrigérer environ 30 minutes jusqu'à ce que la gélatine commence à prendre.

Dans un saladier moyen, battre les blancs d'oeufs en neige au mélangeur électrique à vitesse moyenne; ajouter la crème de tartre et battre jusqu'à consistance ferme. Incorporer les blancs d'oeufs en neige à la gélatine au citron et verser cette préparation dans la croûte refroidie; disposer artistiquement les tranches de kiwi sur la tarte. Couvrir et bien réfrigérer.

Service: Garnir avec le citron.

Équivalents: ½ équivalent pain, 1 équivalent matières grasses et 45 calories d'équivalent facultatif.

« Spritzer » au vin 🌓

PLAN D'ÉCHANGES ILLIMITÉS — DONNE 2 PORTIONS DE 300 mL (10 oz)

Vous pouvez doubler ou tripler les proportions de cette recette pour la servir en cocktail à vos réceptions.

175 mL (¾ tasse) de soda nature (club soda), réfrigéré
125 mL (½ tasse) de vin blanc sec, réfrigéré

4 à 6 glaçons
2 zestes de citron

Réfrigérer 2 grands verres. Dans une tasse à mesurer ou un pichet de 500 mL (2 tasses), mélanger le soda et le vin. Répartir également le cocktail dans les deux verres refroidis; ajouter 2 ou 3 glaçons et 1 zeste de citron dans chaque verre et servir immédiatement.

Équivalents: 50 calories d'équivalent facultatif.

Répertoire téléphonique

QUÉBEC
Hull	819-770-4108
Montréal	514-482-9800
Québec	418-651-9224
Trois-Rivières	819-378-3655

ALBERTA
Calgary	403-252-7523
Edmonton	403-424-6491
Ailleurs en Alberta	Zénith 06124

COLOMBIE BRITANNIQUE
Vancouver	604-524-4441
Victoria	604-727-5121

ÎLE DU PRINCE-ÉDOUARD
Charlottetown	902-675-3511

MANITOBA
Brandon	204-728-8797
Winnipeg	204-942-4284

ONTARIO
Kitchener	519-886-8280
London	519-455-5100
North Bay	705-474-6725
Orillia	705-726-5505
Ottawa	613-725-1200
Saint Catharines	416-682-2603
Sault-Sainte-Marie	705-949-3500
Sudbury	705-560-0333
Toronto	416-826-9200
Windsor	519-944-6000

NOUVEAU-BRUNSWICK
Chatham	506-773-7800
Fredericton	506-472-5642
Moncton	506-854-3388
Saint John	506-693-0386

NOUVELLE-ÉCOSSE
Dartmouth	902-435-3600
Sydney	902-564-8545
Truro	902-895-3608
Yarmouth	902-742-8863

SASKATCHEWAN
Saskatoon	306-652-8446
Ailleurs en Saskatchewan	1-800-667-4697

TERRE-NEUVE
Corner Brook	709-634-7378
Saint John's	709-364-8588

Index

311

312

313

315

316

317

319

321

322

328

Table des matières

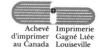

Achevé   Imprimerie
d'imprimer Gagné Ltée
au Canada   Louiseville